Otto A. Böhmer

LEXIKON DER DICHTER

Deutschsprachige Autoren von
Roswitha von Gandersheim
bis Peter Handke

Otto A. Böhmer

LEXIKON
DER DICHTER

Deutschsprachige Autoren von
Roswitha von Gandersheim
bis Peter Handke

Carl Hanser Verlag

Die Schreibweise in diesem Buch entspricht
den Regeln der neuen Rechtschreibung.

Unser gesamtes lieferbares Programm
und viele andere Informationen finden Sie unter
www.hanser.de

1 2 3 4 5   08 07 06 05 04

ISBN 3-446-20522-5
Umschlag: Peter-Andreas Hassiepen, München
Satz: Fotosatz Reinhard Amann, Aichstetten
Druck und Bindung: Kösel, Krugzell
Printed in Germany

Der Dichter ist das Herz der Welt.
Joseph von Eichendorff

Es sieht schlimm aus in der Welt.
Aber wie es aussehen würde
ohne die jahrtausendelangen
Anstrengungen des Schreibenden,
wissen wir nicht.
Marie Luise Kaschnitz

Für Christel und Mareike

■ INHALT

■ VORWORT

Es gibt viele Gründe, sich mit dem Leben eines Dichters zu beschäftigen: Man hat ihn schon gelesen und möchte nun auch etwas über den Menschen erfahren, dem eine Geschichte wie, sagen wir, *Die Verwandlung* eingefallen ist, in der ein junger Mann eines Morgens als riesiges Insekt aufwacht. Oder man will ihn erst noch lesen und möchte wissen, mit wem man es zu tun bekommt, wenn man sich zum Beispiel den *Steppenwolf* vornimmt, den heute Fünfzigjährige gern mit dem Hinweis empfehlen, es habe sich nach dem Roman nicht umsonst eine legendäre Rock-Gruppe benannt. Kann natürlich auch sein, man ist gar nicht wirklich neugierig auf ein Dichterleben, sondern nimmt nur gerade *Die Räuber* durch und soll bis Montag ein Referat über den Autor schreiben oder eine Hausarbeit über dessen Verhältnis zu Goethe.

In diesen und vielen anderen denkbaren Fällen ist das Problem nicht, sich Informationen zu beschaffen. Das Problem ist, nicht in der Fülle der Informationen unterzugehen. Es beginnt schon mit der Frage, *was* man zur Hand nehmen soll: Im Literaturlexikon schreiben Experten für Experten – wir sind aber keine Experten, jedenfalls noch nicht. In Literaturgeschichten finden wir den Dichter ins Verhältnis zu seiner Zeit gesetzt – das interessiert uns auch, aber nicht in erster Linie. Wir möchten ihn ja fürs Erste nur kurz kennen lernen: Wann und wo hat er gelebt? Wie hat er gelebt? Was war das Besondere an ihm? War er ein sich seiner Bedeutung bewusster Großschriftsteller? Ein eigenbrötlerischer Kauz? Was vor allem anderen hat ihn bewegt, ihn womöglich erst zum Dichter gemacht? Was hat er eigentlich so alles geschrieben? Antworten auf diese Fragen geben Biografien – aber sie geben sie lang und ausführlich. Später werden wir vielleicht eine lesen, wenn wir Fans geworden sind und wirklich alles wissen wollen. Dann schauen wir auch noch mal ins Internet, ob sich nicht noch etwas ganz Abseitiges zu jetzt »unserem« Dichter findet, das uns bisher entgangen ist.

Der Autor dieses Buches hat sich lange gefragt, warum es kein Dichterlexikon für Einsteiger gibt. Am Ende hat er beschlossen, es wenigstens für die deutschen Dichter selbst zu schreiben. Entstanden ist dabei ein ebenso kompaktes wie verlässliches Nachschlagewerk, doch längst nicht nur das: Von Anfang bis Ende gelesen, ist es zugleich eine ganz eigene deutsche Literaturgeschichte, ein leichtfüßiger Gang durch die deutsche Literatur in Lebensbildern. Und wer genau liest, wird noch etwas bemerken, nämlich dass der Autor für die Dichter wirbt. Er will zur Lektüre ihrer Werke verführen – womit zugleich gesagt ist, was sein Buch auf keinen Fall will: die Lektüre dieser Werke ersetzen. Denn eines gilt unterschiedslos für alle Dichter: Sie wollen gelesen werden.

■ ROSWITHA (HROTSVITA) VON GANDERSHEIM

Geb. um 935 in Niedersachsen (?)
Gest. um 980 in Bad Gandersheim (?)

»SÜNDIGEN IST MENSCHLICH, IN SÜNDEN VERHARREN TEUFLISCH«

Sie gilt als die erste deutsche Dichterin, die in die Literaturgeschichte einging, was – für jeden Dichter – ein Vorgang ist, der bis heute von untergründigen Vorlieben und undurchschauter Gesetzmäßigkeit lebt. Die Literaturgeschichte nämlich wird, einerseits, von Literaturliebhabern geschrieben, die mit den Objekten ihrer Begierde recht freizügig umgehen, andererseits steht sie Literaturverwaltern zur Verfügung, die nicht mehr an leidenschaftlicher Zuwendung interessiert sind, sondern damit beschäftigt sind, den Bestand zu sichern und zu ordnen. Es empfiehlt sich daher, wenn es Zeit, Lust und Begeisterungsfähigkeit erlauben, eine eigene Literaturgeschichte zu eröffnen; ihr kann man trauen, so wie man sich selbst trauen kann und auf die Liebesgeschichten hört, in die man verwickelt wird.

Roswitha von Gandersheim stammt aus dem Adel und ist Zeit ihres Lebens **Nonne im Benediktinerinnenkloster** Gandersheim am Rande des Harz gewesen. Sie schreibt in lateinischer Sprache und rhythmisierter Prosa (u. a.) sechs kunstvolle Dramen, die weniger auf das Theater zielen, sondern als Lesestücke gedacht sind, denen jeweils eine tief greifende Botschaft innewohnt: »Humanum est peccare, diabolicum est in peccatus durare (Sündigen ist menschlich, in Sünden verharren teuflisch)«. Dementsprechend ist die **himmlische Liebe** weit höher einzuschätzen als die weltliche; der Mensch kann nur selig werden, wenn er sich beizeiten Gott zuwendet und den irdischen Genüssen entsagt. Wissenschaft und fromme Kunst sind vom Entsagungsgebot ausgenommen, ihnen darf man sich widmen und Gott damit gefällig sein. In den Stücken der Roswitha von G. geht es dennoch recht drastisch zu; Huren und Säufer treten auf, die wirksamste aller Bekehrungen findet im Puff statt.

Roswithas **Ruhm** setzt ein, als es eine deutsche Literaturgeschichte noch gar nicht recht gibt: 1501 begeistert sich der Humanist Celtes für die Schriften der Klosterdame und gibt sie neu heraus. Von da an wird man auf einen Umstand aufmerksam, der das Besondere der Roswitha von Gandersheim ausmacht: Sie ist eine der ersten Frauen gewesen, die sich in der Literatur, damals noch eine reine **Männer- und Standesdomäne**, behaupten kann. Daran erinnert auch eine angesehene literarische Auszeichnung unserer Tage: Die Roswitha-von-Gandersheim-Medaille wird nur an Schriftstellerinnen vergeben, nicht an Schriftsteller; dabei ist die Literatur längst keine Männerdomäne mehr. Egal aber, ob man Männlein oder Weiblein ist: Wer schreibt, hat seinen eigenen Geschmack und setzt auf eigene Regeln; das wusste bereits Roswitha von G.: »Gefall ich aber nicht / so freut doch wenigstens mich selbst / was ich geschafft.«

Wichtige Werke: Dramen *(Gallicanus – Dulcitius – Callimachus – Sapientia – Pafnutius – Abraham). –* Legenden *(Theophilus)*
Ausgaben: *Roswitha von Gandersheim, Dramen. Übers. v. K. Lagosch. Reclam Verlag, Stuttgart 1991*
Literatur: *Bert Nagel, Hrotsvit von Gandersheim. J. B. Metzlersche Verlagsbuchhandlung, Stuttgart 1965*

■ HARTMANN VON AUE

Geb. um 1168

Gest. um 1210

»SO MÖGE ES UNS ALLEN ERGEHEN«

Literarische Spurensuche wird umso schwieriger, je weiter entfernt der Dichter steht, dem man sich zuwendet. Weit entfernt in der Zeit steht Hartmann von Aue, zu dem die Germanistik immerhin einige Ortsangaben gemacht hat: Die Aue, die seinen Namen schmückt, kann Obernau im Schwäbischen gewesen sein, aber auch Edlisau im Schweizer Kanton Aargau oder, womöglich am nahe liegendsten, die Halbinsel Reichenau im Bodensee. In einer dieser Auen war Hartmann als Dienstmann tätig, ehe er 1189 am Kreuzzug des Kaisers Friedrich Barbarossa teilnahm und 1195 zum Ritter geschlagen wurde.

Hartmann war ein frommer, auch wohl ein **hochgebildeter Minnesänger**, dem Krisengedanken nicht fremd waren. In seinem berühmtesten Werk *Der arme Heinrich*, einer dramatischen **Verserzählung**, die nach seinen Kreuzfahrererlebnissen entstand, geht es um einen Rittersmann, der über der Anhäufung von Reichtümern vergisst, woher er kommt, nämlich von Gott. Der ist nachtragend, erteilt ihm eine Lehre, indem er ihn mit Aussatz belegt. Heinrich wird zum armen Heinrich, er lernt seine Lektion, wobei ihm, das ist die entscheidende Pointe dieses Epos, die Liebe eines armen Bauernmädchens hilft, dem der Dichter, ein Vorgriff auf neuere Herzschmerzgeschichten, ein Happy End gewährt: »Genug Priester waren anwesend, / die sie ihm zur Frau gaben. / Nach einem langen, zufriedenen Leben / wohnten sie beide / im ewigen Reich. / So möge es uns allen / schließlich ergehen. / Zu dem Lohn, den sie dort empfingen, / helfe uns Gott. Amen.«

WW: *Der arme Heinrich*

A: *Hartmann von Aue, Der arme Heinrich (Mittelhochdeutsch/Neuhochdeutsch). Übersetzt von Siegfried Grosse. Reclam Verlag, Stuttgart 1993*

L: *Peter Wapnewski, Hartmann von Aue. J. B. Metzlersche Verlagsbuchhandlung, Stuttgart 1979*

■ WALTHER VON DER VOGELWEIDE

Geb. um 1170 in Südtirol (?)

Gest. um 1230

»SÄH ICH ERST WIEDER DIE MÄDCHEN«

Von ihm gibt es eigentlich kein einziges halbwegs sicheres Datum; nur einmal wird er urkundlich erwähnt, und zwar in einem Rechnungsvermerk des Passauer Bischofs Wolfger, aus dem hervorgeht, dass ein gewisser »Waltherus cantor de Vogelweide« einen Pelzumhang geschenkt bekommen habe. Das ist nicht viel; die Spuren dieses Dichters sind weit verstreut, aber sie haben die Fantasien blühen lassen.

Walther von der Vogelweide war ein **fahrender Sänger**. Er stammt aus niederem österreichischen Adel und dient zunächst am Hofe des kunstliebenden Herzogs Leopold V. in Wien. Dort entdeckt er seine Talente; er beginnt zu dichten und zu singen, beides mit beträchtlichem Erfolg, ohne sich damit seinen Lebensunterhalt sichern zu können. 1198 verlässt er Wien; es folgen Jahre der Wanderschaft und mancher Demütigung von oben herab. Er gastiert an diversen Fürstenhöfen: Philipp von Schwaben, Hermann von Thüringen, Dietrich von Meißen, Bernhard von Kärnten werden als seine Gönner genannt, die ihm aber nur nach fürstlicher Lust und Laune gewogen sind; ansonsten bleibt Walther auf sich selbst angewiesen. In die **zeitgenössische Politik**, die ein intrigenreiches Machtgeschäft ist, lässt er sich zugunsten der Ansprüche des Römischen Reichs Deutscher Nation gegen das Papsttum einspannen; er plädiert für Absicherung der weltlichen Macht und Zurückweisung kirchlicher Expansionsgelüste.

1220 soll er vom Stauferkaiser Friedrich II. ein kleines Besitztum in der Nähe von Würzburg erhalten haben, das ihm als Altersruhesitz dient. Ruhig ist er indessen auch dort nicht geworden; dazu war sein Leben zu bewegt und zu bewegend. Selbst die allerletzte Spur, die er hätte hinterlassen können, verliert sich im Dunkeln; angeblich wird er im Kreuzgang des Neuen Münsters zu Würzburg begraben, aber auch das ist, wen wundert's, nicht gesichert.

Walther von der Vogelweide gilt als **bedeutendster Dichter des Hochmittelalters**. Sein Verdienst ist es, den zeitgenössischen Minnesang, der zu vornehm säuselnder Damenanbetung herabzukommen drohte, wiederbelebt, ja beträchtlich erfrischt und bereichert zu haben. Nicht mehr nur die gnädigen Fräulein vom Stande werden besungen, sondern auch das einfache und schöne »vrouwelin« aus dem Volk; dabei geht es zur Sache: Liebe hat mit Sinnlichkeit, Leidenschaft, mit Erfüllung zu tun, der hohe Ton verklingt nun mitten im prallen Leben. Darüber hinaus ist Walther von der Vogelweide ein **Naturlyriker von Format** gewesen; er bricht die Sprache auf, variiert ihre Formen, macht sie hellhörig für den Reichtum einer Schöpfung, die im Winter meist daniederzuliegen scheint; das Herz des Dichters gehört dem Frühling und der Liebe: »Uns hat der Winter über alles Schaden zugefügt. / Heide und Wald sind fahl, / die einst so süß widerhallten von tausend Vogelstimmen. / Säh ich erst wieder die Mädchen auf der Straße den Ball / werfen, dann käme uns der Vogelsang zurück. / – Könnte ich doch den Winter verschlafen! / Verwache ich ihn indessen, so hasse ich ihn, / weil seine Herrschaft sich weit und breit erstreckt. / Aber weiß Gott, eines Tages wird er doch dem Mai das Feld räumen. / Dann pflück ich Blumen dort, wo jetzt der Reif liegt.«

WW: Gedichte *(Ihr sollt mir ein Willkommen sagen – Seht nur, was dem Mai – Uns hat der Winter – Geliebte kleine Herrin – Nehmt, Herrin, diesen Kranz – Unter der Linde – Ich saß auf einem Stein – Ordner aller Werte)*
A: *Walther von der Vogelweide, Gedichte. Ausgewählt und übersetzt von Peter Wapnewski. S. Fischer Verlag, Frankfurt a. M. 1962*
L: *Kurt H. Halbach, Walther von der Vogelweide. J. B. Metzlersche Verlagsbuchhandlung, Stuttgart 1983*

■ NEIDHART VON REUENTHAL

Geb. um 1180

Gest. um 1245

»WO WILLST DU HINHÜPFEN?«

Von ihm weiß man sehr wenig, und das Wenige, was man weiß, ist umstritten. Als sicher gilt, dass dieser Dichter, der aus bayerischem Ritteradel stammte, dem zeitgenössischen Minnesang neues, und zwar pralles Leben einhauchte. Er brachte **Volkstümlichkeit** in eine Lied- und Sangeskunst, die bis dahin gar nicht abgehoben genug sein konnte. Nun kam zur hohen Minne, dem Ansingen zarter Damen von Stand, die wesentlich realistischere Variante hinzu: Liebe nämlich, wie man sie bis heute am liebsten hat, sinnlich, rauschhaft, eindeutig; jede Sekunde des Liebesglücks läuft auf ein Herzschlag-Finale hinaus. Neidhart, der von 1217 bis 1219 mit wenig Lust an einem Kreuzzug teilnahm, schaute dem Volk, speziell den Bauern aufs Maul, deren Töchter es ihm angetan hatten. Sie zieren sich nicht, glaubte er; wer lieben und leben will, darf keine Zeit verschwenden.

Modern mutet an diesem Autor an, dass er mit Gegensätzen arbeitet; den anfangs gewählten Tonfall bricht er bei Bedarf auf, lässt ihn abstürzen. Dabei scheint er so viel Spaß an der eigenen Person gehabt zu haben, dass er sie, als Liebhaber vorzugsweise oder als Narr, in seine Dichtungen mit einbringt. Mit der Zeit wurde er dadurch zu einer **Kunstfigur**, deren leibhaftiges Vorbild aus dem Blickfeld geriet; in der Literatur lebte sie weiter (z. B. im *Neidhartspiel* des 14. Jahrhunderts, einer der ältesten deutschen Fastnachtskomödien). Eine besondere Spezialität Neidharts ist das **Zwiegespräch** zwischen Müttern und Töchter, die sich, damals wie heute, gern mit herzlichem Unverständnis begegnen: »Ja, ich streu dir das Futter / mit Stecken auf den Rücken«, sagt die Mutter zu ihrer Tochter, die tanzen gehen will, »du kleine Grasmücke, / Wo willst du hinhüpfen / aus dem Nest? / Setz dich ...«

»Mutter, mit dem Stecken / soll man die Runzeln strecken / den Alten wie einer Trommel«, erwidert die freche Tochter, »dies Jahr seid ihr noch dümmer, / als ihr von Anfang an seid ...«

WW: Lyrik *(Sommer- und Winterlieder – Kreuzlieder)*
A: *Neidhart von Reuental, Lieder. Hg. u. übers. v. H. Lomnitzer. Reclam Verlag, Stuttgart 1995*
L: *Deutsche Lyrik des Mittelalters. Ausgew. und übers. v. Max Wehrli. Manesse Verlag, Zürich 1977*

■ GOTTFRIED VON STRASSBURG
Um 1200

»ICH BIN EUER, IHR SEID MEIN«

Fern ist auch er, sein Leben in Dunkel gehüllt; es bedarf historischer Fantasie, um ihn wieder aufleben zu lassen (→ *Hartmann von Aue*, → *Neidhart von Reuenthal*). Selbst sein Name scheint sich mehr der Nachwelt als seinen Zeitgenossen zu verdanken, denn wir kennen ihn nur aus der Überlieferung durch Bewunderer wie Ulrich von Türheim und Heinrich von Freiberg, die sich sogar getrauten, sein Hauptwerk *Tristan und Isolde* (geschrieben vermutlich zwischen 1205 und 1211), das nach genau 19522 Versen abbricht, weiterzuführen. Um 1200 hat Gottfried in Straßburg gelebt, ein hochgebildeter Minnesänger, der wohl mehr Schöngeist als Ritterpoet war. In *Tristan und Isolde* singt er das **Hohelied der Liebe**: Sie ist eine Himmelsmacht; wo sie hinfällt, wird der Verstand hinfällig, alle eingeschliffenen Abwehrmechanismen versagen. Der Liebe ist Folge zu leisten, sie verlangt vollkommene Hingabe; eine Botschaft, mit der Gottfried von Straßburg seiner Zeit voraus war: »Zu seiner Zeit hat man sein Buch gewiss für gottlos und ähnliche Dichtungen ... für gefährlich gehalten« (→ *Heinrich Heine*). Auch als sich Tristan und Isolde trennen müssen, bleibt die Liebe bestehen; ihr Bekenntnis gilt für alle Liebenden, bis auf den heutigen Tag: »Laßt mich in Euch mein Leben sehn, / sobald das wieder möglich ist, / und seht erst recht in mir das Eure; / Ihr führt das Leben von uns beiden. / Kommt her und gebt mir einen Kuß. / Tristan, Isolde, Ihr und ich, / wir beide sind zu aller Zeit / *ein* Wesen, ungeteilt. / Dieser Kuß soll Siegel sein: / Ich bin Euer, Ihr seid mein, / und dies getreu bis in den Tod / *ein*Tristan*eine*Isolde!«

WW: *Tristan und Isolde*
A: *Gottfried von Straßburg, Tristan. 3 Bde. Hg. u. übers. v. R. Krohn. Reclam Verlag, Stuttgart 1992*
Gottfried von Straßburg, Die Geschichte der Liebe von Tristan und Isolde. Übertragen u. ausgewählt v. Dieter Kühn. Reclam Verlag, Stuttgart 1999
L: *Werner Hoffmann/Gottfried Weber, Gottfried von Straßburg. J. B. Metzlersche Verlagsbuchhandlung, Stuttgart 1981*

■ OSWALD VON WOLKENSTEIN

Geb. am 2. Mai 1377 auf Schloss Schöneck (Südtirol)
Gest. am 2. August 1445 in Meran

»VERGANGEN IST MEINES HERZENS WEH«

Das bekannteste Bild, das es von ihm gibt, zeigt ihn einäugig; das verleiht ihm einen fast kuriosen Gesichtsausdruck: Mit dem einen Auge sieht er noch, was zu sehen ist, registriert es mit Ingrimm; hinter dem geschlossenen Auge aber, so scheint es, ist eine Welt aufgezogen, mit der er Frieden geschlossen hat. Zu seinen Lebzeiten war es nicht weit her mit dem Frieden; politische Kämpfe bestimmten die Tagesordnung. Ein Menschenleben galt nicht viel: darüber hatte man sich nicht zu beklagen, der einzelne Mensch sah sich ohnehin auf die wahre und bessere Welt verwiesen, die nicht auf Erden, sondern im Himmel liegt.

Mit zehn Jahren reißt Oswald von Wolkenstein aus, er wird Diener vieler Herren, zieht durch Preußen, Litauen, Russland, auch in Italien, Spanien, Portugal und Palästina lässt er sich sehen. Im Schwarzen Meer kentert er und kommt als Schiffbrüchiger an Land; er schlägt sich als **Koch, Ruderer und Rossknecht** durch, dann entdeckt er die Dichtkunst für sich, die damals vorwiegend dem Minnesang und abenteuerlich ausgeschmückten Lebensgeschichten gewidmet ist. Oswald von Wolkenstein, der sich, vorübergehend, auch politisch betätigt, indem er als Berater von Kaiser Sigismund wirkt, schreibt Liebes-, Trink- und Tanzgedichte, die er selbst vertont und zum Vortrag bringt.

Dieser Autor des 15. Jahrhunderts ist ein Beispiel dafür, welche eigenwilligen Wege die Literaturgeschichtsschreibung einschlägt; sie argumentiert im Nachtrag, deutet die Vergangenheit von einer Gegenwart her, die andere, oft künstliche Maßstäbe setzt. Oswald von Wolkenstein gilt in der Literaturgeschichte als »**bedeutendster deutscher Lyriker des Spätmittelalters**«, was er vermutlich auch gewesen ist; seine Zeitgenossen allerdings haben ihn weniger bedeutend gesehen und nahmen ihn eher beiläufig zur Kenntnis.

In einem seiner Gedichte hat er den wohltuenden Einfluss der Natur, speziell den der Südtiroler Natur, die man heute noch schätzt, beschrieben, sie tut auch bei Liebeskummer gut: »Vergangen ist meines Herzens Weh, / seit daß vergehn will nun der Schnee / von der Seiseralpe und von Flack herab, / hör ich den Mosmaier sagen. / Erwacht sind der Erde Dünste, / drum schwellen die Wasserläufe / von Kastelruth in den Eisack, / das gefällt mir wohl. / Ich hör die Vöglein groß und klein / in meinem Wald um Hauenstein / ... freut euch, ihr guten Gesellen!«

WW: Gedichte *(Minnelieder – Geistliche Lieder – Überlinger Lied – Deutschlandreiselied)*
A: *Oswald von Wolkenstein, Gedichte, in: Deutsche Lyrik des Mittelalters. Ausgewählt und übersetzt von Max Wehrli. Manesse Verlag, Zürich 1977*
L: *Dieter Kühn, Ich Wolkenstein. S. Fischer Taschenbuch Verlag, Frankfurt a. M. 1997*

■ HANS SACHS

Geb. am 5. November 1494 in Nürnberg
Gest. am 19. Januar 1576 in Nürnberg

»SO MILTIGLICH DIE SCHÖNEN GAB«

Er war der Dichter des kleinen Mannes in schweren Zeiten. Darauf verstand er sich, weil er selbst aus einfachsten Verhältnissen stammte und nie vergaß, wo er herkam. Als Hans Sachs geboren wurde, zeigte die Welt ihr krankes, verzerrtes Gesicht: In Nürnberg herrschte die Pest. Die nahm man gottergeben hin, so wie man auch die zahllosen Kriege hinnahm, die im Namen Gottes und der ihm zugesprochenen Glaubensartikel abzuwickeln waren. Die Erde muss ein Jammertal sein, wenn das wahre Leben, nach Ansicht der herrschenden Christenlehre, erst im Jenseits beginnt. Das ist der Trost, der an die Menschen ohne Ansehen der Person ausgegeben wird; im realen Dasein allerdings ist die Gesellschaft streng von oben nach unten durchreglementiert. Schuster, bleib bei deinem Leisten!, heißt es, und daran hat sich der **Schuster und Dichter** Hans Sachs wohl oder übel gehalten. Kritik an den gesellschaftlichen Verhältnissen trägt er nur in sehr listiger und verbrämter Form vor; in seinen Dichtungen lässt er den kleinen Mann pfiffiger erscheinen als seine großen Oberbefehlshaber. Das war gerade noch erlaubt; auch dass man zu trüben Verhältnissen Lustiges aufschrieb, war nicht zu verbieten, ja, es erwies sich sogar als zweckmäßig, denn in Diktaturen muss das Volk abgelenkt werden, was am besten über die Spaßmacherei gelingt.

Hans Sachs geht in Nürnberg auf die Lateinschule, wird zum Schuhmacher ausgebildet und begibt sich danach, wie es für Handwerksgesellen üblich ist, auf die Wanderschaft. In München lässt er sich im Meistersang unterrichten, einer Art schulmäßig betriebenen Lieddichtung, die vom 14. bis 16. Jahrhundert besonders im süddeutschen Raum gepflegt wurde. 1520 wird der **Meistersinger** Meister der Schuhmacherzunft. Sachs, der sich zu Luther bekennt (»Die Wittenbergisch Nachtigall, die man jetzt höret überall«), heiratet zweimal; mit der ersten Ehefrau, die 1560 stirbt, hat er sieben Kinder, die zweite bringt als Verstärkung aus erster Ehe noch mal sechs Kinder mit. Vielleicht hat ihn das heiterer gestimmt, als es der realen Lage entsprechen konnte, denn er bleibt vor allem als **Dichter von Schwänken und Fastnachtsspielen** im Gedächtnis. Dabei hat er auch sonst erstaunlich viel geschrieben; über 6000 Werke rechnet man ihm zu, darunter 4275 Meisterlieder und mehr als 200 Theaterstücke.

Nach seinen kärglichen Lebzeiten ist der Ruhm des Hans Sachs beträchtlich gewachsen; Richard Wagner widmete ihm eine ganze Oper (*Die Meistersinger von Nürnberg*), und → *Goethe* feierte ihn mit dem Gedicht »Hans Sachsens poetische Sendung«, das zeitlos friedfertig endet: »Weil er so heimlich glücklich lebt, / Da droben in den Wolken schwebt / Ein Eichkranz, ewig jung belaubt, / Den setzt die Nachwelt ihm aufs Haupt; / Im Froschpfuhl all das Volk verbannt, / Das seinen Meister je verkannt.« Hans Sachs hätte das vermutlich ganz gern gehört, ohne aber von seiner Bescheidenheit etwas abreden zu lassen: »Gott sey Lob, der mir sendt herab / So miltiglich die schönen Gab / Als einem ungelahrten Mann, / Der weder Latein noch Griechisch kann.«

WW: Gedichte und Lieder *(Ich fahr dahin – Wir glauben all an einen Gott – Die Wittenbergisch Nachtigall)*. – Theaterstücke *(Das Schlaraffenland – Der fahrende Schüler im Paradies – Das Kälberbrüten)*. – Fabeln
A: *Hans Sachs, Werke. Aufbau Verlag, Berlin 1975*
L: *Eckard Bernstein, Hans Sachs. Rowohlt Taschenbuch Verlag, Reinbek 1993*

■ ANDREAS GRYPHIUS

Geb. am 2. Oktober 1616 in Glogau (Schlesien)
Gest. am 16. Juli 1664 in Glogau

»DIE VERGÄNGLICHKEIT MENSCHLICHER SACHEN«

In schlechten Zeiten macht sich der Mensch nur dann gute Gedanken, wenn er über diese schlechten Zeiten hinauswill; dabei versichert er sich gern geistlichen Beistands, er schaut zum Himmel, der weit und tröstlich anmutet, auch wenn die Erde droht, unbewohnbar wie der Mond zu werden. Dass der Mensch höchstselbst für sein Unheil verantwortlich sein könnte, ist eine Einsicht, die ihre Zeit brauchte, um sich durchzusetzen. Im 17. Jahrhundert, als der Dichter Andreas Gryphius lebte, war man von dieser Einsicht noch ein Stück weit entfernt; Gott stand für den Menschen ein, ein strenger, rätselhafter Gott, den man sich inbrünstig gnädig reden musste, um in seinen unerfindlichen Ratschluss Ordnung und Gerechtigkeit hineinlegen zu können. Ein elendig langer, dreißig Jahre währender Krieg wurde im Namen des christlichen Gottes geführt, die Menschen starben wie die Fliegen. Dahinter standen keine Ewigkeitswerte, sondern irdische Macht- und Expansionsgelüste, von denen nur die Eingeweihten wussten; für das Volk galt es, eine andere Wahrheit auszugeben.

Gryphius hat die andere, die offizielle Wahrheit kaum in Frage gestellt. Er wächst im **Dreißigjährigen Krieg** auf; sein Vater ist protestantischer Geistlicher und kommt um, bald darauf stirbt auch die Mutter. An Gott wollte Gryphius (eigentlich: Greif) deshalb nicht verzweifeln, zumal sich bessere Jahre anzudeuten scheinen: Dank eines Förderers mit Namen Schönborner erhält er eine umfassende Ausbildung und wird, nach Veröffentlichung erster Gedichte, zum *poeta laureatus,* zum **öffentlich belobigten Poeten** ausgerufen und geadelt. Gryphius kann, zusammen mit den beiden Söhnen seines Förderers, Europa bereisen; er studiert an der niederländischen Universität Leiden, spricht innerhalb kurzer Zeit angeblich zehn Sprachen; sein dichterisches Werk nimmt stetig zu. Er schreibt nicht nur

Gedichte, sondern wirft sich auch aufs Theater, das ihm dazu dient, »die Vergänglichkeit menschlicher Sachen ... vorzustellen«. Das muss man nicht unbedingt im Trauerspiel oder in der Tragödie bewerkstelligen; das ewig Vergebliche kann auch erheiternd wirken. So hat Gryphius mit den Stücken *Verliebtes Gespenst* (1660) und *Horribilicribifax* (1663) **erste deutsche Komödien** von Gewicht verfasst. Seine Dramen indes (darunter *Catharina von Georgien*, 1657, und *Papinianus*, 1659) führen eine Grundüberzeugung vor, an der er nahezu unbeirrt festgehalten hat: »Ich seh' wohin ich seh / nur Eitelkeit auf Erden.« Diese Erkenntnis ist heute mindestens ebenso wahr wie damals, was umso mehr ins Gewicht fällt, da Gott nicht mehr als höchstrichterliche Instanz gilt, auf die man sich jederzeit berufen sollte.

Nachdem Gryphius genug von der Fremde gesehen hat, kehrt er in die schlesische Heimat zurück. Er beschließt sein Leben als **angesehener Rechtsberater** der protestantischen Landstände in seiner Geburtsstadt Glogau; der irdische Kreis, den er zu durchmessen hatte, ist geschlossen. In einem seiner längsten Gedichte mit dem Titel *Vanitas! Vanitatum Vanitas!,* was so viel heißt wie »Nichtigkeit! Der Nichtigkeiten Nichtigkeit!«, hat Gryphius, nicht sehr tröstlich, zusammengefasst, was den Mensch erwartet: »... So wachsen wir auf Erden / Und hoffen groß zu werden / Und schmerz- und sorgenfrei. / Doch eh wir zugenommen / Und recht zur Blüte kommen, / Bricht's uns des Todes Sturm entzwei. / – Wir rechnen Jahr auf Jahre, / Indessen wird die Bahre / Uns für die Tür gebracht; / Drauf müssen wir von hinnen / Und, eh wir uns besinnen, / Der Erde sagen gute Nacht.«

WW: Gedichte *(Morgen Sonnett – Mittag – Abend – Mitternacht – Über die Geburt Jesu – Vanitas! Vanitatum Vanitas! – Tränes des Vaterlandes).* – Theaterstücke *(Leo Armenius oder Fürstenmord – Catharina von Georgien – Die geliebte Dornrose – Verliebtes Gespenst – Horribilicribifax)*
A: *Andreas Gryphius, Dramen. Hg. v. Eberhard Mannack. Deutscher Klassiker Verlag, Frankfurt a. M. 1996*
L: *Eberhard Mannack, Andreas Gryphius. J. B. Metzlersche Verlagsbuchhandlung, Stuttgart 1986*

■ HANS JACOB CHRISTOFFEL VON GRIMMELSHAUSEN

Geb. 1621 (oder 1622) in Gelnhausen (Hessen)
Gest. am 17. August 1676 in Renchen (Baden)

»IN DIR, O WELT, TUT NICHT EINER, WAS DER ANDERE TUT«

Weil er in wohltuendem Gegensatz zur säuselnden Höflings-Dichtung der damaligen Zeit steht, hat sich die Literaturgeschichtsschreibung dieses geheimnisvollen Mannes wohlwollend angenommen; seither gilt er als bedeutendster deutscher Prosadichter des 17. Jahrhunderts. Von seinem Leben weiß man nicht viel: Grimmelshausen stammt aus einer Handwerkerfamilie; der Großvater war Bäcker und legte den ihm zugesprochenen Adelstitel wieder ab, was damals eine ebenso mutige wie seltsame Entscheidung war. Der Dreißigjährige Krieg bestimmt seine Jugend; einige Jahre darf er die Lateinschule in Gelnhausen besuchen, dann besetzen kaiserliche Truppen die Stadt. Grimmelshausen flieht ins benachbarte Hanau; danach beginnt ein bewegtes Reiseleben, das ihn in verschiedene Heere und Berufe zwingt: Er ist einfacher **Soldat, Pferdeknecht, Regimentsschreiber und Kassenwart**; nach Kriegsende geht es ihm langsam besser. Er kommt nach Baden, wird Verwalter bei seinem früheren Regimentskommandanten und Burgvogt auf Schloss Ullenburg. Von 1665 bis 1667 betreibt er die Gastwirtschaft »Zum Silbernen Stern« in Gaisbach bei Offenburg; dort ist er sein bester Kunde gewesen. Grimmelshausen heiratet und tritt zum Katholizismus über; er bekommt zehn Kinder, die versorgt sein wollen, was ihm erst gelingt, als er 1667 zum Schultheiß von Renchen ernannt wird.

Seine literarischen Werke entstehen in der Badener Zeit; er musste wohl sesshaft werden, um Muße zum Schreiben zu finden. Berühmt wurde Grimmelshausen mit dem *Abenteuerlichen Simplicissimus*, einer prallen **Erlebensgeschichte aus dem Dreißigjährigen Krieg**, deren Held autobiografische Züge seines Autors trägt. Er erweist sich als listenreich, ist im Zweifelsfall auf

Seiten des einfachen Volkes und **gegen den Adel**, dem, vorsichtig umschrieben, Nutzlosigkeit und Ausbeutermentalität unterstellt wird; schließlich geht es auch um die Frage, ob man in Kriegszeiten noch an einen Gott glauben kann, der einmal als gerecht galt. Am Ende des *Simplicissimus* gibt es diesen Gott noch, aber er ist sichtlich gealtert und zieht sich zurück; in seiner Welt bleibt nichts so, wie es einmal war: »Bei dir ist nichts Beständiges: die hohen Türme werden vom Blitz erschlagen, die Mühlen vom Wasser weggeführt, das Holz wird von den Würmern, das Korn von Mäusen, die Früchte von Raupen und die Kleider von Schaben gefressen, das Vieh verdirbt vor Alter und der Mensch vor Krankheit ... In dir, o Welt, tut nicht einer, was der andere tut, denn wenn einer weint, so lacht der andere; einer fastet, der andere zecht, der eine reitet, der andere geht, einer redet, der andere schweigt, einer spielt, der andere arbeitet, und wenn einer geboren wird, so stirbt der andere.« Der Mensch tut gut daran, wenn er sich, wie sein Herr Gott, ebenfalls zurückzieht; in der Einsamkeit kann man keinen Schaden anrichten, und so bleibt nur zu wünschen: »Gott verleihe uns allen seine Gnade, daß wir allesamt das von ihm erlangen, woran uns am meisten gelegen ist, nämlich ein seliges ENDE.«

WW: *Der Abenteuerliche Simplicissimus – Der fliegende Wandersmann nach dem Mond – Der erste Bärnhäuter – Traumgeschicht von dir und mir – Dietwalts und Amelinden anmutige Liebs- und Leidbeschreibung*
A: *Hans Jacob Christoffel von Grimmelshausen, Der abenteuerliche Simplicissimus. Insel Taschenbuch Verlag, Frankfurt a. M. 1983*
Hans Jacob Christoffel von Grimmelshausen, Werke in 2 Bänden. Hg. v. Dieter Breuer. Deutscher Klassiker Verlag, Frankfurt a. M. 1991
L: *Günther Weydt, Hans Jacob Christoffel von Grimmelshausen. J. B. Metzlersche Verlagsbuchhandlung, Stuttgart 1979*

■ ANGELUS SILESIUS

Geb. im Dezember 1624 (Taufe am 25.12.) in Breslau
Gest. am 9. Juli 1677 in Breslau

»DER GEISTLICHE KREBSGANG«

Er hieß eigentlich Johannes Scheffler, was deutlich schlichter klingt als Angelus Silesius (»Schlesischer Bote«), aber damals war Latein noch die Sprache, in der man auch das Einfache und Innige hoch tönen ließ. Silesius bewunderte den spanischen Mystiker Johann de Angelis, der bei seiner Künstlernamensgebung ebenfalls Pate stand; mit mystischen Gedankengängen sind auch seine eigenen Schriften durchwebt. Er ist der Sohn eines protestantischen Gutsbesitzers, besucht das Gymnasium in Breslau, studiert in Straßburg, Leiden und Padua Medizin. 1653 tritt er zum Katholizismus über, sein einschneidendstes Erlebnis, dem private Gottesvisionen vorausgehen. Er wirkt als **kaiserlicher Hofmedikus**, tritt in den Franziskanerorden ein, wird zum **Priester** geweiht (1661). Danach zieht er sich immer mehr aus dem öffentlichen Leben zurück.

Angelus Silesius ist in erster Linie als Lyriker im Gedächtnis geblieben. Seine Gedichte sprechen von der alle Verstandestugenden übersteigenden Gott-Erfahrung, die Geisteslust in höchster Form bedeutet; mehr kann der Mensch auf Erden nicht erreichen. Neben dem mystischen Erleben des Heiligen, das auf die innere Gottesschau setzt, gibt es eine einfache Frömmigkeit, der man im gemeinschaftlichen Gottesdienst mit Liedern und Gebeten Ausdruck verleiht; für sie hat Silesius Gedichte geschaffen, die heute noch als **Kirchenlieder** gesungen werden (*Mir nach, spricht Christus, unser Held; Ich will dich lieben, meine Stärke*). Modern mutet die Kunst dieses Autors an, Gegensätze zu Sinnsprüchen zu bündeln und aus scheinbar Widersprüchlichem neue Erkenntnisse aufblitzen zu lassen: »Mensch, werde wesentlich; denn wenn die Welt vergeht, / So fällt der Zufall weg, das Wesen, das besteht.« Das Prinzip dabei ist »Der geistliche Krebsgang«: »Mensch, senke dich herab, so steigest du hinauf; / Lass ab von deinem Gehn, so fängt sich an dein Lauf.«

WW: Gedichte *(Geistreiche Sinn- und Schlussreime oder Cherubinischer Wandersmann – Heilige Seelenlust oder Geistliche Hirtenlieder der in ihren Jesum verliebten Psyche)*
A: *Angelus Silesius, Geistliche Dichtungen. Hg. v. E. Haring. Reclam Verlag, Stuttgart 1992*
Angelus Silesius, Cherubinischer Wandersmann. Hg. v. Luise Gnädinger. Reclam Verlag, Stuttgart 1994
L: *Luise Gnädinger, Angelus Silesius. In: H. Steinhagen/B. v. Wiese (Hg.), Deutsche Dichter des 17. Jahrhunderts. De Gruyter Verlag, Berlin 1984*

■ FRIEDRICH GOTTLIEB KLOPSTOCK

Geb. am 2. Juli 1724 in Quedlinburg
Gest. am 14. März 1803 in Hamburg

»DANN KENN' ICH AUCH DIE HÖH'RE WELT«

Wenn ein zu Lebzeiten erfolgloser Dichter auf die Nachwelt hofft, dann ist das verständlich; für ihn kann es nur besser werden. Was aber erhofft ein **zu Lebzeiten erfolgreicher Dichter** von der Nachwelt? Noch mehr Erfolg? Das wäre zu viel verlangt, wäre maßlos und unbescheiden. Ein erfolgreicher Dichter hat das Beste schon hinter sich, er sollte der Nachwelt, zweckmäßigerweise, nur noch Ungünstiges zutrauen, eine gewisse Vergesslichkeit beispielsweise, Geschmacksverirrungen oder ein angeblich besseres Wissen, das gar nicht viel besser ist. Der Dichter Klopstock konnte das noch zu seinen Lebzeiten erleben: Eine Nachwelt baute sich auf, die sich langsam, aber sicher von ihm abwandte. Da war er noch ein berühmter Mann, galt neben → *Goethe* als das **Aushängeschild der deutschen Literatur**; wer jedoch genauer hinschaute, merkte bereits, dass Klopstocks Dichtkunst langsam aus der Mode geriet.

Klopstock, ältestes von 17 (!) Kindern, ist der Sohn eines Advokaten, der im Staatsdienst wirkt, was ihm nicht genügt: Er lässt sich auf Spekulationsgeschäfte ein, die keine Geschäfte sind; er verliert fast alles. Die Familie hat es auszubaden, sie ist arm, jede Anschaffung wird zum Abenteuer. Durch einen wohlmeinenden Verwandten bekommt der junge Klopstock eine Freistelle in der angesehenen Fürstenschule Schulpforta. Er studiert Theologie in Jena und Leipzig, erwägt aber damals schon, Großes in der Poesie zu leisten. Berühmt wird er mit einem einzigen Werk, dem breit angelegten **Versepos** *Der Messias,* von dem 1748 die ersten drei Gesänge erscheinen (der Abschluss des Werks erfolgt erst 1770). Klopstock gilt mit einem Mal als eine Art Nationaldichter, ein junger Mann, der in hohem Ton altehrwürdige Traditionen beschwört, die von zeitlos besseren Zeiten künden. Dabei ist Deutschland, realpolitisch gesehen, gar keine Nation, sondern bestenfalls ein Ensemble kleiner und kleinster Staatsgebilde, deren einigendes Band in der Sprache liegt.

Klopstock mutet sich, auch als er älter wird, Beträchtliches zu: Der Dichter soll zum »Schöpfer« werden, sich auf tragende Werte besinnen, die im Allgemeinmenschlichen liegen, in der Liebe, der Freundschaft, im Glauben an einen guten Gott, der dem einfachen, redlichen Mann näher steht als den blasierten Gestalten am »falschheitsvollen« Fürstenhof. Diese freiheitliche Gesinnung hat sich Klopstock bewahrt: 1792 wird er zum **Ehrenbürger der französischen Republik** ernannt; sie hat, anders als die Deutschen, nicht lange gefackelt und seinen Ausspruch »Sobald ein Volk sich eins wird, Republik sein zu wollen, so darf es auch!« in die Tat umgesetzt. Dennoch unterhält Klopstock zu den Machthabern kein schlechtes Verhältnis: Er bezieht Pensionen vom König von Dänemark und vom Markgrafen von Baden; damit kann er als einer der ersten deutschen Schriftsteller, die nichts anderes sein wollen als Schriftsteller, ganz gut leben.

Klopstocks Ruhm, vor dem sich anfangs sogar der junge Goethe duckte, mutet aus heutiger Sicht etwas befremdlich an; die heutige Sicht aber ist nicht immer maßgeblich, sie altert mit ihrem Personal, jede Zeit schreibt sich die Literaturgeschichte(n), die sie verdient. Als der Dichter des *Messias* stirbt, nehmen in seiner Wahlheimat Hamburg zehntausende an der Beerdigung teil; zuvor hatte der Dichterkollege → *Lessing* noch ein wahres Wort gesprochen: »Einen Klopstock zu loben« sei nicht schwer, meinte er, »aber wird er auch gelesen?«

Eines von Klopstocks schönsten Gedichten heißt *Das Wiedersehen* und wird 1798, 40 Jahre nach dem Tode seiner Frau Meta, niedergeschrieben; da ist der Dichter ein alter Mann, aber die Liebe überlebt, sie überlebt im Herzen und in der Hoffnung: »Der Weltraum fernt mich weit von dir, / So fernt mich nicht die Zeit. / Wer überlebt das Siebzigste / Schon hat, ist nah bei dir. / – Lang sah ich, Meta, schon dein Grab / Und seine Linde wehn; / Die Linde wehet einst auch mir, / Streut ihre Blum' auch mir. / – Nicht mir! Das ist mein Schatten nur, / Worauf die Blüte sinkt, / So wie es nur dein Schatten war, / Worauf sie oft schon sank. / – Dann kenn' ich auch die höh're Welt, / In der du lange warst; / Dann sehn wir froh die Linde wehn, / Die unsre Gräber kühlt. / – Dann . . . Aber, ach, ich weiß ja nicht; / Was du schon lange weißt; / Nur daß es, hell von Ahndungen, / Mir um die Seele schwebt . . .«

WW: Lyrik *(Der Messias).* – Oden *(Wingolf – Der Zürchersee – Die Frühlingsfeier – Die frühen Gräber – Mein Vaterland – Dem Unendlichen – Der Tod – Die Sommernacht – Das Wiedersehen).* – Prosa *(Die deutsche Gelehrtenrepublik – Über Sprache und Dichtkunst).* – Dramen *(Hermann und die Fürsten – Hermanns Tod)*
A: *Friedrich Gottlieb Klopstock, Werke und Briefe. De Gruyter Verlag, Berlin 1993 ff.*
L: *Gerhard Kaiser, Klopstock. Religion und Dichtung. Athenäum Verlag, Kronberg/Ts. 1975*

■ GOTTHOLD EPHRAIM LESSING

Geb. am 22. Januar 1729 in Kamenz (Lausitz)
Gest. am 15. Februar 1781 in Braunschweig

»MAN SCHÄTZT JEDEN NACH SEINEN KRÄFTEN«

Es ist nicht einfach für einen Dichter, einfach zu schreiben; das Komplizierte macht mehr her. Von einem Dichter, der dunkle Satzgebilde strickt, nimmt man an, dass er schlauer sein könnte als andere, gerade weil man ihn nicht recht versteht. Wer einfach schreibt, muss zudem mutig sein: Er lehnt sich weit aus dem Fenster, alles, was er sagt, kann gegen ihn verwendet werden. Der Dichter Lessing war so ein mutiger Mann; er ließ sich nicht verbiegen, glaubte an die **Vernunft im Menschen**, an seine Mitleidsfähigkeit, an eine **Bildung des Herzens**, die mehr wert ist als kalte Gelehrsamkeit.

Lessing kommt als Sohn eines Pfarrers zur Welt, der ehrgeizige Pläne hat: der Sohn soll ein bekannter Prediger werden. Dafür unterrichtet er ihn erst einmal selbst, gibt ihn dann auf die örtliche Lateinschule und erreicht, dass er eine Freistelle an der Fürstenschule St. Afra in Meißen erhält. Der Sohn macht brav mit, zeigt sich als hervorragender Schüler; in einer Bewertung des Lehrerkollegiums heißt es allerdings, dass er gelegentlich eine »mokante« (spöttische) Art habe. 1746 geht Lessing nach Leipzig; dort studiert er Theologie und Medizin, beide Fächer behagen ihm nicht. Inzwischen hat er nämlich seine **Liebe zum Theater** entdeckt und ein Stück geschrieben (*Der junge Gelehrte*), das zwei Jahre später mit Erfolg uraufgeführt wird. Lessing beschließt, ganz Schriftsteller zu sein, ein kühner Entschluss, denn schon in Leipzig lebt er über seine Verhältnisse und muss vor seinen Gläubigern auf der Hut sein. Er flieht nach Berlin, betätigt sich als **Journalist** für verschiedene Blätter, u. a. für »Das Neueste aus dem Reiche des Witzes«, eine Beilage der *Vossischen Zeitung*. Witzig ist Lessing selbst, auch »mokant«, das fällt auf, gefällt aber nicht jedem. Immerhin kann er sich von gröbsten wirtschaftlichen Sorgen frei machen und sogar sein Studium mit dem Magisterexamen abschließen (1752). Er schreibt viel, gilt bald als einer der führenden deutschen **Literaturkritiker**. Für den Umgang der Kritik mit dem Dichter gibt er eine Empfehlung aus, die heute noch gilt: »Man schätzt jeden nach seinen Kräften. Einen elenden Dichter tadelt man gar nicht; mit einem mittelmäßigen verfährt man gelinde; gegen einen großen ist man unerbittlich. Bleibt sich dieser nicht allezeit gleich, entwischt ihm hier und da eine matte Zeile; diese matte Zeile, welche die Zierde eines mittelmäßigen Dichters sein könnte, wird unerträglich.«

Es beginnen unruhige Jahre für den Schriftsteller Lessing: Von 1755 bis 1758 ist er wieder in Leipzig, kehrt dann nach Berlin zurück, wo es ihn aber nicht hält: Zur Verwunderung seiner Freunde wechselt er die Fronten, wird Regimentssekretär des preußischen Generals Tauentzien in Breslau. Er kann das begründen: Die Festanstellung, die er gewählt hat, verlangt wenig Einsatz, dafür lässt sie ihm viel Zeit zum Schreiben. Das **Lustspiel** *Minna von Barnhelm* entsteht und eine **ästhetische Abhandlung** mit dem Titel *Laokoon oder Über die Grenzen der Malerei und Poesie.* Minna von Barnhelm ist eine der ersten selbstbewussten Frauen auf deutschen Theaterbühnen; ihrem ein wenig steifen, zur Schwermütigkeit neigenden Verehrer Major von Tellheim, der ihr vorhält: »Sie wollen lachen, mein Fräulein. Ich beklage nur, daß ich nicht mitlachen kann«, entgegnet sie: »Was haben sie denn gegen das Lachen? Kann man denn nicht auch lachend sehr ernsthaft sein?« Noch einmal kehrt Lessing nach Berlin zurück; dann geht er auf Reisen und wird schließlich Dramaturg in Hamburg (1767).

Die *Hamburgische Dramaturgie,* die er entwickelt, setzt **Maßstäbe für ein Theater**, das sich von den damaligen starren Regeln befreien will. Der Schriftsteller Lessing erweitert zudem die Arbeitsplatzbeschreibung des Kritikers Lessing, der sich an folgende Grundsätze hält: »Wenn ich Kunstrichter wäre ..., so würde meine Tonart diese sein. Gelinde und schmeichelnd gegen den Anfänger; mit Bewunderung zweifelnd, mit Zweifeln bewundernd gegen den Meister; abschreckend und positiv gegen den Stümper; höhnisch gegen den Prahler ... Der Kunstrichter, der gegen alle nur einen Ton hat, hätte besser gar keinen. Und besonders der, der gegen alle nur höflich ist, ist im Grunde gegen die er höflich sein könnte, grob.« In Hamburg scheitert Lessing, erst am Theater, das geschlossen wird, dann bei dem Versuch, sich als Verlagsbuchhändler durchzusetzen.

1770 nimmt er, der Not gehorchend, wieder eine feste Stelle an: Er wird **Bibliothekar in Wolfenbüttel**, wo er zwar über eine der ansehnlichsten Bibliotheken Europas wachen darf, aber einen Hungerlohn bezieht und von der Launen seines Dienstherrn, des Herzogs von Braunschweig, abhängig ist. Es wird einsam um ihn her: »Ich bin wahrlich nur eine Mühle, und kein Riese. Da stehe ich auf meinem Platze ganz außer dem Dorfe, auf einem Sandhügel allein, und komme zu Niemandem und helfe Niemandem und lasse mir von Niemandem helfen.« Durch vereinzelte Reisen möchte er sich aus seiner Einsamkeit befreien; das Klima an den Fürstenhöfen aber macht ihn noch mehr frösteln, ihm hilft nur seine bewährte Ironie: »Bei Hofe ... habe (ich) mit andern getan, was zwar nichts hilft, wenn man es tut, aber doch wohl schaden kann, wenn man es beständig unterläßt; ich habe Bücklinge gemacht und das Maul bewegt.«

1776 ernennt man ihn dennoch zum **Hofrat**, und er heiratet seine langjährige Verlobte Eva König. Weihnachten 1777 wird sein erster Sohn geboren, der nur 24 Stunden am Leben bleibt. Vierzehn Tage später stirbt seine Frau. Gegen die Trauer geht er mit seinen Mitteln an: »Ich verlor ihn so ungern, diesen Sohn! denn er hatte so viel Verstand! so viel Verstand! ... War es nicht Verstand, daß er die erste Gelegenheit ergriff, sich wieder davon zu machen? ... Meine Frau ist tot; und diese Erfahrung habe ich nun auch gemacht. Ich freue mich, daß mir viel dergleichen Erfahrungen nicht mehr übrig sein können ..., und bin ganz leicht«. So kann der Trost, falls es ihn gibt, nur ein leichter, ein hausgemachter Trost sein: »Totsein hat nichts Schreckliches; und insofern Sterben nichts als der Schritt zum Totsein ist, kann auch das Sterben nichts Schreckliches haben.«

Zuletzt sieht sich Lessing veranlasst, noch einmal streitbar zu werden: Er legt sich mit dem einflussreichen Hamburger Hauptpastor Goeze an, der seine Frömmigkeit mit rhetorischem Aufwand und so wohlmeinend unduldsam betreibt, dass »er seine Leute an den Haaren in den Himmel schleppt« (→ *Lichtenberg*). In der **Kontroverse mit Goeze**, die er mit der Empfehlung »Lieber Herr Pastor! Poltern Sie doch nicht so in den Tag hinein, ich bitte Sie« einleitet, läuft Lessing noch einmal zu großer Form auf. Der Gott, den er meint, braucht keinen Namen, keine devoten Beschreibungen, man muss nicht einknicken vor diesem Gott. Das Christentum kam einst als frohe Botschaft daher; unter dem Zugriff der Kirchenverwalter wurde sie jedoch in Glaubensakte und Anbetungsvorschriften zerlegt, die den Gottesglauben zu einer freudlosen Sache machen.

Lessings persönliches **Glaubensbekenntnis** wird in dem berühmten Stück *Nathan der Weise* (1779) dargelegt, das sein Vermächtnis geworden ist: »Ich weiß«, sagt Lessings Nathan, der eigentlich Lessings Lessing ist, »ich weiß, wie gute Menschen denken, weiß, daß alle Länder gute Menschen tragen.«

Der Dichter und Kritiker Lessing hat der deutschen Literaturgeschichte, die man als schwebendes Verfahren nehmen sollte, das kein abschließendes Urteil braucht, ausgesprochen gut getan. Andere Autoren haben sich zu höherem Gedankenflug aufgeschwungen oder sind näher an das ursprüngliche Geheimnis herangerückt; Lessing aber, ein **Mann mit Witz**, hat die Vernünftigkeit anmutig und die Schwere unseres Bedenkens leicht werden lassen. Der Mensch soll sich nicht in seinem Besitz verschanzen, schon gar nicht im Besitz vorgeblicher Wahrheit(en); nur wer sucht, findet, aber wer hat, dem wird auch genommen: »Nicht die Wahrheit, in deren Besitz irgendein Mensch ist oder zu sein vermeinet, sondern die aufrichtige Mühe, die er angewandt hat, hinter die Wahrheit zu kommen, macht den Wert des Menschen. Denn nicht durch den Besitz, sondern durch die Nachforschung der Wahrheit erweitern sich seine Kräfte... Der Besitz macht ruhig, träge, stolz.«

WW: Theaterstücke *(Miss Sara Sampson – Emilia Galotti – Minna von Barnhelm – Nathan der Weise)*. – Prosa *(Fabeln – Briefe, die neueste Literatur betreffend – Laokoon – Hamburgische Dramaturgie-Briefe antiquarischen Inhalts – Wie die Alten den Tod gebildet – Anti-Goeze – Freimaurer-Gespräche Ernst und Falk I–III)*
A: *Gotthold Ephraim Lessing, Werke. Hg. v. Herbert G. Göpfert u. a. Carl Hanser Verlag, München 1970 ff.*
L: *Wolfgang Drews, Lessing. Rowohlt Taschenbuch Verlag, Reinbek 1962*

■ GEORG CHRISTOPH LICHTENBERG

Geb. am 1. Juli 1742 in Ober-Ramstadt (bei Darmstadt)

Gest. am 24. Februar 1799 in Göttingen

»DAS GRAB AUF MEINEN WANGEN«

Von der Natur war er nicht gerade begünstigt: »ein unansehnlicher Mann« sei er gewesen, heißt es, »klein, höckericht, krumm an Füßen, mit einem sehr dicken Kopf«, man habe ihn glattweg übersehen können, wenn da nicht schon immer etwas gewesen wäre, was den Blick der Leute anzog. Vielleicht war es tatsächlich der überproportional dicke Kopf, die freundlich forschenden Augen, aus denen der Geist sprach, den andere nicht hatten. Lichtenberg war **geistreich**; das fällt auch heutigen Lesern noch auf, wenn sie sich einlassen auf seine Gedankenwelt; unter deutschen Dichtern gab es kaum einen, der klüger, und keinen, der witziger war.

Er kommt als Sohn eines geistlichen Würdenträgers zur Welt: Der Vater ist Landessuperintendent von Darmstadt, was sich bedeutender anhört, als es war; auf jeden Fall geht man bei den Lichtenbergs tagtäglich mit dem Herrgott um, den man sich eher gütig und verlässlich als ungnädig vorstellt. Der Vater war kein Schmalspur-Theologe; er verstand sich auf Naturwissenschaften, liebte die Musik und machte selber Gelegenheitsgedichte. Lichtenberg hat den Eltern ein treues Andenken bewahrt, das unberührt bleibt von der eigenen Entwicklung, die auf ein Gottesverständnis hinausläuft, das unpersönlich ist und am Geheimnis hängt: »Es ist nicht mehr der hülfreiche Gott unsrer Kindheit; es ist ein Wesen, dessen Wege nicht unsere Wege und dessen Gedanken nicht unsere Gedanken sind.«

Lichtenberg studiert in Göttingen Philosophie, Mathematik und Physik; vier Jahre verdient er als **Hauslehrer reicher englischer Studenten** sein Geld. 1770 hat er Glück, man wird auf ihn aufmerksam und ernennt ihn zum Außerordentlichen **Professor für Philosophie**. Außerordentlich ist er und bleibt er; das ändert sich auch nicht, als er eine ordentliche Universitätskarriere macht (ab 1775 amtiert er als Ordinarius) und so berühmt wird, dass davon auch etwas für die Stadt Göttingen abfällt, aus der er zwischendurch immer mal wieder ausreißen will. Er kommt aber nie weit, zumindest bleibt er nicht lange weit weg: Knappe zwei Jahre ist er insgesamt in England gewesen, nicht am Stück, denn er musste ja zwischenzeitlich wieder zurück nach Göttingen. Der englischen Nation gilt seine Bewunderung, er schätzt die britischen Umgangsformen, den Hang zum Understatement, die Mischung aus Skurrilität und realistischer Weltansicht, die man den Engländern nachsagt, nicht zuletzt auch den englischen Humor. Von dem hat er selber abbekommen; sein Witz ist pointiert und leicht, selten lautsprecherisch deutsch.

Lichtenberg lehrt in Göttingen Mathematik, Astronomie und Geografie; daneben, womit er aber nicht danebenliegt, gibt er den *Göttinger Taschen Calender* und das *Göttingische Magazin für Wissenschaften und Litteratur* heraus, **unterhaltsame und kluge Journale**, in denen der **Herausgeber** Lichtenberg über seinen Hausautor Lichtenberg wacht, der die meisten Beiträge schreibt. Seine schönste und produktivste Zeit erlebt er, als ihn, der sich schon daran gewöhnt hat, »die Macht der Liebe« als »poetische Faselei junger Leute« zu betrachten, selber die Liebe überrascht. Er lernt »**die Stechhardin**« kennen, ein junges, gänzlich ungebildetes Blumenmädchen, das ihm in vielerlei Hinsicht zur Herausforderung wird; die Liebe ist nicht himmelstürmend, sondern kommt als wundersames Erziehungswerk zu Stande: »Ich unterrichtete sie im Schreiben und Rechnen und anderen Kenntnissen ... Nun war unsere Bekanntschaft aufs Höchste gestiegen ... Die Folge war, was Sie schon mutmaßen werden, sie blieb ... ganz bei mir ... Sie war nicht wegzubringen. Wir waren beständig beisammen. Wenn sie in der Kirche war, so war es mir, als hätte ich meine Augen und alle meine Sinne weggeschickt.« Im Leben endet diese Liebe traurig, denn die Stechhardin stirbt siebzehnjährig eines elendigen Todes. Sechs Jahre später heiratet Lichtenberg ein anderes schlichtes Mädchen und bekommt mit ihr viele Kinder; er wird hypochondrisch, sein Körper spielt ein Spiel, das zahllose Varianten, aber nur eine Spielregel kennt: »Ich sehe das Grab auf meinen Wangen«. Wachsam registriert er tatsächliche und eingebildete **Krankheiten**, nimmt sie mit Ernst und mit Witz, den dazugehörigen Zustand nennt er »Schlappherzigkeit«. Mag er sich auch kränklich fühlen, so hält er sich doch zu »ordentlicher« Arbeit an; dabei ist seine Kunst, Pläne zu schmieden, größer als sein Durchhaltevermögen. Eine Autobiografie kommt ebenso wenig zu Stande wie der große satirische Roman, den er lange schon schreiben will.

Gegen Ende seines Lebens entdeckt er zu seiner Freude einen Autor, der sich auf den großen satirischen Roman besser versteht als er: → *Jean Paul* (»Eine solche Verbindung von Witz, Phantasie und Empfindung!«). Als er tatsächlich alt und älter geworden ist, befallen ihn die dazu passenden Gedanken; die Späße werden ihm schwerer. Er entdeckt das an sich, was heute noch als Erkennungszeichen alter Leute gilt, das **Nachlassen der Gedächtniskraft** und zunehmende Verwirrung: »So lange das Gedächtnis dauert, arbeiten eine Menge Menschen in Einem vereint zusammen, der Zwanzigjährige, der Dreißigjährige usw. Sobald aber dieses fehlt, so fängt man immer mehr an, allein zu stehen, und die ganze Generation von Ichs zieht sich zurück und lächelt über den alten Hilflosen.« Als alter Hilfloser hat er sich in den letzten Lebensjahren gefühlt, er sehnt die Jugend zurück; da das aber bekanntlich keinen Erfolg hat, wünscht er sich den Tod, der ihn, den geübten »Hypochondristen«, jedoch bitte vor Schmerzen und ähnlichen Belästigungen verschonen möge. Hatte er zuvor noch der Vernunft den ihr gebührenden Rang eingeräumt, so wendet er sich nun mehr ans Gefühl; es sind die Ahnungen, das feine Gespür, die ihm wichtiger erscheinen als verstandesgemäße Erkenntnisse: »Die Vernunft sieht jetzt über das Reich der dunklen, aber warmen Gefühle so hervor wie die Alpenspitzen über die Wolken. Sie sehen die Sonne reiner und deutlicher, aber sie sind kalt und unfruchtbar.«

Lichtenberg ist ein **Schriftsteller** gewesen, **der seinesgleichen suchte**. Dass er ihn, bis auf die späte Ausnahme Jean Paul, nicht fand, lag in der Natur der Sache und hat ihn, bevor er alterstraurig wurde, sehr heiter und gelassen gemacht. Die große, zusammenhängende Form mochte er, der ein besessener Gewitterforscher war, nicht (mehr) bedienen; sein Können blitzte in kleinen, komprimierten Schriften auf, die so stark sein konnten, dass der Leser für sich seinen eigenen Blitzableiter suchte. Lichtenbergs schönstes Werk sind seine *Sudelbücher*, »Einfälle und Bemerkungen« zu allem, was den Menschen so angeht mit Gott und der Welt. Ihn, den Menschen, hat Lichtenberg nicht unbedingt geliebt, er wollte ihn jedoch immer zum Besten anhalten: »Alles was also der eigentlich weise Mensch tun kann, ist, alles zu einem guten Zweck zu leiten und dennoch die Menschen zu nehmen, wie sie sind.« Wer die Menschen nimmt, wie sie sind, ist für seinen Realsinn zu loben; trotzdem besteht leider die Gefahr, dass er trübsinnig wird: »Unser Leben kann man mit einem Wintertag vergleichen, wir werden zwischen 12 und 1 des Nachts geboren, es wird 8 Uhr, ehe es Tag wird, und vor 4 des Nachmittags wird es wieder dunkel, und um 12 sterben wir.«

WW: *Sudelbücher – Tagebücher – Amintors Morgen-Andacht – Das Luftbad – Gnädigstes Sendschreiben der Erde an den Mond – Fabeln – Stammbuchsprüche – G. Lichtenbergs ausführliche Erklärungen der Hogarthischen Kupferstiche*
A: *Georg Christoph Lichtenberg, Schriften und Briefe. Hg. v. Wolfgang Promies. Carl Hanser Verlag, München 1968 ff.*
L: *Wolfgang Promies, Lichtenberg. Rowohlt Taschenbuch Verlag, Reinbek 1964*

■ JOHANN WOLFGANG VON GOETHE

Geb. am 28. August 1749 in Frankfurt a. M.
Gest. am 22. März 1832 in Weimar

»SO MUSST DU SEIN, DIR KANNST DU NICHT ENTFLIEHN!«

Der Deutschen berühmtester Dichter war ein schicksalsgläubiger Mensch. Er war dies nicht als Fatalist, der ergeben darauf wartet, dass sich über seinem Kopf etwas zusammenbraut, sondern als Mann der Tat, der davon überzeugt ist, dass es höhere Fügungen gibt, die man erkennen und zu seinen Gunsten nutzen kann. Goethe hat sich selbst denn auch als Begünstigten gesehen; in seiner Autobiografie mit dem wunderbaren, weil unendlich passenden Titel *Dich-*

tung und Wahrheit heißt es: »Am 28sten August 1749, mittags mit dem Glockenschlage zwölf, kam ich in Frankfurt am Main auf die Welt. Die Konstellation war glücklich: die Sonne stand im Zeichen der Jungfrau und kulminierte für den Tag; Jupiter und Venus blickten sie freundlich an, Merkur nicht widerwärtig; Saturn und Mars verhielten sich gleichgültig; nur der Mond, der soeben voll ward, übte die Kraft seines Gegenscheins um so mehr, als zugleich seine Planetenstunde eingetreten war. Er widersetzte sich daher meiner Geburt, die nicht eher erfolgen konnte, als bis diese Stunde vorübergegangen. Diese guten Aspekte, welche mir die Astrologen in der Folgezeit sehr hoch anzurechnen wußten, mögen wohl Ursache an meiner Erhaltung gewesen sein ...«

Johann Wolfgang Goethe stammt auf Seiten der Väter aus einer grundsoliden thüringischen Familie von Handwerkern, Bauern und Wirtsleuten, die allesamt wohl ein **gewisser Ehrgeiz** ausgezeichnet hat. Der Großvater Friedrich Georg Goethe war von Haus aus Schneider und ließ sich schließlich in der Freien Reichsstadt Frankfurt am Main nieder. Dort brachte er es, vor allem dank geschickter Einheirat in eine vermögende Gastwirtsfamilie, zu beträchtlichem Wohlstand, den er an seinen Sohn, Goethes Vater Johann Caspar Goethe, übergab. Der, ein eher verschlossener, zum Grübeln neigender Mensch, studierte die Rechtswissenschaften und versuchte danach, erfolglos, in der Frankfurter Stadtpolitik mitzumischen. 1742 erkaufte er sich den Titel Kaiserlicher Rat, der ihn auf dem Papier zu einer herausgehobenen Persönlichkeit machte, in Wirklichkeit jedoch keine zusätzlichen Einflussmöglichkeiten bescherte. Vater Goethe war enttäuscht und zog sich, 32-jährig, auf eine Privatgelehrten-Existenz zurück, die er finanziell abgesichert wusste. 1748 heiratet er die zwanzig Jahre jüngere Catharina Elisabeth Textor, Tochter eines ranghohen Frankfurter Stadtbeamten, die – Gegensätze ziehen sich bekanntlich an – das genaue Gegenteil ihres Gatten ist. Catharina Goethe grübelt nicht gern, sie steht mitten im Leben und hat einen beträchtlichen Mutterwitz zu bieten, der sich auch bewähren muss, als von den sechs Kindern, die sie zur Welt bringt, schließlich nur zwei überleben: Johann Wolfgang und seine ein Jahr jüngere Schwester Cornelia. Die Gegensätze, die er in seinen Eltern verkörpert sah, hat Goethe in einem berühmten Gedicht festgehalten, das anklingen lässt, wie schwierig es sein kann, wenn man Originalität sucht und sich doch vorgeprägt weiß: »Vom Vater hab ich die Statur, / Des Lebens ernstes Führen, / Vom Mütterchen die Frohnatur / Und Lust zu fabulieren. / Urahnherr war der Schönsten hold, / Das spukt so hin und wieder; / Urahnfrau liebte Schmuck und Gold, / Das zuckt wohl durch die Glieder. / Sind nun die Elemente nicht / Aus dem Komplex zu trennen, / Was ist denn an dem ganzen Wicht / Original zu nennen?«

Goethe verlebt eine **behütete Kindheit**. Er wird von Privatlehrern unterrichtet, ist ein guter Schüler, wenn auch kein Überflieger. Das Lernen fällt ihm nicht schwer – ja, das ganze Leben, von dem er später sagen wird, er möchte von ihm »mehr und immer mehr«, erscheint ihm als leichte Übung, die insgesamt mehr Lust als Last beschert. Die Neugier aufs Leben, auf seine Gestalten, Abenteuer und Möglichkeiten, wird Goethe bis ins hohe Alter begleiten; sie ist es auch wohl, die ihn, auf seine eigene Weise, jung erhält.

Mit sechzehn Jahren darf der junge Goethe zur Universität, hat also das erreicht, was man heute vornehm als Hochschulreife bezeichnet. Auf Wunsch des Vaters studiert er Jura in Leipzig. Im Vergleich zu Frankfurt erscheint

ihm Leipzig weiträumig und weltoffen; er atmet auf. Allerdings hält seine gute Laune nicht lange vor: Die juristischen Vorlesungen erweisen sich als Tortur, und die in Leipzig lehrenden Literaturgrößen Gellert und Gottsched kann er beim besten Willen nicht ernst nehmen. Was er in Leipzig lernt – zumindest sagt ihm dies der eigene Lebensrückblick – ist die Kunst, sich nicht in unnütze Grübeleien zu verlieren, sondern auf konkrete Fragen möglichst konkrete Antworten zu suchen. Goethe entwickelt eine **produktive Ader**, die zunächst zweckgebunden ist; er malt, um sich im Malen zu üben, er dichtet, weil dies eine Möglichkeit ist, seine Erlebnisse und Beobachtungen für sich zu verarbeiten. Ende Juli 1768 wird er krank und zwar heftig: Eine **Lungenblutung** überrascht ihn im Schlaf, und nur dem schnellen Eingreifen eines benachbarten Arztes ist es zu verdanken, dass er mit dem Leben davonkommt. Von nun ist er empfindlicher, was Krankheiten angeht, ja er schreibt sich selbst »gewisse hypochondrische Züge« zu, die ihn angeblich »nie mehr verlassen« haben. Er kehrt nach Frankfurt zurück.

Im Frühjahr 1770 ist er wiederhergestellt und geht nach Straßburg, wo er sein Studium zu Ende bringen soll. Dort lernt er den Dichter und Theologen Johann Gottfried Herder kennen, der, obwohl nur fünf Jahre älter, bereits zu den Berühmteren der literarischen Zunft zählt und ihm wichtige Anregungen gibt. Goethe betreibt Selbsterfahrung, die er in der Folge perfektionieren wird: Nicht um den Blick nach innen geht es ihm, sondern um die Aneignung von Welt (»Willst du dich deines Werts erfreun, / musst der Welt du Wert verleihn«). Obwohl er jede Menge Ablenkungen hat, darunter eine Liebesgeschichte mit der Pfarrerstochter Friederike Brion aus dem elsässischen Sesenheim (»Ich ging, du standst und sahst zur Erden, / Und sahst mir nach mit nassem Blick: / Und doch, welch Glück, geliebt zu werden! / Und lieben, Götter, welch ein Glück!«), gelingt es ihm, sein Studium abzuschließen. Zwar reicht es nicht ganz zum Doktor, aber dafür wird er zum Lizentiaten der Rechte ernannt, ein Titel, der damals ähnlich gut angesehen ist.

Goethe zieht es nach Frankfurt zurück. Er erhält eine Zulassung als **Rechtsanwalt am Frankfurter Schöffengericht** und führt einige Prozesse. 1771 schreibt er das Theaterstück *Götz von Berlichingen*. Sein Held, ein altfränkischer Ritter, von dem wir vor allem ein bestimmtes Zitat in Erinnerung behalten haben, ist ein Querkopf, eher rückwärts als vorwärts gewandt, aber er versteht zu kämpfen und lässt sich nicht unterkriegen. So einen Kerl wollte man damals sehen, und dass der Götz eine Kunstfigur ist, macht seine Wirkung nur noch größer. Goethe schert sich nicht um theatralische Gepflogenheiten; sein Stück wird sozusagen im Galopp heruntergespielt und verzeichnet allein 59 Orts- und Szenenwechsel, eine rekordverdächtige Bühnenkulisse. »Der Götz«, der Ende 1771 fertig gestellt ist, macht Goethe bekannt; er weiß, dass er Dichter werden will, nichts anderes. Dennoch geht er im Frühjahr 1772 als Praktikant an das Reichskammergericht nach Wetzlar. Dort freundet er sich mit dem Gesandschaftssekretär Johann Christian Kestner an, dessen Verlobte **Charlotte Buff**, genannt Lottchen, es ihm angetan hat: Er glaubt, verliebt zu sein, lässt seiner Fantasie freien Lauf; die Grenzen zwischen erdachter und erlebter Gefühlswelt verschwimmen. Lottchen sieht sich überfordert, Kestner ist unangenehm berührt; es kommt zu Spannungen, die sich, im Rahmen gegebener Konventionen, nicht lösen lassen. In dieser Situation besinnt Goethe sich auf seine bewährte Konfliktbewältigungs-Strategie: Er macht sich davon, verlässt Wetzlar bei Nacht und Nebel und kehrt auf Umwegen nach Frankfurt zurück.

Die **unglückliche Liebe**, die ihm widerfahren ist, war nicht so unglücklich, als dass sie ihn aus der Bahn geworfen hätte, im Gegenteil: Sie bietet sich ihm als literarischer Stoff an, den er nur noch gestalten und niederschreiben muss. Im Herbst veröffentlicht er den Roman *Die Leiden des jungen Werthers*, der ihn **mit einem Schlag berühmt** macht. Werther, der Held des Buches, führt vor, was es heißt, zu viel Gefühl zu haben und zu sehr zu lieben; er wird überwältigt von der Wirklichkeit, die sich auf ihn legt und ihn einhüllt, in schmerzlicher Schönheit, in traurigstem Glück. Einer wie Werther kann sich nicht auf gewöhnliche Weise in der Welt zurechtfinden; seine Erfahrungswerte stehen unter ständiger Hochspannung. Gemessen an der großen Gefühligkeit, die das Buch durchzieht, wird Werthers Ende mit boshafter Nüchternheit geschildert; man könnte meinen, dass der Autor selbst genug gehabt hätte von Liebestaumel, überreizter Empfindsamkeit, und frische Luft hereinlassen muss. Werther bringt sich um, sein Anblick ist nicht gerade erhebend: »Man fand ihn an der Erde ohne Rettung, der Puls schlug, die Glieder waren alle gelähmt. Über dem rechten Auge hatte er sich durch den Kopf geschossen, das Gehirn war herausgetrieben. – Aus dem Blut auf der Lehne des Sessels konnte man schließen, er habe sitzend vor dem Schreibtisch die Tat vollbracht, dann ist er heruntergesunken, hat sich konvulsivisch um den Stuhl herumgewälzt. Er lag gegen das Fenster, entkräftet auf dem Rücken, war in völliger Kleidung, gestiefelt, im blauen Frack mit gelber Weste.«

Die Jahre von 1773 bis 1775 sind für Goethe produktive Jahre. Nicht alles, was er aufs Papier bringt, hat Bestand, zumal er sich selbst gegenüber kritisch eingestellt bleibt: Er gewöhnt sich an, seine Schriften von Zeit zu Zeit einer erneuten Prüfung zu unterziehen, die streng ausfällt: Was ihm behagt, behält er, den Rest wirft er ungerührt ins Feuer. Goethe gehört jetzt zur Prominenz, man besucht ihn, will ihn sehen und sprechen. Von der Damenwelt wird er umschwärmt; er registriert es mit Wohlgefallen. Die eine oder andere Liebelei gönnt er sich; dann wird es für ihn ernst mit der Liebe: Er lernt die sechzehnjährige **Frankfurter Bankierstochter Lili Schönemann** kennen, und was zunächst wie einer der üblichen Flirts beginnt, wächst sich zu einer

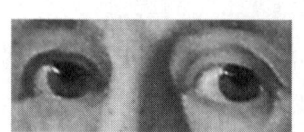

»tiefen Leidenschaft« aus, an die sich sogar noch der alte Goethe, der ansonsten ein Verdrängungskünstler ist, wehmutsvoll erinnert. Die Liebe zu Lili führt bis zur **Verlobung**; dann machen sich Gegensätze bemerkbar, die weniger auf Seiten der Liebenden bestehen, als von den dazugehörigen Familien geschürt werden. Goethe, ohnehin ein bindungsscheuer Mensch, ergreift nach bewährtem Muster die Flucht: Mit den dichtenden Brüdern Stolberg reist er in die Schweiz.

Zurückgekehrt nach Frankfurt erlebt er die eigentliche Wendung seines Schicksals: Der Erbprinz Karl-August von Sachsen-Weimar-Eisenach beruft ihn nach Weimar. Goethes **Autobiografie** *Dichtung und Wahrheit* endet mit ebendieser Schicksalswendung: Er reißt sich von allem los, von Lili, von der Liebe, von den kurz zuvor noch gefassten Plänen, er geht nach Weimar und beginnt dort ein neues Leben. Sein altes Leben lässt er mit einem mitreißenden Zitat aus seinem Theaterstück *Egmont* ausklingen: »Kind, Kind!

nicht weiter! Wie von unsichtbaren Geistern gepeitscht, gehen die Sonnenpferde der Zeit mit unsers Schicksals leichtem Wagen durch, und uns bleibt nichts, als mutig gefasst die Zügel festzuhalten und bald rechts, bald links, vom Steine hier, vom Sturze da, die Räder wegzulenken. Wohin es geht, wer weiß es? Erinnert es sich doch kaum, woher es kam.«

Am 7. November 1775 trifft Goethe in **Weimar** ein, der Stadt, mit der sich bis heute sein Name verbindet. Im September 1775 war Karl August volljährig geworden und hatte die Regierung von seiner Mutter Anna Amalia übernommen. Goethe bewahrte ihm, seinem Herzog, eine lebenslange, fast väterlich zu nennende Anhänglichkeit. Noch im milden Rückblick des Alters mochte der Dichter seinem obersten Dienstherrn nur gute Seiten abgewinnen: »Er war achtzehn Jahre alt, als ich nach Weimar kam; aber schon damals zeigten seine Keime und Knospen, was einst der Baum sein würde. Er schloß sich bald auf das innigste an mich an und nahm an allem, was ich trieb, gründlichen Anteil. Daß ich fast zehn Jahre älter war als er, kam unserm Verhältnis zugute. Er saß ganze Abende bei mir in tiefen Gesprächen über Gegenstände der Kunst und Natur und was sonst allerlei Gutes vorkam … Er war wie ein edler Wein, aber noch in gewaltiger Gärung. Er wusste mit seinen Kräften nicht wohinaus, und wir waren oft sehr nahe am Halsbrechen. Auf Parforcepferden über Hecken, Gräben und durch Flüsse und bergauf, bergein sich tagelang abarbeiten und dann nachts unter freiem Himmel kampieren, etwa bei einem Feuer im Walde: das war nach seinem Sinne. Ein Herzogtum geerbt zu haben, war ihm nichts, aber hätte er sich eins erringen, erjagen und erstürmen können, das wäre ihm etwas gewesen … Ich leugne nicht, er hat mir anfänglich manche Not und Sorge gemacht. Doch seine tüchtige Natur reinigte sich bald und bildete sich bald zum besten, so daß es eine Freude wurde, mit ihm zu leben und zu wirken …«

Goethe legt eine **beeindruckende Umtriebigkeit** an den Tag, macht sich unentbehrlich. Am 22. November 1775 schreibt er nach Frankfurt: »Wie eine Schlittenfahrt geht mein Leben, rasch weg und klingelnd und promenierend auf und ab. Gott weiß, wozu ich noch bestimmt bin, daß ich solche Schulen durchgeführt werde. Diese gibt meinem Leben neuen Schwung,

und es wird alles gut werden ...« Im Juni 1776 tritt er als **Geheimer Lega-**
tionsrat offiziell in den Weimarer Staatsdienst ein. Er bezieht ein Jahresgehalt von 1200 Talern und gehört zum obersten Regierungsgremium, dem
so genannten Geheimen Conseil. Die Aufgaben, die er übernimmt, sind
alles andere als poetisch: Er arbeitet (u. a.) neue Feuerverhütungsvorschriften
aus, übernimmt die herzogliche Wegebauverwaltung, in der es genug Arbeit
gibt, denn Wege und Straßen sind in einem saumäßigen Zustand; passend
dazu darf er noch ein benachbartes Ressort betreuen, die so genannte Was-
serbaukommission, welche die Kanalisation vorantreiben und die erforder-
lichen Maßnahmen bei Überschwemmungen ergreifen soll. Auch im diplo-
matischen Dienst wird er eingesetzt und soll nebenbei noch das Kulturleben
Weimars organisieren. An die Liebe verschwendet Goethe, von zahlreichen
Pflichten eingedeckt, zunächst keine unnützen Gedanken mehr. Dann aber
lernt er die sieben Jahre ältere **Hofdame Charlotte von Stein** kennen, mit
der ihn alsbald eine besondere Beziehung verbindet. Es ist eine andere Form
der Liebe als die, die er bislang kennen gelernt hat: Sie beginnt in der Gegenwart, schaut aber, wie durch geheime Wiedererinnerung, auch in die Vergangenheit. Goethe beginnt, über den Tag hinaus zu denken. Er entdeckt
seine Dichtkunst wieder.

Zunächst aber kommt eine weitere Aufgabe hinzu: Im Januar 1779 übernimmt er die so genannte Kriegskommission und amtiert damit als eine Art
Verteidigungsminister, dem eine Armee untersteht, die nicht gerade Furcht
erregend ist: Bei seinem Dienstantritt besteht sie aus 532 Mann Infanterie,
einer kleinen Artillerie und 30 Husaren. 1782 wird Goethe geadelt, er darf
sich nun, als Geheimer Legationsrat, der er schon ist, Johann Wolfgang von
Goethe nennen, aber sein Leben ändert sich dadurch kaum, es bewegt sich
allenfalls noch mehr zum Repräsentativen, zum Staatstragenden hin – und
macht ihn nicht glücklicher. So kommt es, wie es kommen muss: Am 3. September 1786 bricht er nach Italien auf. Lange hatte er überlegt, noch länger
die Unternehmung vorbereitet, nun war es so weit: Es gab kaum Einge-
weihte, sein Diener Philipp Seidel hält in Weimar die Stellung und erteilt auf
neugierige Fragen ausweichende Antworten. Seinen Herzog hat Goethe um
Urlaub auf unbestimmte Zeit gebeten, der ihm gewährt wird.

In **Italien** werden Goethes Lebensgeister neu geweckt: Vom 28. September bis 14. Oktober ist er in Venedig, danach geht es nach Rom, dem eigentlichen Ziel seiner Wünsche. Dort lebt er in einer deutschen **Künstlerkolonie**, und es genügt ihm, einer unter vielen zu sein. Ihm geht nun leicht von der Hand, was ihm vorher noch schwer fiel. Von Februar bis Juni 1787 reist er in den Süden, sieht Pompeji, den rauchenden Vesuv, setzt nach Sizilien über, wo er, beim zufälligen Aufenthalt in einem botanischen Garten, auf seine Idee der »Urpflanze« verfällt, die ihm zu einem Erkenntnismodell für alle Lebensformen wird. Goethe ist nun so weit, dass er sich vom Kleinen zum Großen hinaufbewegt, Schritt für Schritt. Seine Sinne, die ihm geschärft wie nie vorkommen, liefern ihm das Material, mit dem er nach neuen Gesichtspunkten umgeht. Nicht mehr der Geniestreich

zählt, der blendende Einfall, der Zugriff des kaum zu bändigenden Talents, sondern das Bleibende, das Wesen hinter den Erscheinungen, das Ideale im Realen, das Besondere im Allgemeinen, das gegen die Vergänglichkeit seinen Stand in der Zeit finden muss. Nach Weimar schreibt er: »Ich lebe ... hier mit einer Klarheit und Ruhe, von der ich lange kein Gefühl hatte. Meine Übung, alle Dinge wie sie sind zu sehen und abzulesen, meine Treue, das Auge licht sein zu lassen, meine völlige **Entäußerung von aller Prätention** kommen mir recht zustatten und machen mich im stillen höchst glücklich. Alle Tage ein neuer merkwürdiger Gegenstand, täglich frische, große, seltsame Bilder und ein Ganzes, das man sich lange denkt und träumt, nie mit der Einbildungskraft erreicht ... Kehr ich nun in mich selbst zurück, wie man doch so gern tut bei jeder Gelegenheit, so entdecke ich ein Gefühl, das mich unendlich freut, ja das ich sogar auszusprechen wage. Wer sich mit Ernst hier umsieht und Augen hat zu sehen, muß solid werden, er muß einen Begriff von Solidität fassen, der ihm nie so lebendig ward ...«

Am 18. Juni 1788 kehrt Goethe nach Weimar zurück, wo von Freude über die Rückkehr des verlorenen Sohnes nichts zu spüren ist. Die **Verbitterung** darüber macht ihm zu schaffen: »Aus Italien, dem formreichen, war ich in das gestaltlose Deutschland zurückgewiesen, heiteren Himmel mit einem düsteren zu vertauschen; die Freunde, statt mich zu trösten und wieder an sich zu ziehen, brachten mich zur Verzweiflung. Mein Entzücken über entfernteste, kaum bekannte Gegenstände, mein Leiden, meine Klagen über das Verlorne schien sie zu beleidigen, ich vermißte jede Teilnahme, niemand verstand meine Sprache.« Die Frau von Stein, zuvor schon geübt darin, Kühle zu zeigen, gibt sich besonders kühl. Nicht nur die Flucht nach Italien verübelt sie ihm: Goethe hat sich mit einem einfachen Mädchen aus dem Volke, der 16 Jahre jüngeren **Christiane Vulpius**, eingelassen. Und er macht, zu Frau von Steins Empörung, keinen Hehl aus seiner Beziehung. Bald schon lebt er mit seiner Christiane in einer eheähnlichen Gemeinschaft, an die sich die Weimarer gewöhnen müssen. Weihnachten 1789 wird dem Paar der gemeinsame Sohn August geboren.

Zur **Französischen Revolution**, *dem* Ereignis in Europa, geht Goethe auf Distanz: »...Ich konnte kein Freund der Französischen Revolution sein, denn ihre Greuel standen mir zu nahe und empörten mich täglich und stündlich, während ihre wohltätigen Folgen damals noch nicht zu ersehen waren.« Goethe blieb, auch in der Politik, Realist; eine Staatsordnung, die, mit eingeschränkten Verfassungsrechten, passabel funktioniert, war ihm lieber als ein Gemeinwesen, das seinen Bürgern das Paradies auf Erden verspricht. Einen anhaltenden Lichtblick bedeutet für ihn die Freundschaft mit → *Friedrich Schiller*. Was die beiden Dichter verbindet, ist weniger ein Erfahrungsaustausch, der im Umfeld der persönlichen Lebensverhältnisse verbleibt, sondern ein Gespräch, das sich mal sachbezogen, mal visionär über die Zeiten erhebt. Schiller und Goethe lassen die Wirklichkeit hinter sich, besser gesagt: unter sich. Sie schwingen sich hoch hinauf, durchmessen den Himmel des Idealen und suchen **das Unvergängliche**, das der Erscheinungswelt zu Grunde liegt. Dennoch stehen sie mit beiden Beinen auf der Erde; sie kennen ihren Rang als Dichter: auf die Kritik anderer, ihrer maßgeblichen Meinung nach deutlich minderbegabter Dichter reagieren sie unfreundlich bis grob. Als Schiller Anfang Mai 1805 stirbt, ist Goethe »erschüttert bis in die Wurzeln«.

In Europa weht inzwischen ein anderer Wind: **Napoleon** heißt der neue starke Mann, für den die deutschen Kleinstaaten kein Gegner sind. Selbst Preußen, die führende Macht in Deutschland, kann ihm nicht ernsthaft Paroli bieten: Als es in der Schlacht bei Jena unterliegt, kommen die Franzosen auch nach Weimar. Goethe, der sich am liebsten aus allem heraushalten möchte, erlebt die ungeliebte Politik, wie er sie am wenigsten mag, hautnah. Sein Haus wird besetzt, als Hausherr ist er entmachtet. Als zwei betrunkene Soldaten zu randalieren beginnen und ihm persönlich an den Kragen wollen, stellt sich Christiane mutig vor ihren Mann, der mit dieser Situation völlig überfordert ist. Die **Tapferkeit seiner Frau**, ihre lang währende Treue und liebevolle Sorge lässt einen Entschluss in ihm reifen, der sich schon länger vorbereitet hat: Er wird Christiane Vulpius heiraten. Am 19. Oktober 1806 lassen sich die beiden in der Weimarer Schlosskirche trauen; eine mehr als 18 Jahre währende Lebensgemeinschaft, die ein wenig zu fortschrittlich war für ihre Umgebung, wird zu guter Letzt noch legalisiert.

Als sein **Hauptwerk** sieht Goethe inzwischen die mehr als 1000 Seiten starke *Farbenlehre* an. Darin bezieht er Stellung gegen den ungekrönten König der Physik, den Briten Isaac Newton, der die (von der modernen Forschung bestätigte) These vertritt, dass sich im ursprünglichen weißen Licht bereits alle anderen Farben befinden. Goethe hingegen glaubt, dass die Farben aus einer Eintrübung des Lichts, einem Zusammenwirken von Hell und Dunkel entstehen. Er spricht damit das geheime Wesen des Sichtbaren an, das, um in Erscheinung zu treten, auf das menschliche Auge angewiesen ist: »Das Auge hat sein Dasein dem Licht zu danken. Aus gleichgültigen tierischen Hilfsorganen ruft sich das Licht ein Organ hervor, das seinesgleichen werde; und so bildet sich das Auge am Lichte fürs Licht, damit das innere Licht dem äußeren entgegentrete ... Hierbei erinnern wir uns der ... Worte eines alten Mystikers, die wir in deutschen Reimen folgendermaßen ausdrücken möchten: Wär' nicht das Auge sonnenhaft, / Wie könnten wir das Licht erblicken? / Lebt' nicht in uns des Gottes Kraft, / Wie könnt' uns Göttliches entzücken?«

Im Sommer 1814 reist Goethe auf alten Spuren in die »Rhein- und Main-Gegenden« und erlebt dort glückliche Wochen. Am 6. Juni 1816 stirbt **Chris-**

tiane Goethe, sie erliegt einem Nierenleiden. Erneut versucht er, sich durch Arbeit abzulenken. Er schreibt (u. a.) am zweiten Teil des *Faust*, nachdem er den ersten Teil 1806 hatte abschließen können, veröffentlicht einen Bericht über die *Italienische Reise* und die *Campagne in Frankreich*. Daneben stehen naturwissenschaftliche und ästhetische Studien, Prosastücke, Gedichte,

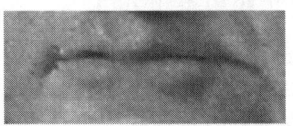

Aufsätze – und, nicht zuletzt, eine umfassende Korrespondenz. Goethe als **Briefschreiber** ist ein Phänomen: In seinen Briefen, die ihm mal umständlich, mal wundersam genau, fast immer aber weise bis altersweise geraten, gibt er sich, wenn er mag, zu erkennen. Und er zieht gern Bilanz: »Lange leben heißt gar vieles überleben, geliebte, gehaßte, gleichgültige Menschen, Königreiche, Hauptstädte, ja Wälder und Bäume, die wir jugendlich gesäet und gepflanzt. Wir überleben uns selbst und erkennen durchaus noch dankbar, wenn uns auch nur einige Gaben des Leibes und des Geistes übrigbleiben. Alles dieses Vorübergehende lassen wir uns gefallen; bleibt uns nur das Ewige jeden Augenblick gegenwärtig, so leiden wir nicht an der vergänglichen Zeit ... Wirken wir also immerfort, solange es Tag für uns ist, für andere wird auch eine Sonne scheinen, sie werden sich an ihr hervortun und uns indessen ein helleres Licht erleuchten. – Und so bleiben wir wegen der Zukunft unbekümmert! In unseres Vaters Reiche sind viele Provinzen ...«

Im Sommer 1823 ereilt Goethe, der sich im Grunde seines Herzens gesichert wähnt, noch einmal die Liebe. Er weilt zur Kur in Marienbad und verliebt sich in ein Mädchen namens **Ulrike von Levetzow**, die ein halbes Jahrhundert jünger ist als er. Sie hat denn in ihm auch nur einen freundlichen alten Herrn gesehen, der sich um sie kümmert; von seiner Berühmtheit, seinem Werk wusste sie kaum etwas. Goethe verspürt Gefühle, die alles andere als altväterlich sind; schließlich macht er Fräulein von Levetzow einen **Heiratsantrag**, der alle Beteiligten in Verlegenheit stürzt; man hält ihn hin, wagt nicht, ihm eine Ablehnung zu übermitteln. Immerhin deutet er die Umstände richtig und erklärt, noch bevor er zur tragisch-komischen Figur werden kann, seinen Verzicht. Der Verzweiflung, die ihn daraufhin erfasst, ist Goethe dichterisch Herr geworden, und er hat sich dabei noch einmal als Meister seines Fachs erwiesen. Die berühmte *Marienbader Elegie*, die er zu

Papier bringt, belässt der Liebe ihr höheres Recht; zu neuem Spiel, neuem Glück entwirft sie sich und bleibt der Zeit enthoben: »... Ins Herz zurück! dort wirst du's besser finden, / Dort regt sie sich in wechselnden Gestalten: / Zu Vielen bildet eine sich hinüber, / So tausendfach, und immer, immer lieber.«

Nach der Marienbader Erfahrung schließt Goethe **endgültig Frieden** mit sich selbst; die Stürme des Lebens, zu denen die Liebe zählt, haben sich gelegt: »Es ist wahr, ich habe in meinem langen Leben mancherlei getan und zustande gebracht, dessen ich mich allenfalls rühmen könnte. Was hatte ich aber, wenn wir ehrlich sein wollen, das eigentlich mein war, als die Fähigkeit und Neigung, zu sehen und zu hören, zu unterscheiden und zu wählen, und das Gesehene und Gehörte mit einigem Geist zu beleben und mit einiger Geschicklichkeit wiederzugeben. Ich verdanke meine Werke keineswegs meiner eigenen Weisheit allein, sondern Tausenden von Dingen und Personen außer mir, die mir dazu das Material boten.« Die neue Zeit, die er heraufkommen sieht, erfüllt ihn mit Misstrauen: »Alles ist jetzt ultra, alles transzendiert unaufhaltsam, im Denken wie im Tun. Niemand kennt sich mehr, niemand begreift das Element, worin er schwebt und wirkt, niemand den Stoff, den er bearbeitet ... Junge Leute werden viel zu früh aufgeregt und dann im Zeitstrudel fortgerissen; Reichtum und Schnelligkeit ist, was die Welt bewundert und wonach jeder strebt ...«

Sein letztes Lebensjahrzehnt begeht Goethe wie ein penibler **Nachlassverwalter seiner selbst**. Er hat bereits eine Ausgabe seiner Gesammelten Werke erscheinen lassen – obwohl mit seinen Werken ja noch nicht Schluss ist. Sein Fleiß lässt nicht nach; die Hilfskräfte, die er sich hält, Sekretäre, Schreiber, Diener, haben gut zu tun. Goethes weltanschauliches Vermächtnis ist ein Bekenntnis zum Wert und zur Schöpferkraft des Menschen: »So mußt du sein, dir kannst du nicht entfliehn!« Er weiß sich aufgehoben im Großen und Ganzen, im Göttlichen; die Hoffnung auf ein Weiterleben im Geiste ist berechtigt: »Kein Wesen kann zu nichts zerfallen! / Das Ewge regt sich fort in allen, / Am Sein erhalte dich beglückt! Das Sein ist ewig: denn Gesetze / Bewahren die lebendgen Schätze, / Aus welchen sich das All geschmückt. / – Das Wahre war schon längst gefunden, / Hat edle Geisterschaft verbunden; / Das alte Wahre, faß es an! / Verdank es, Erdensohn, dem Weisen, / Der ihr, die Sonne zu umkreisen, / Und dem Geschwister wies die Bahn.«

Am 6. Juni 1827 stirbt Frau von Stein, anderthalb Jahre später, am 14. Juni 1828, Goethes langjähriger Freund und Förderer Karl August. Der Dichter sieht dies als Zeichen in eigener Sache: es wird Zeit auch für ihn. Eine letzte große Tat steht noch aus: die Vollendung des *Faust*. Zuvor hat er allerdings noch einen weiteren **Schicksalsschlag** zu überstehen: Am 10. November 1830 erhält er die Nachricht, dass sein Sohn August während einer Italienreise in Rom einer Krankheit erlegen ist. August von Goethe hat es im Schatten des übermächtigen Vaters nie leicht gehabt; seine Anlagen reichten zur Genietätigkeit nicht aus. So trank er mehr, als ihm gut tat; sein Tod, unter der Rubrik »Vor den Vätern sterben die Söhne«, hat Goethe unendlich geschmerzt. Dennoch gelingt ihm der finale Kraftakt: Am 22. Juli 1831 ist es vollbracht, ist der zweite Teil des *Faust* abgeschlossen. Seinen letzten Brief diktiert Goethe am 17. März 1832; er ist an Wilhelm von Humboldt adressiert und enthält ein Bekenntnis zur Selbsterziehung des Menschen, der sich nur dann finden kann, wenn er sich seine Welt zu Eigen gemacht hat: »Zu jedem Tun, daher zu jedem Talent, wird ein Angebornes gefordert, das von selbst wirkt und die nötigen Anlagen unbewußt mit sich führt, deswegen auch so geradehin fortwirkt, daß, ob es gleich die Regel in sich hat, es doch zuletzt ziel- und zwecklos ablaufen kann.

Je früher der Mensch gewahr wird, daß es ein Handwerk, daß es eine Kunst gibt, die ihm zur geregelten Steigerung seiner natürlichen Anlagen verhelfen, desto glücklicher ist er; was er auch von außen empfange, schadet seiner eingebornen Individualität nichts. Das beste **Genie** ist das, welches alles in sich aufnimmt, sich alles zuzueignen weiß, ohne daß es der eigentlichen Grundbestimmung, demjenigen, was man Charakter nennt, im mindesten Eintrag tue, vielmehr solches noch erst recht erhebe und durchaus nach Möglichkeit befähige.« Es sind dies die Worte, die auch auf seinen eigenen Lebensgang passen: Goethe war ein Genie, das die Arbeit nicht scheute; seiner Kunst, die von der Neugier auf die Welt lebte, ist dies bestens bekommen.

WW: Gedichte *(An den Mond – Willkommen und Abschied – Mailied – Heidenröslein – Der König in Thule – Mahomets Gesang – Prometheus – Ganymed – An Schwager Kronos – Künstlers Abendlied – Auf dem See – Herbstgefühl – Hoffnung – Sorge – Warum gabst du uns die tiefen Blicke – Wandrers Nachtlied – Ein gleiches – An den Mond – Harzreise im Winter – Erlkönig – Das Göttliche – Gesang der Geister über den Wassern – Wer nie sein Brot mit Tränen aß – Kennst du das Land – Nur wer die Sehnsucht kennt – Meeresstille – Glückliche Fahrt – Der Zauberlehrling – Natur und Kunst – Dauer im Wechsel – Wär nicht das Auge sonnenhaft – Nachtgesang – Selige Sehnsucht – Elegie – Hochbeglückt in deiner Liebe – Höheres und Höchstes – Prooemion – Urworte. Orphisch – Eins und Alles – Um Mitternacht – Paria – Trilogie der Leidenschaft – Dem aufgehenden Vollmonde – Früh, wenn Tal, Gebirg und Garten – Vermächtnis).* – Theaterstücke *(Götz von Berlichingen mit der eisernen Hand – Clavigo – Stella – Egmont – Iphigenie auf Tauris – Torquato Tasso – Faust I und II).* – Romane, Erzählungen, Prosa *(Die Leiden des jungen Werthers – Die Geschwister – Wilhelm Meisters Lehrjahre – Wilhelm Meisters Wanderjahre – Wilhelm Meisters theatralische Sendung – Das Windspiel – Märchen – Sanct-Rochus Fest zu Bingen – Campagne in Frankreich – Belagerung von Mainz – Italienische Reise – Dichtung und Wahrheit – Novelle – Die Wahlverwandtschaften – Unterhaltungen deutscher Ausgewanderter – Ein Mann von fünfzig Jahren).* – Theoretische Schriften *(Von deutscher Baukunst – Morphologie – Die Metamorphose der Pflanzen – Über die Gegenstände der bildenden Kunst – Winkelmann und sein Jahrhundert – Gneis und Granit – Zur Farbenlehre – Wiederholte Spiegelungen – Ein Wort für junge Dichter).* – Briefe, Tagebücher, Notizen

A: *Johann Wolfgang Goethe, Sämtliche Werke nach Epochen seines Schaffens. Münchner Ausgabe. Hg. v. Karl Richter in Zusammenarbeit mit Herbert G. Göpfert, Norbert Miller, Gerhard Sauder und Edith Zehm. Carl Hanser Verlag, München 1986 ff.*

(Zahlreiche Titel sind auch im Taschenbuch erhältlich)

Goethe erzählt. Hg. v. Peter von Matt. Carl Hanser Verlag, München 1996

Johann Wolfgang Goethe, Gedichte. Ein Lesebuch. Hg. v. Friedhelm Kemp. Carl Hanser Verlag, München 1995

Goethe-Lesebuch. Hg. v. Katharina Mommsen. Insel Verlag, Frankfurt a. M. 1992

J. P. Eckermann, Gespräche mit Goethe in den letzten Jahren seines Lebens. Insel Verlag, Frankfurt a. M. 1981

L: *Karlheinz Schulz, Goethe. Reclam Verlag, Stuttgart 1999*

Karl Otto Conrady, Goethe. Leben und Werk. S. Fischer Taschenbuch Verlag, Frankfurt a. M. 1995

Nicholas Boyle, Goethe. Der Dichter in seiner Zeit. Verlag C. H. Beck, München 1995 ff.

Richard Friedenthal, Goethe. Piper Verlag, München 1963

Otto A. Böhmer, Der junge Herr Goethe. Knaus Verlag, München 1999

■ JAKOB MICHAEL REINHOLD LENZ

Geb. am 12. Januar 1751 in Sesswegen (Livland)

Gest. am 24. Mai 1792 in Moskau

»ACH, IMMER, IMMER, IMMER DOCH«

Es gibt Dichter, die Mühe haben, sich in der Realität zu behaupten. Zu viel strömt auf sie ein, zu befremdlich, zu unverständig, zu feindselig erscheint ihnen ihre Umwelt. Sie laufen Gefahr, sich in sich selbst zu verlieren, eine selbst ausgeheckte Welt an die Stelle der wirklichen zu setzen. Der Dichter Lenz, der von → *Büchner* zur Titelfigur einer seiner bekanntesten Erzählungen gemacht wurde, stand in dieser Gefahr; überdies machte er sich das Leben oft selber schwer. Er konnte charmant, witzig, geistreich sein, dann schlug alles um, und er stieß die Leute vor den Kopf. Etwas Unberechenbares haftete ihm an, das man, als er noch anerkannt war, seiner **Genialität** zurechnete, später jedoch, als alles nachließ, auf die **Geisteskrankheit** schob, die über ihn kam.

Lenz ist Sohn eines Pastors, der ihn ebenfalls in die geistliche Laufbahn drängen will, was aber nicht gelingt. Er hört philosophische Vorlesungen bei Kant in Königsberg, der damals noch ein vergleichsweise unbekannter Philosoph ist. Da er Geld verdienen muss, wird er **Diener und Gesellschafter** bei zwei Adeligen, die ihn weidlich ausnutzen. Um seinen Demütigungen etwas entgegenzusetzen, fängt er an zu schreiben, ein Einstieg in die Literatur, der sich in rasantem Tempo vollzieht. Lenz verfasst Gedichte und wird durch zwei Dramen bekannt (*Der Hofmeister; Die Soldaten,* 1776). In Straßburg lernt er → *Goethe* kennen, mit dem er sich so nachhaltig anfreundet, dass er sich auch um dessen Freundin **Friederike Brion** bemüht, die der Kollege vorsorglich hatte sitzen lassen. Er versucht sie mit einem Gedicht zu trösten: »Ach immer, immer, immer doch / Schwebt ihr das Bild an Wänden noch / Von einem Menschen, welcher kam / Und ihr als Kind das Herze nahm.« Viel genützt hat es nicht: Friederike B. blieb unverheiratet, und Lenz entwickelt in der Folgezeit einen Hang zu komplizierten Beziehungen; auch der unglücklichen Goethe-Schwester Cornelia, die im Sommer 1777 stirbt, hat er sich genähert.

Zunächst aber gilt er als eines der literarischen **Junggenies**, als ein **Sturm-und-Drang-Dichter**, der die neue Zeit am liebsten selbst aus dem Boden stampfen möchte. Auch Goethe hat ja so begonnen, sehr elanvoll und unkonventionell; in Weimar, wo er staatstragende Aufgaben übernimmt und immer gesetzter wird, will er davon nichts mehr wissen. Das bekommt auch Lenz zu spüren, als er 1776 nach Weimar kommt, wo ihn sein einflussreicher Freund erst fördert, dann jedoch, auf Grund eines angeblichen Eklats, der die Würdenträger in Aufregung versetzt, aus der Stadt weisen lässt. Von da an geht es mit Lenz bergab. Er zieht durch die Lande, präsentiert sich mal als ungestümer Dichter, mal als **selbst ernannter Reformer**, der die Machthaber eher belästigt als amüsiert. Dass er krank ist, zerrüttet »an Herz und Geist«, fällt immer mehr auf; sein Exfreund Goethe nennt ihn einen »vorübergehenden Meteor«, und dabei ist nicht zu überhören, wie erleichtert der Weimarer Großdichter ist, dass ihn dieses Himmelsgeschoss nur einmal gestreift hat und dann tatsächlich an ihm vorübergegangen ist. Lenz hat einen Abgang, der zu seinem problematischen Leben passt: Man findet ihn eines schlechten Tages tot in den Straßen von Moskau.

Ein Satz, den er geschrieben hat, gilt für all jene Dichter, die von sich sagen können, dass sie erst kein Glück hatten und dann auch noch Pech dazukam: »Und mögen auch Jahrhunderte über meinen armen Schädel fortschreiten ... Es ist wahr und wird wahr bleiben.«

WW: Theaterstücke *(Die Soldaten – Der Hofmeister – Die Freunde machen den Philosophen – Die beiden Alten – Die Sizilianische Vesper). –* Prosa *(Der Waldbruder – Der Landprediger – Philosophische Vorlesungen für empfindsame Seelen)*
A: *Jakob Michael Reinhold Lenz, Werke und Briefe. Hg. v. Sigrid Damm. Insel Verlag, Frankfurt a. M. 1992*
L: *Sigrid Damm, Vögel, die verkünden Land. Das Leben des J. M. R. Lenz. Insel Taschenbuch Verlag, Frankfurt a. M. 1992*

■ KARL PHILIPP MORITZ

Geb. am 15. September 1756 in Hameln

Gest. am 26. Juni 1793 in Berlin

»WAS IST MEIN DASEIN, WAS MEIN LEBEN?«

Moritz war der erste deutsche Schriftsteller, der dem Menschen in die Seele schaute. Da die Seele aber, anders als das Gehirn des Menschen, auch mit der schärfsten Computertomografie nicht zu erkennen ist, bleibt man beim Blick in die Seele auf Mutmaßungen angewiesen, die umso dichter und begründeter erscheinen, je mehr sie sich an den eigenen Erfahrungen orientieren. Dass diese wiederum über das Schreiben an Klarheit gewinnen und sich besser bewältigen lassen, ist eine vergleichsweise neue Erkenntnis, zu der Moritz, der wohl ein psychologisches Naturtalent war, wesentliche Vorarbeiten geleistet hat. Sein **Entwicklungsroman** *Anton Reiser* (1785–1790) beschreibt die ersten zwanzig Lebensjahre eines Helden, der seinem Autor bis in die Abweichungen hinein gleicht: Anton Reiser ist der junge Karl Philipp Moritz, dem eine abenteuerlich lieblose Kindheit widerfährt. Der Vater, ein erfolgloser, duckmäuserischer, selbstquälerisch frommer Militärmusiker und Sektierer, betätigt sich als Haus- und Familientyrann, der Frau und Kinder mit Gewalt zu seinem strengen Gott führen will. Reiser alias Moritz kommt zu einem Braunschweiger Hutmacher in die Lehre, der aber fast noch schlimmer ist als sein Vater, denn er gehört der gleichen obskuren Sekte an, prügelt den kleinen Anton zur Arbeit, beutet ihn aus, lässt ihn hungern. Mit dreizehn Jahren weiß er sich nur noch durch einen **Selbstmordversuch** zu helfen, der erfolglos bleibt; der Vater holt ihn zurück, ist aber nicht etwa einsichtig geworden, sondern will dem »mißratenen Sohn den Satan austreiben«. Erst als ein Garnisonspfarrer die verborgenen Talente Anton Reisers entdeckt, wird sein Leben ein wenig freudvoller; dabei helfen ihm die Bücher: »Durch das Lesen war ihm nun auf einmal eine neue Welt eröffnet, in deren Genuß er sich für all das Unangenehme in seiner wirklichen Welt einigermaßen entschädigen konnte.« Anton Reiser darf aufs

Gymnasium; er lernt und er liest und er entdeckt eine dritte Welt hinter der seines Elternhauses und der der Bücher: Es ist seine eigene Welt, die er sich einrichten und ausmalen kann, er braucht dazu nur seine Träume und seine Fantasie; sie sind seine Innenausstatter. Anton Reiser wird Student, erfreut sich an den schönen Künsten, der Philosophie; er schließt sich einer Schauspielertruppe an, die sich jedoch nicht halten kann und auseinander fällt. Am Ende des Romans meint sich der Held gefunden zu haben, obwohl er ahnt, dass Selbstfindung ein Vorgang ist, der mit jedem Moment neue, auch böse Überraschungen bieten kann. – Der reale Moritz macht da weiter, wo Anton Reiser aufhören musste: Er arbeitet als **Lehrer in einem Waisenhaus**, in dem es nicht viel anders zugeht als bei Vater Moritz daheim; danach wird er Konrektor im Gymnasium zum Grauen Kloster in Berlin, das, anders als es sein Name vermuten lässt, eine, gemessen am damaligen Standard, recht fortschrittliche Bildungsanstalt ist. Seine beiden glücklichsten Jahre erlebt Moritz in Italien; dort lernt er 1786 den berühmten → *Goethe* kennen, mit dem er Freundschaft schließt. Goethes Einfluss ist es auch, der ihm schließlich eine solide Stellung verschafft: 1789 wird Moritz zum **Professor der Theorie der Schönen Künste** in Berlin ernannt. Nun hat er noch einmal Glück: Er verliebt sich, er heiratet; ein längeres Leben ist ihm deswegen nicht beschieden: Seine entbehrungsreiche Kindheit hat ihn auf Dauer krank werden lassen, er stirbt, gerade mal 37 Jahre alt, an Tuberkulose.

Moritz ist ein **psychologischer Schriftsteller** gewesen, von dem nicht nur die Psychologen etwas lernen können: In seinem *Anton Reiser* wird die Frage aller Fragen formuliert, die die Dichter, wenn sie es denn ehrlich mit sich meinen, bis auf den heutigen Tag umtreibt: »Nun war es sonderbar…, wenn er im Anfang etwas niederschreiben wollte, so kamen ihm immer die Worte in die Feder: ›Was ist mein Dasein, was mein Leben?‹ Diese Worte standen daher auch auf mehreren kleinen Stückchen Papier, die er hatte beschreiben wollen, und dann, wenn es nicht ging, wieder wegwarf. Seine dunkle Vorstellung vom Leben und Dasein, das wie ein Abgrund vor ihm lag, drängte sich immer zuerst in seiner Seele empor – er fühlte sich genötigt, erst diesen wichtigsten Punkt seiner Zweifel und Besorgnisse zu berichtigen, ehe er irgend etwas anderes zum Gegenstand seines Denkens machte.«

Als es schon fast zu spät war, erkannte Moritz, dass man sich mit der Frage aller Fragen nicht länger aufhalten sollte als unbedingt nötig; wichtiger ist, einen Standpunkt im Leben zu gewinnen, der Zufriedenheit schafft und **Einsicht ins Menschenmögliche** gewährt. In einem seiner Bücher, dem 1786 erschienenen *Versuch einer kleinen praktischen Kinderlogik, welche auch zum Teil für Lehrer und Denker geschrieben ist,* heißt es: »Der Ort täuscht den Menschen wie die Zeit – Er glaubt Jahre zu leben und lebt nur Augenblicke – Er glaubt ein Land, eine Stadt zu bewohnen und bewohnt nur den jedesmaligen Fleck, wo er steht oder liegt, das Zimmer, worin er arbeitet, das Gemach, worin er schläft – Diese Täuschung macht, daß der Mensch sein Glück so selten in dem gegenwärtigen Augenblick und auf dem jedesmaligen Fleck seines wirklichen Daseins sucht – Er lernt die Kostbarkeit des gegenwärtigen Augenblicks … nicht einsehen – darum sucht er das Glück in der Zukunft … – Sich von dieser Täuschung loszumachen, führt zur wahren Glückseligkeit – Die geselligen Freuden des Lebens aus den großen Zirkeln wieder in die kleineren zusammendrängen, dahin sollte das Bestreben aller gehen, die das kurze menschliche Leben von Langeweile und Überdruß befreien wollten …«

WW: *Anton Reiser. Ein psychologischer Roman – Andreas Hartknopf. Eine Allegorie – Beiträge zur Philosophie des Lebens*
A: *Karl Philipp Moritz, Anton Reiser. Insel Taschenbuch Verlag, Frankfurt a. M. 1979*
Karl Philipp Moritz, Werke in drei Bänden. Herausgegeben von Horst Günther. Insel Verlag, Frankfurt a. M. 1981
L: *Hans Joachim Schrimpf, Karl Philipp Moritz. J. B. Metzlersche Verlagsbuchhandlung, Stuttgart 1980*

■ FRIEDRICH SCHILLER

Geb. am 10. November 1759 in Marbach (Neckar)
Gest. am 9. Mai 1805 in Weimar

»ZÜRNE DER SCHÖNHEIT NICHT, DASS SIE SCHÖN IST«

Fragt man nach den bekanntesten deutschen Dichtern, dann nennt man ihn gleich nach → *Goethe*; dass er in der deutschen Literaturgeschichte so weit nach vorn kam, war jedoch lange nicht abzusehen. Anders als Goethe, der sich auf sein Glück verlassen konnte, musste es Schiller anfangs so vorkommen, als werde er vom Schicksal entweder stiefmütterlich behandelt oder übersehen.

Er verlebt eine **karge Kindheit**. Der Vater ist ein ordnungsversessener Offizier, die Mutter so fromm, dass ihr Gottesglauben alles einschnürt, was nach Freude aussieht. Schiller besucht die Lateinschule, gilt als begabt und redegewandt. Das erweist sich als Nachteil, denn der Herzog von Württemberg, ein versponnener, zu Jähzorn und Selbstüberschätzung neigender Fürst, hat beschlossen, eine eigene Eliteanstalt, seine »militärische Pflanzschule« für begabte Landeskinder, zu gründen. Zu den Schülern, die ihm empfohlen werden, gehört auch der 13-jährige Schiller. Er muss auf die Stuttgarter Solitude einrücken, dem Sitz der herzoglichen Akademie; es beginnt eine Zeit des Leidens. Der Unterricht in der Anstalt ist gnadenlos reglementiert, ebenso die knapp bemessene Freizeit. Für Herzog Karl Eugen ist die Schule sein Lieblingsspielzeug; er schaut persönlich nach dem Rechten. Schillers Haar missfällt ihm, er mag keine Rothaarigen und befiehlt, dass der Schüler es sich mit Puder einzufärben habe. Auf die **Unterdrückung**, die ihm widerfährt, reagiert Schiller mit nachlassenden Leistungen, er flüchtet sich erst in Krankheiten, dann in die Bücher, aus denen abzulesen ist, dass man sich von Tyrannen auch mit einem Freiflug der Gedanken absetzen kann. Shakespeare wird sein Vorbild; er hat das Theater, »die Bretter, die die Welt bedeuten«, mit Leben erfüllt, das so viel leidenschaftlicher, gerechter anmutet als das, was sich im Kleinstaat Württemberg abspielt. Karl Eugen möchte aus Schiller einen Regimentsarzt machen; also studiert er, unter Protest, Medizin, bringt eine Dissertation zu Stande (»Über den Zusammenhang der tierischen Natur des Menschen mit seiner geistigen«) und darf sich danach **Regimentsmedikus** nennen. Im Geheimen hat er sein **erstes Theaterstück** *Die Räuber* geschrieben, das im Januar 1782 in Mannheim uraufgeführt und zu einem spektakulären **Erfolg** wird: »Das Theater glich einem Irrenhause, rollende Augen, geballte Fäuste, heisere Aufschreie im Zuschauerraum. Fremde Menschen fielen einander schluchzend in die Arme, Frauen wankten, einer Ohnmacht nahe, zur Türe. Es war eine allgemeine Auflösung wie im Chaos, aus dessen Nebeln eine neue Schöpfung hervorbricht.«

Schiller erlebt die Uraufführung als Zuschauer, er hat sich unerkannt unters Publikum gemischt. Prompt bekommt er Ärger mit seinem Herzog; er wird zum Rapport bestellt und erhält den Befehl: »Ich sage, bei Strafe der 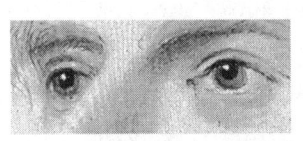 Kassation, schreibt Er keine Komödien mehr!« Einen letzten Versuch unternimmt Schiller noch, den Landesherrn versöhnlicher zu stimmen, er bittet »untertänigst und treugehorsamst ... um die gnädigste Erlaubnis, ferner literarische Arbeiten bekannt machen zu dürfen«. Vergeblich, Karl Eugen verweigert die Annahme des Gesuchs, und für Schiller ist klar, dass er fliehen muss, »wenn« seine »Knochen nicht in Schwaben vermodern sollen«. Im September 1782 setzt er sich mit einem Freund nach Mannheim ab, der Stadt seines ersten und bislang einzigen Triumphes. Die Hoffnung, dass der Mannheimer Theaterintendant Dalberg, ein intriganter Höfling, etwas für ihn tun könne, erfüllt sich nicht: Dalberg ist viel zu obrigkeitshörig, als dass er es sich mit dem Herzog von Württemberg verderben will. Schiller setzt seine **Flucht** fort, kommt über Frankfurt a. M. und Worms schließlich ins thüringische Bauerbach. Dort, in einem abgelegenen Dorf, bewohnt er ein Häuschen, das ihm eine Gönnerin zur Verfügung gestellt hat; er kann aufatmen. Es ist Winter, das Land tief verschneit, der Herzog weit weg. Schiller arbeitet, schreibt an einem neuen Theaterstück, ist zufrieden, was indes nicht lange anhält. Er vermisst Gesellschaft, Gespräche, hofft auf den Frühling, »die herrlichen Zeiten, worin die Schwalben auf unsern Himmel und Empfindungen in unsere Brust zurückkommen, auf die Freundschaft und den Mai«.

Als seine Stimmung, trotz einkehrendem Frühling, immer trübsinniger wird (»Ich hätte vielleicht groß werden können, aber das Schicksal stritt zu früh wider mich«), erhält er ein überraschendes Angebot aus Mannheim: Dalberg bietet ihm eine **Stellung als Theaterdichter** an. Schiller sagt zu, er hat, aus finanziellen Gründen, gar keine andere Wahl. Im Sommer 1783 trifft er in Mannheim ein. Die Stadt ächzt unter der Hitze; eine Seuche bricht aus, von der er infiziert wird. Seine Gesundheit nimmt dauerhaft Schaden; immer wieder befallen ihn in der Folge Fieberschübe, er wird sich nie mehr ganz erholen. Auch sonst hat er wenig Freude in Mannheim; sein Theaterstück *Kabale und Liebe* fällt beim Publikum durch. Geldsorgen machen ihm zu schaffen, er fühlt sich von Gläubigern umzingelt. Da erreicht ihn eine Einladung, nach Leipzig zu kommen; unbekannte Verehrer, der Konsistorialrat Körner und sein Freund Huber, haben ihm geschrieben. Es ist, als ob Schiller ahnen würde, dass sein Schicksal von nun freundlicher mit ihm umgeht; er sagt zu: »... Menschen, Verhältnisse, Erdreich und Himmel sind mir zuwider... Meine Seele dürstet nach neuer Nahrung – nach bessern Menschen – nach Freundschaft, Anhänglichkeit und Liebe ... Bei Ihnen will ich alles doppelt, dreifach wieder sein, was ich ehemals gewesen bin, und mehr noch als das alles, o meine Besten, ich werde glücklich sein. Ich wars noch nie ...«

In **Leipzig und Dresden** erlebt Schiller eine glückliche Zeit; Körner und Huber, die mit Dora und Minna Stock verlobt sind (»zwei reizenden Schwestern«), setzen ihren Ehrgeiz daran, ihm das Leben so angenehm wie möglich zu machen. Als sich seine Gläubiger wieder melden, stehen sie ihm finanziell zur Seite und achten dabei auf Diskretion. Schiller fühlt sich »aufgehoben wie im Himmel«, er macht Pläne: »Mein Herz wurde warm. 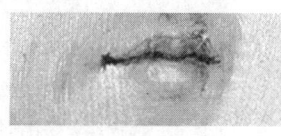 Es war nicht Schwärmerei – philosophisch feste Gewißheit wars, was ich in der herrlichen Perspektive der Zeit vor mir liegen sah. Mit weicher Beschämung, die nicht niederdrückt, sondern männlich emporrafft, sah ich rückwärts in die Vergangenheit, die ich durch die unglücklichste Verschwendung mißbrauchte ... Eine Hälfte wurde durch die wahnsinnige Methode meiner Erziehung und die Mißlaune meines Schicksals, die zweite und größere aber durch mich selber vernichtet. Tief ... habe ich das empfunden, und in der allgemeinen feurigen Gärung meiner Gefühle haben sich Kopf und Herz zu einem herkulischen Gelübde vereinigt – die Vergangenheit nachzuholen und den edlen Wettlauf zum höchsten Ziele von vorn anzufangen ...«

Bezeichnenderweise ist in dieser glücklichen Zeit Schillers **bekanntestes Gedicht**, die Hymne *An die Freude*, entstanden. Anderthalb Jahre bleibt er in Dresden, vollendet dort (u. a.) sein Theaterstück *Don Carlos;* dann aber packt ihn die alte Unruhe. Auf seine Freunde lässt er nichts kommen; die Sachsen jedoch bezeichnet er, schlecht gelaunt, als »seichtes, zusammengeschrumpftes, unleidliches Volk, bei dem es einem nie wohl wird«. Im Sommer 1787 reist er nach Weimar, das zur entscheidenden Station seines Lebens wird. Zunächst erlebt er jedoch eine Enttäuschung: Goethe, der berühmteste deutsche Dichter, von dem Schiller sich, insgeheim, ein wenig Protektion erhofft hat, ist verreist. Er sieht sich, einmal mehr, auf sich selbst zurückgeworfen, aber dieses Mal will er das Beste daraus machen. Das geht nur über Arbeit, über die Bereitschaft, von anderen zu lernen, ohne den Wert der eigenen Leistung gering zu schätzen: »Um nun zu werden, was ich soll und kann, werd ich besser von mir denken lernen und aufhören, mich in meiner eigenen Vorstellungsart zu erniedrigen.« Das ist allerdings auch eine finanzielle Frage: »Ich muß von Schriftstellerei leben, also auf das sehen, was einträgt.« Überdies soll die Liebe dazu beitragen, seiner Unruhe Herr zu werden. Er hat die **Schwestern Caroline und Charlotte von Lengefeld** kennen gelernt, die ihm ausnehmend gut gefallen. Caroline, die ältere, ist hübscher und charmanter als Charlotte; am liebsten hätte er beide geheiratet, aber das geht leider nicht. So entscheidet er sich, nach reiflicher Überlegung, für Charlotte, von der er, selbstbezogen, wie Künstler gerne sind, einiges erwartet: »Ich muß ein Geschöpf um mich haben, das mir gehört, das ich glücklich machen kann und muß, an dessen Dasein mein eigenes sich erfrischen kann ... Ich bedarf eines Mediums, durch das ich die anderen

Freuden genieße. Freundschaft, Geschmack, Wahrheit und Schönheit werden mehr auf mich wirken, wenn eine ununterbrochene Reihe feiner wohltätiger, häuslicher Empfindungen mich für die Freude stimmt und mein erstarrtes Wesen wieder durchwärmt ...«

Inzwischen hat sich Schiller als **Historiker** betätigt: Er legt eine opulente *Geschichte des Abfalls der vereinigten Niederlande von der spanischen Regierung* vor, die auch deswegen zum Erfolg wird, weil der Dramatiker Schiller dem Historiker Schiller das Konzept vorgibt: Er erzählt Geschichte als »Universalgeschichte«, verliert sich nicht in randständigen Begebenheiten, sondern spürt den Ideen nach, die den Geschichtsverlauf prägen. Auf Vermittlung Goethes wird ihm eine **Professur in Jena** angetragen; er sagt zu, ohne zu ahnen, dass die Lehrtätigkeit unbesoldet und mit beträchtlichen Unkosten verbunden ist. »Diese Professur soll der Teufel holen«, beschwert er sich in einem Brief an Körner, weiß aber, dass er es sich nicht leisten kann, die eingegangene Verpflichtung gleich wieder aufzugeben.

Auch mit **Goethe** ist er mittlerweile zusammengetroffen; ohne besonderes Vergnügen. Die beiden Dichter haben sich nicht viel zu sagen. Schiller findet den berühmten Kollegen blasiert und kalt: »Öfters um Goethe zu sein, würde mich unglücklich machen«, notiert er und fügt wütend hinzu: »Ich glaube in der Tat, er ist ein Egoist in ungewöhnlichem Grade ... Er macht seine Existenz wohltätig kund, aber nur wie ein Gott, ohne sich selbst zu geben – dies scheint mir eine ... Handlungsart, die ganz auf den höchsten Genuß der Eigenliebe kalkuliert ist ... Eine ganz sonderbare Mischung von Haß und Liebe ist es, die er in mir erweckt hat ...« Mit Goethe, der ein Glückskind ist, kann er sich nicht messen: »Wie leicht ward sein Genie von seinem Schicksal getragen, und wie muß ich bis auf diese Minute noch kämpfen! Einholen läßt sich alles Verlorene für mich ... nicht mehr – nach dem dreißigsten bildet man sich nicht mehr um ...«

Dann aber geschieht das Unerwartete: die beiden Dichter werden zu Freunden. Im Juli 1794 kommen sie eher zufällig ins Gespräch, es geht um Anschauung und Form in der Natur; auf einmal entdecken sie den Gleichklang ihres Denkens. Diese spät, aber nicht zu spät entdeckte Geistesverwandtschaft versetzt Schiller in **Aufbruchstimmung**; er sieht vieles klarer, auch sich selbst. In einem Brief an Goethe schreibt er: »Weil mein Gedankenkreis kleiner ist, so durchlaufe ich ihn darum schneller und öfter, und kann eben darum meine kleine Barschaft besser nutzen, und eine Mannigfaltigkeit, die dem Inhalte fehlt, durch die Form erzeugen. Sie bestreben sich, Ihre große Ideenwelt zu simplifizieren, ich suche Varietät für meine kleinen Besitzungen. Sie haben ein Königreich zu regieren, ich nur eine etwas zahlreiche Familie von Begriffen, die ich herzlich gern zu einer kleinen Welt erweitern möchte.«

Die Freundschaft mit Goethe bedeutet für Schiller die lang ersehnte, günstige Wendung des Schicksals: Er wähnt sich nun endgültig auf der glücklichen Seite und macht dies durch einen Ortswechsel deutlich: 1799 gibt er seinen Jenaer Wohnsitz auf und zieht mit der Familie nach Weimar.

In seinem letzten, ungemein produktiven Jahrzehnt schreibt er seine **bedeutendsten Theaterstücke** (*Wallenstein; Die Jungfrau von Orleans; Maria Stuart; Wilhelm Tell*); mit seinen *Briefen über die ästhetische Erziehung des Menschen* legt er eine noch immer nachdenkenswerte Theorie des Schönen vor, die Philosophie und Dichtkunst harmonisch ineinander fügt. Den Konflikt zwischen Pflicht und Neigung, den der von Schiller verehrte Philosoph Kant als grundlegend für die praktische Weltauffassung des Menschen erkannt hatte, löst Schiller, indem er eine dritte Größe einbringt: den »Spieltrieb«, der sich im wahren, d. h. hingebungsvollen Umgang mit dem Schönen zu erkennen gibt: »Mit dem Angenehmen, mit dem Guten, dem Vollkommenen ist es dem Menschen nur ernst, aber mit der Schönheit spielt er … Denn, um es endlich auf einmal herauszusagen, der Mensch spielt nur, wo er in voller Bedeutung des Worts Mensch ist, und er ist nur da ganz Mensch, wo er spielt.« Schiller, vor die Wahl gestellt, sich für Philosophie oder Poesie zu entscheiden, bekennt sich zur Poesie: »Dort ist alles so heiter, so lebendig, so harmonisch aufgelöst und so menschlich wahr, hier«, in der Philosophie, »alles so strenge, so rigid und abstrakt und so höchst unnatürlich … Soviel ist … gewiß, **der Dichter ist der einzig wahre Mensch**, und der beste Philosoph ist nur eine Karikatur gegen ihn.« Das ist übertrieben – (manche Philosophen haben sich längst als bessere Dichter erwiesen) –, aber es entspricht Schillers Erkenntnisinteresse, das endgültig in höhere Gefilde drängt: »Zürne der Schönheit nicht, daß sie schön ist, dass sie verdienstlos«, schreibt er, »laß sie die Glückliche sein, du schaust sie, du bist der Beglückte ...«

Als Dichter, der, so ahnt er bereits, nicht mehr lange zu leben hat, schwebt ihm die **Auflösung des Irdischen** in einem unerhört leichten, zur Ewigkeit erhobenen Schlussbild vor: »Denken Sie sich ... den Genuß, lieber Freund, in einer poetischen Darstellung alles Sterbliche ausgelöscht, lauter Licht, lauter Freiheit, lauter Vermögen – keinen Schatten, keine Schranke, nichts von dem allen mehr zu sehen ...« Das Allgemeine 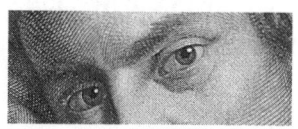 nimmt das Individuelle in sich auf, über der Erde dehnt sich der unendliche Raum des Himmels, in den der Mensch – »flüchtet« er »aus der Sinne Schranken / In die Freiheit der Gedanken« – an dem ihm bestimmten Tag (»froh des neuen, ungewohnten Schwebens«) eingeht. Diese klassische Vorstellung, die keinen persönlichen Gottesglauben braucht, um andächtig und stolz zu sein, wird von Goethe und Schiller gemeinsam bedient; in Sprache und Poesie folgt sie einem ureignen »Rhythmus«: »Er leistet ... dieses Große und Bedeutende, daß er, indem er alle Charaktere und alle Situationen nach Einem Gesetz behandelt, und sie, trotz ihres Unterschiedes, in Einer Form ausführt, dadurch den Dichter und seine Leser nötigt, von allem noch so Charakteristisch-Verschiedenen etwas Allgemeines, rein Menschliches zu verlangen. Alles soll sich in dem Geschlechtsbegriff des Poetischen vereinigen, und diesem Gesetz dient der Rhythmus sowohl zum Repräsentanten als zum Werkzeug, da er alles unter seinem Gesetze begreift. Er bildet auf diese Weise die Atmosphäre für die poetische Schöpfung, das Gröbere bleibt zurück, nur das Geistige kann von diesem dünnen Elemente getragen werden.«

Schiller, **nie ganz gesund**, hat sich am Ende zu viel zugemutet; er konnte nicht anders. Er wollte »tätig sein, nur tätig«; wenn ihn eine Idee gepackt hatte, musste er ihr, um den Preis äußerster Erschöpfung, entsprechen. Wie man sich seine Arbeitsweise vorzustellen hat, beschreibt Goethe: »Schiller behauptete, der Mensch müsse können, was er wolle, und nach dieser Manier verfuhr er. Ich will Ihnen ein Beispiel geben: Schiller stellte sich die Aufgabe, den *Tell* zu schreiben. Er fing damit an, alle Wände seines Zimmers mit so viel Spezialkarten der Schweiz zu bekleben, als er auftreiben konnte. Nun las er Schweizer Reisebeschreibungen, bis er mit Weg und Stegen des Schauplatzes des Schweizer Aufstandes auf das Genaueste bekannt war. Dabei studierte er die Geschichte der Schweiz; und nachdem er alles Material zusammengebracht hatte, setzte er sich über die Arbeit, und buchstäblich genommen stand er nicht eher vom Platze auf, bis der *Tell* fertig war. Überfiel ihn die Müdigkeit, so legte er den Kopf auf den Arm und schlief. Sobald er wieder erwachte, ließ er sich nicht, wie ihm fälschlich nachgesagt wurde, Champagner, sondern starken schwarzen Kaffee bringen, um sich munter zu halten. So wurde der *Tell* in sechs Wochen fertig; er ist aber auch wie aus einem Guß.«

Schiller war ein Dichter, an dem sich, mehr als an Goethe, die Geister scheiden. Seine Kritiker bemängeln eine für Schwulst und Pathos anfällige Sprache, seinen Anhängern gilt er als **Meister des Guten, Wahren und Schönen**, der dem Menschen zutraute, zum Gesamtkunstwerk zu werden. Erschwerend wirkte, dass Goethe und Schiller ihr Programm der deutschen Klassik als Alleinunterhalter betrieben, es fehlte an frischem Wind von außen, an fähigem Nachwuchs. Was an Schiller überzeugt, ist die **Einheit von Poesie und Praxis**, die er vorlebte: »Immer strebe zum Ganzen, und kannst du selber kein Ganzes / Werden, als dienendes Glied schließ an ein Ganzes dich an! ... Willst du dich selber erkennen, so sieh, wie die andern es treiben, / Willst du die andern verstehn, blick in dein eignes Herz ...« – Sein Realitätssinn, den er aus einer verunglückten Erziehung bezog, ist Schiller, trotz seines Drangs zum Höheren, erhalten geblieben; zum Stichwort »Würde des Menschen«, die ja bis heute als höchstes Gut gehandelt wird, notierte er: »Nichts mehr davon, ich bitt euch. Zu essen gebt ihm, zu wohnen. / Habt ihr die Blöße bedeckt, gibt sich die Würde von selbst.«

WW: Gedichte *(Die Größe der Welt – Die schlimmen Monarchen – Resignation – An die Freude – Die Götter Griechenlandes – Die Ideale – Das Ideal und das Leben – Das verschleierte Bild zu Sais – Der Spaziergang – Das Mädchen aus der Fremde – Hektors Abschied – Dithyrambe – Die Teilung der Erde – Die beste Staatsverfassung – An die Gesetzgeber – Die schönste Erscheinung – Das Unwandelbare – Der Ring des Polykrates – Der Handschuh – Die Kraniche des Ibykus – Die Bürgschaft – Die*

Worte des Glaubens – Die Worte des Wahns – Das Glück – Nänie – Das Lied von der Glocke – Der Antritt des neuen Jahrhunderts – Sehnsucht – Der Pilgrim). – Dramen *(Die Räuber – Kabale und Liebe – Don Carlos – Wallenstein – Maria Stuart – Die Jungfrau von Orleans – Wilhelm Tell). –* Historische und theoretische Schriften *(Geschichte des Abfalls der vereinigten Niederlande von der spanischen Regierung – Geschichte des Dreißigjährigen Krieges – Was heißt und zu welchem Ende studiert man Universalgeschichte – Philosophische Briefe – Über die tragische Kunst – Über die Schönheit – Über Anmut und Würde – Über die ästhetische Erziehung des Menschen in einer Reihe von Briefen – Über naive und sentimentalische Dichtung – Über epische und dramatische Dichtung – Über das Erhabene). –* Erzählungen *(Der Verbrecher aus verlorener Ehre – Spiel des Schicksals – Der Geisterseher)*

A: *Friedrich Schiller, Werke in drei Bänden. Hg. v. Herbert G. Göpfert unter Mitwirkung von Gerhard Fricke. Carl Hanser Verlag, München 1966*
L: *Friedrich Burschell, Schiller. Rowohlt Taschenbuch Verlag, Reinbek 1958*
Peter-André Alt, Schiller. Verlag C. H. Beck, München 2000

■ JOHANN PETER HEBEL

Geb. am 10. Mai 1760 in Basel
Gest. am 22. September 1826 in Schwetzingen

»ALS DANN HAB ICH NICHTS«

Unter deutschen Dichtern war er derjenige, der die **Mundart ins Schriftdeutsch** einbrachte, und er erzielte damit erstaunliche Ergebnisse. Sogar → *Goethe*, der mit Frankfurter Zungenschlag redete und sich nicht oft zu gnädigem Lob über die Werke von Kollegen hinreißen ließ, befand nach der Lektüre von Hebels *Alemannischen Gedichten* (1803), dass dieser Autor sich »seinen eigenen Platz auf dem deutschen Parnass« gesichert habe. Hebel stammt aus Südbaden, er ist Kind armer Leute. Der Vater stirbt früh, sein Halt bleibt bis zu ihrem Tod im Jahre 1773 die Mutter, die ihrem Sohn einen etwas überzogen anmutenden Respekt vor den besseren Herrschaften beizubringen sucht: »... Wenn ich mit meiner Mutter nach Schopfheim, Lörrach oder Basel ging und uns der Herr Landvogt begegnete, so rief sie mir zu, ehe wir ihnen auf zwanzig Schritte nah kamen: ›Peter, blib doch stoh, zieh geschwind di Chäppli ab, der Herr Landvogt chunnt!‹« Dank privater Gönner kann Hebel das Gymnasium besuchen und anschließend Theologie in Erlangen studieren. Er schlägt sich als **Hauslehrer und Hilfsvikar** in Lörrach und Hertingen durch. Nachdem er sich beruflich schon für gescheitert erklärt hat, wird man doch noch auf ihn aufmerksam: Von der protestantischen Landeskirche erhält er einen Ruf nach Karlsruhe, wo er schließlich zum **Professor für Dogmatik und Hebräische Sprache** aufsteigt.

Seinen beträchtlichen Ruhm erwirbt er mit den bereits erwähnten *Alemannischen Gedichten* und als **Herausgeber** des *Rheinischen Hausfreunds*, eines »Landkalenders«, der nützliches und unterhaltsames Wissen »in natürlicher Sprache« vermitteln will. Die Geschichten und Anekdoten für den »geneigten Leser«, die Hebel zusammenstellt, begründen seinen Ruf als pfiffiger Erzähler, der sich im 20. Jahrhundert noch verfestigt; die Dichter → *Brecht* und → *Böll* haben ihn bewundert, die Philosophen Bloch und Heidegger widmeten seinen einfach anmutenden Schriften schwierige Untersuchungen. Als seine Erzählungen 1811 unter dem Titel *Schatzkästlein des rheinischen Hausfreundes* erscheinen, wird Hebel endgültig zum populären Autor, den man auch deswegen gerne liest, weil er sich erfreulich kurz fasst: »Zum schwäbischen Kreiskontingent kam im Jahre 1795 ein Rekrut, so ein schöner, wohlgewachsener Mann war. Der Offizier fragte ihn, wie alt er sei. Der Rekrut antwortete: ›Einundzwanzig Jahr. Ich bin ein ganzes Jahr lang krank gewesen, sonst wär ich zweiundzwanzig.‹«

Hebel blieb **Junggeselle**, was er gerne geändert hätte; seine Zuneigung gilt der schönen, aber etwas kühlen Gustave, der er sich nicht erklären kann, weil ihm, dem Dichter, in ihrer Gegenwart die passenden Worte fehlen. Also liebt er sie aus sicherer Entfernung, vielleicht war das ein Glück für ihn: »Mein Gemüt ist Ihnen nie näher, als wenn ich weit von Ihnen bin, und ich habe immer mit Ihnen etwas zu plaudern, bis ich einmal hinaufkomme, als dann hab ich nichts …«

WW: *Alemannische Gedichte – Schatzkästlein des rheinischen Hausfreundes*

A: *Johann Peter Hebel, Werke. Hg. v. Eberhard Meckel. Insel Verlag, Frankfurt a. M. 1968*
(Hebels Geschichten und Gedichte gibt es auch in diversen Taschenbuch-Ausgaben.)

L: *Rolf Max Kully, Johann Peter Hebel. J. B. Metzlersche Verlagsbuchhandlung, Stuttgart 1969*

■ JEAN PAUL

Geb. am 21. März 1763 in Wunsiedel (Fichtelgebirge)
Gest. am 14. November 1825 in Bayreuth

»KEIN GEDANKE KAM NACKT, JEDER BRACHTE SEIN WORT MIT«

»Das interessanteste Tier für den Menschen ist der Mensch«, schrieb der Philosoph Johann Gottlieb Fichte, und er meinte damit nicht den Menschen an sich (falls es den überhaupt gibt), sondern das jeweilige Ich, das der Einzelne ist. Wer bin ich?, fragt der Mensch gern und merkt, früher oder später, dass er sich auf diese Frage zunächst nur die Antwort gibt, die seinem momentanen Befinden entspricht. Für seine Identität, die ja stabil und den wechselnden Gefühlszuständen enthoben sein soll, ist damit nichts gewonnen; sie bedarf einer tiefer reichenden Begründung.

Der junge Johann Paul Friedrich Richter, der sich als Dichter später, der Einfachheit halber, Jean Paul nannte und nach → *Lessing* einer der ersten deutschen **Berufsschriftsteller** war, glaubte eines Tages Zeuge zu sein, wie sich sein eigenes Ich bei ihm vorstellte; ein Antrittsbesuch mit Folgen. In einem **autobiografischen Fragment** mit dem listigen Titel *Selberlebensbeschreibung* heißt es: »Nie vergaß ich die noch keinem Menschen erzählte Erscheinung in mir, wo ich bei der Geburt meines Selbstbewußtseins stand, von der ich Ort und Zeit anzugeben weiß. An einem Vormittag stand ich als ein sehr junges Kind unter der Haustüre und sah links nach der Holzlege, als auf einmal das innere Gesicht: ich bin ein Ich, wie ein Blitzstrahl vom Himmel vor mich fuhr und seitdem stehenblieb; da hatte mein Ich zum ersten Male sich selbst gesehen und auf ewig. Täuschungen des Erinnerns sind hier schwerlich gedenkbar, da kein fremdes Erzählen sich in eine bloß im verhangenen Allerheiligsten des Menschen vorgefallne Begebenheit, deren Neuheit allein so alltäglichen Lebensumständen das Bleiben gegeben, mit Zusätzen mengen konnte.«

Dieses Ich, einmal entdeckt, ist ein Wunder: Eingesperrt in eine Leiblichkeit, die ihm in jungen Jahre Freude, mit zunehmendem Alter jedoch diverse Gebrechen beschert, kann es sich immer wieder losreißen und auffliegen

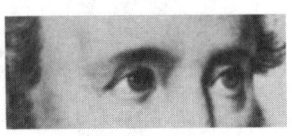 zum Unerhörten: »Ist denn nicht selber der Menschengeist (mit allen seinen unendlichen Himmelsräumen) eingepfählt in einen fünf Fuß hohen Körper mit Häuten und ... Schleim und Haarröhren und hat nur fünf enge Weltfenster von fünf Sinnentreffern aufzumachen für das ungeheure rundaugige und rundsonnige All? – und doch sieht er und wiedergebärt er ein All«.

Jean Paul kommt als Sohn eines armen Dorfschulmeisters im Fichtelgebirge zur Welt. Er ist ein mageres, schwächliches Kind, dem man die Armut des Elternhauses ansehen kann. Seinem Hunger begegnet er mit einem anderen Hunger, dem Lesehunger; er liest, was immer er zu lesen bekommt, und besorgt sich ständig Nachschub. Schon früh äußert er den Wunsch, Schriftsteller zu werden, und wird dafür belächelt. Mit 18 hat er aber bereits einen Roman und jede Menge Satiren veröffentlicht; sein Stil ist unverwechselbar, eine überbordende **Mischform aus Wortwitz und Wortüppigkeit**, die manchmal etwas zu viel des Guten enthält. In Leipzig studiert er Theologie, muss aber aufgeben, weil ihm das Geld ausgeht. Er schlägt sich als **Lehrer** durch; sein Durchbruch erfolgt 1793, als der Roman *Die unsichtbare Loge* erscheint, den er zunächst, aus einer gewissen Ratlosigkeit heraus, an den einflussreichen Schriftsteller → *Karl Philipp Moritz* geschickt hatte, der sich, wie erhofft, begeistern lässt. Er schreibt an die Deckadresse, die ihm der unbekannte Autor genannt hat: »Und wenn Sie am Ende der Welt wären, und müßt ich hundert Stürme aushalten, um zu Ihnen zu kommen, so flieg ich in Ihre Arme. Wo wohnen Sie? Wie heißen Sie? Wer sind Sie? – Ihr Werk ist ein Juwel.« Da der Roman zu einem überraschenden Erfolg wird, gilt sein Verfasser mit einem Mal als **Erfolgsschriftsteller**. Sogar → *Goethe*, der mit seinem *Werther* den bis dahin fulminantesten Einstieg in den deutschen Literaturbetrieb geschafft hat, nimmt von ihm Kenntnis: Als Jean Paul 1798 nach Weimar kommt, findet er ihn amüsant, nennt ihn »ein komisches Wesen« und reicht ihn an → *Schiller* weiter, dem der Kollege aus dem Fichtelgebirge »wie vom Monde gefallen« vorkommt. Von Weimar geht Jean Paul nach Berlin (1800), dann nach Meiningen und Coburg. 1804 kehrt er nach Bayreuth zurück. An seinem Ruhm ist nicht mehr zu rütteln: Die Leser entdecken an Jean Paul jene **Sehnsüchtigkeit**, die den jungen Goethe noch in Aufruhr versetzt hatte, nun aber von seinem klassischen Ordnungssinn klein gehalten wird. Was ihn, den äußerlich biederen, sich gern hinter Witzen verschanzenden Jean Paul in Begeisterung versetzt, ist das große Wunder des Lebens: »... Als er zu sehen vermochte ..., und als er sich scheute vor dem Herunterbrechen der herumziehenden schwarzroten Wolkengebirge ..., als er die Berge wie neue Erden auf unserer liegen sah – und als ihn umrang das unendliche Leben, das gefiederte neben der Wolke fliegende Leben, das summende Leben zu seinen Füßen, das goldene kriechende Leben auf allen Blättern, die lebendigen auf ihn winkenden Arme und Häupter der Riesenbäume ...: so fing der Himmel an zu brennen, der entflohenen Nacht loderte der nachschleifende Saum ihres Mantels weg, und auf dem Rand der Erde lag, wie eine vom göttlichen Throne niedergesunkene Krone Gottes, die Sonne.«

Am 15. November 1790 wird Jean Paul, der sich damals noch als **Dorfschullehrer** in Schwarzenbach a.d. Saale abmühte, nach der Entdeckung des eigenen Ichs eine zweite Vision zuteil: Er hat seinen eigenen Tod vor Augen. In seinem Tagebuch vermerkt er: »Wichtigster Abend meines Lebens: denn ich empfand den Gedanken des Todes, daß es schlechterdings kein Unterschied ist, ob ich morgen oder in 30 Jahren sterbe, daß alle Pläne und alles mir davonschwindet und daß ich die armen Menschen lieben soll, die so bald mit ihrem bißchen Leben niedersinken ... Ich vergesse den 15. November nie. Ich wünsche jedem Menschen einen 15. November.« Danach wurde Jean Paul auf untergründige Weise versöhnlicher; er wandte sich tatsächlich mehr den »armen Menschen« zu, und es tat ihm gut. Im Rückblick schreibt er: »Ein ganzes … Jahrneun hindurch wurde des Jünglings Herz von der Satire zugesperrt und mußte alles verschlossen sehen, was in ihm selig war und schlug, was wogte und liebte und weinte. Als es sich … endlich im achtundzwanzigsten Jahre öffnen und lüften durfte: da ergoß es sich leicht und mild wie eine warme überschwellende Wolke unter der Sonne – ich brauchte nur zuzulassen und dem Fließen zuzusehen – und kein Gedanke kam nackt, sondern jeder brachte sein Wort mit und stand in seinem richtigen Wuchse da ohne die Schere der Kunst.«

In seinem Roman *Siebenkäs* (1796) hat Jean Paul seine Todesvision in eines seiner besten **Prosastücke** eingegeben, die *Rede des toten Christus vom Weltgebäude herab, daß kein Gott sei.* »Wo ziehst du hin, Sonne mit deinen Erden«, fragt er: »Auf deinem langen Weg findest du keinen Gott und nur vielleicht auf Einer Erde einen eingebildeten …« Das aber kann nicht das letzte Wort sein: Es gibt ein gutes Leben vor dem Tode und ein noch besseres danach, man muss nur daran glauben; ja, wenn man will, kann man sich seinen lieben Gott sogar, willkürlich, beweisen: »Was hält den Zufall ab – als wieder der Zufall –, und daß er nicht den Sonnenfunken austritt und durch das Sternen-Schneegestöber schreitet und Sonne um Sonne auswehet, wie vor dem eilenden Wanderer Tautropfen ausblinken? Und du, armer gaukelnder Mensch, dessen Leben der Seufzer der Natur oder das Echo dieses Seufzers ist – dessen Totenasche die sichtbare abgekratzte Spiegelfolie ist, die einen Lebendigen vorlog und schuf – dessen Sein ein Hohlspiegel ist, der ein wackelndes eingewölbtes Ding in die Luft hinstellte: schaue hinunter in den Abgrund, über welchem die Todesaschewolken des Untergegangnen ziehen und denke noch in deinem Zerstieben: ich bin! Und träume noch von deinem entzweifallenden Herzen: es liebte! … Mit einem schrecklichen Schlage schien der Glockenhammer, der sich unendlich über uns ausbreitete, die zwölfte Stunde zu schlagen, und er zerquetschte die Kirche und die Toten; und ich erwachte und war froh, daß ich Gott anbeten konnte.« – Sein Ich lebte, der Tod war fürs Erste überwunden, und Gott hatte ein Auge auf ihn: Jean Paul, einer der **sprachmächtigsten und erfindungsreichsten Dichter**, die wir je hatten, konnte nun Ruhe in sein Leben bringen. Er schrieb weiter, war fleißig; vorübergehend ließ sein Erfolg etwas nach, was ihn nicht bekümmerte. Aus dem armen, dünnen Poeten war nicht nur ein beliebter, sondern auch ein beleibter Dichter geworden, der sich mehr Sorgen um sein täglich Bier als um Fragen der Tagespolitik machte. Für die ganz große, die Weltpolitik hielt er fest: »Das Unglück der Erde war bisher, daß zwei den Krieg beschlossen und Millionen ihn ausführten und ausstanden, indes es besser, wenn auch nicht gut, gewesen wäre, daß Millionen hätten beschlossen und zwei gestritten.«

Mit zunehmendem Alter überwiegen auch bei Jean Paul die resignierenden Töne; das ist nun mal so, wenn Körper und Geist in die Jahre kommen. Gegen die **späte Traurigkeit**, die ihn befiel, ging er mit Ironie an, das half. Seinen Lesern empfahl er, wie folgt mit seinen Büchern umzugehen: »Ich für meine Person bekenne gern, daß ein solches Werkchen, wie ich 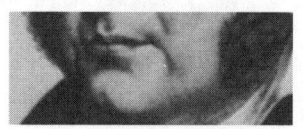 eben hier der Welt darreiche, mir, wenn ich's von einem dritten bekäme, ein gefundenes Fressen wäre und Leben in mich brächte; denn ich würd' es auf die rechte Weise lesen, nämlich Ende November … oder auch sonst bei starkem Schneegestöber und Windspfeifen – ich würde an einem solchen Abend mehr Holz nachlegen und die Stiefel ausziehen, ferner die politischen Zeitungen … ungelesen fortlaufen lassen – ich würde mir ein vernünftiges Abendbrot aus der Kindheit bestellen und für den Morgen ein halbes Lot Kaffee Überschuß, weil ich schon im voraus wüßte, wie sehr ich durch ein so treffliches, ruhiges Buch (wofür dem Verfasser ewiger Dank sei!) zur Anspannung für ein eigenes glänzendes ausgeholt hätte … So würd' ich das Werkchen lesen; aber leider hab' ich es selber vorher gemacht.«

WW: Romane und Erzählungen *(Die unsichtbare Loge [darin: Leben des vergnügten Schulmeisterlein Maria Wutz in Auenthal] – Hesperus – Siebenkäs – Flegeljahre – Titan – Leben des Quintus Fixlein – Biographische Belustigungen – Der Jubelsenior – Das Kampaner Tal oder über die Unsterblichkeit der Seele – Dr. Katzenbergers Badereise – Der Komet – Selberlebensbeschreibung)*. – Theoretische Schriften und Satiren *(Vorschule der Ästhetik – Friedens-Predigt an Deutschland – Mixturen für Menschenkinder aller Stände – Über die Religionen in der Welt – Die mörderische Menschenfreundlichkeit – Über die vorherbestimmte Harmonie – Über die Fortdauer der Seele – Der Traum und die Wahrheit – Bitte, mich nicht durch Geschenke arm zu machen – Saturnalien – Ächte Sammlung meiner besten Bonmots)*
A: *Jean Paul, Sämtliche Werke. Hg. v. Norbert Miller. Carl Hanser Verlag, München 1959 ff.*

L: *Günter de Bruyn, Das Leben des Jean Paul Friedrich Richter. S. Fischer Taschenbuch Verlag, Frank-furt a. M. 1993*

Rolf Vollmann, Das Tolle neben dem Schönen – Jean Paul. Deutscher Taschenbuch Verlag, München 2000

■ FRIEDRICH HÖLDERLIN

Geb. am 20. März 1770 in Lauffen am Neckar

Gest. am 7. Juni 1843 in Tübingen

»EIN ZEICHEN SIND WIR, DEUTUNGSLOS«

Manchmal schauen wir ohne Absicht und erhalten schon das Ganze. Eine andere Welt als die offensichtliche tut sich auf; sie ist mehr zu erahnen, als dass sie nachzuzeichnen wäre, und gerade dadurch wird sie des Aufhebens wert. Friedrich Hölderlin, der ein Dichter war, wie ihn später vielleicht nur noch → *Rilke* abgab, sah sich in jungen Jahren einem Bild ausgesetzt, das er nie mehr vergessen sollte. Er ist mit einem Freund am Neckar; der Fluss, an sich eher überschaubar als ausgreifend, gewinnt auf einmal an Weite und Ferne. Hölderlin, damals 16 Jahre jung, hat diesen Eindruck in einem seiner ersten Gedichte festgehalten: »Guter Carl! – in jenen schönen Tagen / Saß ich einst mit dir am Neckarstrand: / Fröhlich sahen wir die Welle an das Ufer schlagen, / Leiteten uns Bächlein durch den Sand. / Endlich sah ich auf. Im Abendschimmer / Stand der Strom. Ein heiliges Gefühl / bebte mir durchs Herz; und plötzlich scherzt' ich nimmer, / Plötzlich stand ich ernster auf vom Knabenspiel ...« Was Hölderlin anrührt, ist **das Heilige**, eine unsichtbare Macht, von der er sein ganzes Leben bedacht sieht. Es ergibt sich dort, wo man gewahr wird, dass unser Leben ein Geschenk ist, ein Geheimnis: »Könnt ich sie zurückbringen, diese stille Feier, diese ... Ruhe im Innern, wo auch der leiseste Laut vernehmbar ist, der aus der Tiefe des Geistes kommt und die leiseste Berührung von außen, vom Himmel her, und aus den Zweigen und Bäumen – ich kann es nicht aussprechen, wie mir oft ward, wenn ich so dastand vor der göttlichen Natur, und alles Irdische in mir verstummte ...«

Für das Heilige, den einen, nicht nennbaren **Grund des Seins**, war Hölderlin, insgesamt, wohl etwas zu empfänglich, und das bekam ihm nicht: Der Mensch nämlich kann nur so viel begreifen, wie er begreifen kann; versucht er das Undenkbare zu denken und es in sich einzuholen, zerspringt ihm sein normales, auf Wirklichkeitsbewältigung ausgerichtetes Selbstverständnis. Dieser Gefahr, der Spannung zwischen dem gewöhnlichen Vernünftigen und dem göttlich Übermächtigen, ist der Dichter schließlich erlegen.

Hölderlins leiblicher Vater stirbt früh an einem Schlaganfall. Zwei Jahre später heiratet die Mutter, eine gottesfürchtige Frau, den Nürtinger Bürgermeister Johann Christoph Gok, der ihren Kindern ein liebevoller Stiefvater wird; auch dieser Ehe ist nur ein kurzes Glück beschieden: Friedrich Hölderlin erlebt zwei Väter und ihren Tod; seine Mutter verfällt daraufhin nicht der Verzweiflung, sondern haust sich noch mehr in ihren Gottesglauben ein. Hölderlin ist ein begabter Schüler, er besucht die Klosterschulen in Denkendorf und Maulbronn. Er soll Geistlicher werden, aber das kann kein Beruf für ihn sein, wie sich herausstellen wird. Von 1788 bis 1793, in einer Zeit, der die Französische Revolution ihre Ideen vorgibt, studiert er am renommierten Tübinger Stift und freundet sich dort (u. a.) mit den späteren Philosophen **Hegel und Schelling** an. Nach dem Studium, das er mit einem Magisterexamen abschließt, schlägt er sich als **Hauslehrer** durch. Seine dichterischen Versuche finden nicht die Würdigung, die sie verdienen: → *Goethe* kann mit ihnen gar nichts anfangen, → *Schiller* gibt sich wohlwollend und ratlos.

1796 tritt Hölderlin eine Stelle als Hauslehrer bei der Familie Gontard in Frankfurt a. M. an. **Susette Gontard**, die Dame des Hauses, wird seine große, lebenssprengende Liebe, und diese Liebe wird erwidert, obwohl alle Umstände gegen sie sprechen. Es kommt, wie es kommen muss: Als das Verhältnis aufgedeckt wird, setzt Gontard den Magister Hölderlin vor die Tür. 1797 erscheint der erste Band seines **Brief-Romans** *Hyperion*, 1799 der zweite; in dem Widmungsexemplar, das er Susette Gontard an geheimem Ort übergibt, steht zu lesen: »Wem sonst als Dir«. Noch einmal versucht sich der gesundheitlich bereits angeschlagene Hölderlin als Hauslehrer; er geht in die Schweiz und nach Bordeaux. Als er im Sommer 1802 aus Frankreich zurückkehrt, erreicht ihn die Nachricht, dass Susette gestorben ist: Als Todesursache werden Röteln genannt, aber in Wahrheit starb sie an gebrochenem Herzen. Der Rest von Hölderlins Leben ist schnell erzählt: 1806 wird er in eine Klinik in Tübingen eingeliefert, man erklärt ihn für **unheilbar geisteskrank**; seine Lebenserwartung, heißt es, betrage noch knappe drei Jahre. Dann aber wird dem kranken Hölderlin doch noch ein Glücksfall zuteil: Der Schreinermeister Ernst Zimmer, ein grundsolider Mann und Freund der Dichter, nimmt sich seiner an; er holt den **Pflegefall** Hölderlin in sein Haus, wo er ein Turmzimmer mit Blick auf den Neckar bewohnen darf, das heute von den Touristen bestaunt wird. Hier verbringt er die andere Hälfte seines Lebens: 36 Jahre sind ihm noch vergönnt, in der er seine eigene Welt besetzt hält, äußerlich zur Ruhe gekommen und in mühsam ausbalanciertem Frieden mit den Mächten, die ihn so heftig bedrängten.

Dass ein Dichter, der mehr sieht als andere, gefährdet ist, ahnte er früh; es blitzte ihm bereits im friedfertigen Bild vom Strom auf und wurde zur Einsicht, als es keine Rückzugsmöglichkeiten mehr gab. Im Sommer 1800 schrieb er: »Aber in Hütten wohnet der Mensch, und hüllet sich ins verschämte Gewand, denn inniger ist's / achtsamer auch und daß er bewahre den Geist, wie die Priesterin die himmlische Flamme, dies ist sein Verstand. // Und darum ist die Willkür ihm / und höhere Macht zu fehlen und zu vollbringen, dem Götterähnlichen, der Güter Gefährlichstes, die Sprache, dem Menschen gegeben, damit er schaffend, zerstörend, und untergehend, und wiederkehrend . . . zeuge, was er sei / geerbt zu haben . . .«

Poesie, »das unschuldigste aller Geschäfte«, wie Hölderlin die Dichtkunst nennt, weist über sich hinaus, sucht das Große im Ganzen, eint zerrissene Herzen. In seiner **Sehnsucht nach Wiedervereinigung**, nach Versöhnung der Gegensätze, nach Ankunft und Heimkehr dämmert dem Dichter die Einsicht in ein »Seyn«, das nicht grundlos sein kann, auch wenn es der Begründung entsagt: »Wir durchlaufen alle eine exzentrische Bahn, und es ist kein anderer Weg möglich von der Kindheit zur Vollendung. – Die selige

Einheit, das Seyn, im einzigen Sinne des Wortes, ist für uns verloren … Wir sind zerfallen mit der Natur, und was einst, was man glauben kann, Eins war, widerstreitet sich jetzt, und Herrschaft und Knechtschaft wechselt auf beiden Seiten. Oft ist uns, als wäre die Welt Alles und wir Nichts, oft aber auch, als wären wir Alles und die Welt Nichts … Aber weder unser Wissen noch unser Handeln gelangt in irgend einer Periode des Daseyns dahin, wo aller Widerstreit aufhört, wo alles Eins ist; die bestimmte Linie vereinigt sich mit der unbestimmten nur in unendlicher Annäherung.«

In Deutschland hat keiner solche **Gedichte** gemacht wie Hölderlin: Sie sind **kühn und ernst**, sie greifen einer Zeit vor, die noch immer nicht gekommen ist, vielleicht auch nie kommt. Was Hölderlin wusste, wissen heute nur noch die wenigsten Dichter: Der Mensch steht für eine Möglichkeit ein, die seine Möglichkeiten übersteigt: »Ein Zeichen sind wir, deutungslos, / Schmerzlos sind wir und haben fast / Die Sprache in der Fremde verloren: / Wenn nämlich über Menschen / Ein Streit ist an dem Himmel und gewaltig / Die Monde gehn, so redet / Das Meer auch und Ströme müssen / Den Pfad sich suchen. Zweifellos / Ist aber Einer. Der / Kann täglich es ändern. Kaum bedarf er / Gesetz. Und es tönet das Blatt und Eichbäume wehn dann neben / Den Firnen. Denn nicht vermögen / Die Himmlischen alles. Nämlich es reichen die Sterblichen eh an den Abgrund. Also wendet es sich, das Echo, / Mit diesen. Lang ist / Die Zeit, es ereignet sich aber / Das Wahre.«

WW: Gedichte *(Hymne an die Freiheit – Der Gott der Jugend – Die Eichbäume – Diotima – An die Parzen – Abbitte – Die Liebenden – Menschenbeifall – Hyperions Schicksalslied – Sonnenuntergang – An den Aether – Der Tod fürs Vaterland – Abendphantasie – Des Morgens – Mein Eigentum – Geh unter, schöne Sonne – Der Abschied – Gesang des Deutschen – Heidelberg – Die Heimat – Lebenslauf – Hälfte des Lebens – Brot und Wein – Wie wenn am Feiertage – Andenken – Patmos – Mnemosyne).* – Roman *(Hyperion).* – Theaterstück *(Der Tod des Empedokles).* – Aufsätze *(Über die verschiedenen Arten, zu dichten – Über die Verfahrensweise des poetischen Geistes – Über den Unterschied der Dichtarten – Über Religion – Das Werden im Vergehen).* – Briefe
A: *Friedrich Hölderlin, Sämtliche Werke (Frankfurter Ausgabe). Hg. v. Dietrich E. Sattler. Stroemfeld Verlag, Frankfurt a. M. 1976 ff.*
Friedrich Hölderlin, Werke und Briefe. Hg. v. Jochen Schmidt. Insel Verlag, Frankfurt a. M. 1992
L: *Ulrich Häussermann, Hölderlin. Rowohlt Taschenbuch Verlag, Reinbek 1961*
Gunter Martens, Friedrich Hölderlin. Rowohlt Taschenbuch Verlag, Reinbek 1996
Peter Härtling, Hölderlin. Kiepenheuer & Witsch, Köln 1997

■ NOVALIS

Geb. am 2. Mai 1772 in Oberwiederstedt (Mansfeld)
Gest. am 25. März 1801 in Weißenfels

»NACH INNEN GEHT DER GEHEIMNISVOLLE WEG«

Eigentlich hieß er Georg Philipp Friedrich Leopold Freiherr von Hardenberg. Novalis, d. h. »Der Neuland-Besteller«, nannte er sich erst später, als er sich, inmitten seiner vielfältigen Talente, zum Dichter machte. Viel Zeit hatte er nicht; ihm war kein langes Leben vergönnt, was in der Familie lag: Die Hardenberg-Kinder wurden nicht alt, nur eines seiner **zehn Geschwister**, der 1781 geborene Bruder Georg Anton, überlebt die Mutter, die es auch sonst nicht leicht hat: Heinrich von Hardenberg, mit dem sie in zweiter Ehe verheiratet ist, haust sich in frommer Freudlosigkeit ein; er glaubt an einen Gott, der den Schöpfungsbetrieb nach Art eines strengen Amtsrichters überwacht. Umso erstaunlicher ist es, dass die Kinder den väterlichen Ernst nicht übernehmen; sie halten es mehr mit der Mutter, die sich von der Übellaunigkeit ihres Mannes, auch von Geldsorgen nicht unterkriegen lässt und lieber fröhlich ist. Novalis, der Älteste, hat ein inniges Verhältnis zu seiner Mutter, in dem mehr mitschwingt, als es sich ein Sohn eingestehen kann. Er wird von Hauslehrern unterrichtet, besucht das Luthergymnasium in Eisleben. 1790 schreibt er sich als Student an der Universität Jena ein; in einem Brief an die Mutter heißt es, dass »die Erinnerung an Dich mir die glücklichsten Stunden macht, wenn meine Phantasie schwelgt und Dein Bild lebendig mir vorschwebt«. **Fantasie** hat der junge Hardenberg genug; er glüht förmlich vor Plänen, Ahnungen und Andeutungen. Dennoch oder gerade deswegen entscheidet er sich für ein trockenes Studium, die Jurisprudenz. Nebenbei hört er philosophische Vorlesungen und lernt den Dichter → *Friedrich Schiller* kennen, der in Jena eine schlecht bezahlte Professur hat und sein erster literarischer Anreger wird. Schiller bringt ihm bei, dass ein Dichter nicht im Vollbad der eigenen Gefühle schreiben darf; er soll lieber »damit anfangen, sich selbst fremd zu werden« und »seine Leidenschaft aus einer mildernden Ferne anzuschauen«, denn es gibt nichts Falscheres, »als mitten im Schmerz den Schmerz zu besingen«.

Im Juni 1794 legt Novalis sein juristisches Staatsexamen »mit der ersten Zensur« ab. Er hat inzwischen erste Versuche als Schriftsteller hinter sich, die nicht unbemerkt bleiben. Der junge Novalis fällt auf; sein Freund, der **Literaturkritiker Friedrich Schlegel**, schreibt über ihn: »Ein noch sehr junger Mensch – von schlanker, guter Bildung, sehr feinem Gesicht mit schwarzen Augen, von herrlichem Ausdruck, wenn er mit Feuer von etwas Schönem redet – unbeschreiblich viel Feuer – er redet dreimal mehr und dreimal schneller als wir andre – die schnellste Auffassungsgabe und Empfänglichkeit.« Novalis wird **Verwaltungsassistent** am Kreisamt in Bad Tennstedt in Thüringen. Er ist ein pflichtbewusster Beamter, den so leicht nichts umwerfen kann. Umwerfen kann ihn nur die Liebe: Er lernt die junge, sehr junge **Sophie von Kühn** kennen: Sie ist gerade mal zwölfeinhalb Jahre alt und weiß gar nicht, wie ihr geschieht, als Novalis sie zu seiner existenzsprengenden Liebe erklärt. Ein Blick von Sophie habe genügt, meldet er seinem Bruder Erasmus; »innerhalb einer Viertelstunde« sei sein ganzes Leben auf den Kopf gestellt worden. Novalis ist ein begeisterungsfähiger Mensch; was er macht, macht er mit Hingabe. So liebt er Sophie, die »2 Tage nach ihrem fünfzehnten Geburtstag« an einer qualvollen Krankheit stirbt, auch über ihren Tod hinaus, der kein Ende, sondern Neuanfang in der anderen, der »unsichtbaren Welt« bedeutet. Sie, die unsichtbare Welt, ist allgegenwärtig; der Mensch hat sie in sich, in seinem Herzen, seiner Seele: »Wir träumen von Reisen durch das Weltall: ist denn das Weltall nicht in uns? Die Tiefe unseres Geistes kennen wir nicht. – Nach Innen geht der geheimnisvolle Weg. In uns und nirgends ist die Ewigkeit mit ihren Welten, die Vergangenheit und Zukunft.«

Novalis hat sich inzwischen verstärkt mit den **Naturwissenschaften** beschäftigt; er studiert Chemie und Bergbau und findet eine Anstellung als **Salinenassessor** in Weißenfels. 1798 legt er sein erstes Buch mit dem schönen Titel *Blütenstaub* vor. Es enthält, wie der Autor bescheiden anmerkt, »vermischte Bemerkungen«, »Bruchstücke des fortlaufenden Selbstgesprächs in mir«. Weitere Werke erscheinen: *Geistliche Lieder* (1799), *Hymnen an die*

Nacht (1800), schließlich der Roman *Heinrich von Ofterdingen,* den er der Krankheit abtrotzen muss, der er, keine 30 Jahre alt, im März 1801 erliegt. Berühmt wird dieser Roman nicht als Gesamtkunstwerk, sondern als Ideengeber rund um ein vieldeutiges Zeichen, »die blaue Blume«, die man später zum Sinnbild der deutschen Romantik erklärt.

Novalis indes ist nicht nur **Romantiker**, nicht nur der glühende Schwärmer, der Begeisterungskünstler, für den man ihn hielt, er hat mehr zu bieten. Seine Poesie ist **magisch und realistisch** zugleich; sie setzt auf den »Sinn für das Eigentümliche, Personelle, Unbekannte, Geheimnisvolle, zu Offenbarende, das Notwendigzufällige«, dem auch »das alltägliche Leben wie ein Märchen« erscheint. So reichhaltig der Zuspruch sein mag, den der Mensch aus sich selber bezieht – noch mehr erfährt er aus der Welt: »Der erste Schritt wird Blick nach Innen, absondernde Beschauung unseres Selbst. Wer hier stehen bleibt, gerät nur halb. Der zweite Schritt muß wirksamer Blick nach Außen, selbsttätige, gehaltvolle Beobachtung der Außenwelt sein.« Schaut man es richtig, d. h. so poetisch wie möglich und so realistisch wie nötig an, wird das Leben zur Inspiration: »Zur Welt suchen wir den Entwurf – dieser Entwurf sind wir selbst ... Wir werden die Welt verstehn, wenn wir uns selbst verstehn, weil wir und sie integrante Hälften sind.« Für Überheblichkeit gibt diese Erkenntnis keinen Anlass, im Gegenteil; jedes Wissen, zu Ende gedacht, verweist auf Gott, der sich bedeckt hält und nur im Verborgenen zeigt: »Das große Geheimnis ist allen offenbart und bleibt ewig unergründlich.«

Bis zum Schluss hat sich Novalis zum **Optimismus** angehalten: »Krankheiten ... sind Lehrjahre der Lebenskunst und Gemütsbildung«, notierte der Schwerkranke und schaute nach vorn: »Die Vorstellungen der Vorzeit ziehn uns zum Sterben, zum Verfliegen an. Die Vorstellungen der Zukunft treiben uns zum Beleben ... Daher ist alle Erinnerung wehmütig, alle Ahndung freudig.« Seine eigene Zukunft sah er in einem kräftigenden Bild ausgemalt, es steht für eine Hoffnung ein, die nicht endet: »Da kam aus blauen Fernen – von den Höhen meiner alten Seligkeit ein Dämmerungsschauer – und mit einemmale riss das Band der Geburt – des Lichtes Fessel. Hin floh die irdische Herrlichkeit und meine Trauer mit ihr – zusammen floß die Wehmut in eine neue, unergründliche Welt – du Nachtbegeisterung, Schlummer des Himmels kamst über mich – die Gegend hob sich sacht empor; über der Gegend schwebte mein entbundner, neugeborner Geist. Zur Staubwolke wurde der Hügel – durch die Wolken sah ich die verklärten Züge der Geliebten. In ihren Augen ruhte die Ewigkeit – ich faßte ihre Hände, und die Tränen wurden ein funkelndes, unzerreißliches Band. Jahrtausende zogen abwärts in die Ferne, wie Ungewitter...«

WW: Gedichte *(Geistliche Lieder – Hymnen an die Nacht)*. – Prosa *(Blütenstaub – Glauben und Liebe – Aphorismen – Allgemeines Brouillon – Fragmente und Studien)*. – Romane *(Die Lehrlinge zu Sais – Heinrich von Ofterdingen)*

A: *Novalis, Werke. Hg. v. Gerhard Schulz. Verlag C. H. Beck, München 1969*

Novalis, Dokumente seines Lebens und Sterbens. Hg. v. Hermann Hesse. Insel Taschenbuch Verlag, Frankfurt a. M. 1976

Novalis für Gestresste. Ausgewählt von Ursula Michels-Wenz. Insel Taschenbuch Verlag, Frankfurt a. M. 2001

L: *Gerhard Schulz, Novalis. Rowohlt Taschenbuch Verlag, Reinbek 1969*

Herbert Uerlings, Novalis. Reclam Verlag, Stuttgart 1998

Penelope Fitzgerald, Die blaue Blume. Insel Verlag, Frankfurt a. M. 1999

■ LUDWIG TIECK

Geb. am 31. Mai 1773 in Berlin
Gest. am 28. April 1853 in Berlin

»ES GIBT EINE EWIGE JUGEND«

Manche Dichter werden zu Lebzeiten gefeiert, andere kommen erst über die Nachwelt zu Ruhm. Ersteres ist vermutlich angenehmer, auch einträglicher; für den Ruhm in der Nachwelt können sich bestenfalls die Erben noch etwas kaufen. Die Benotungen, die die Literaturgeschichte vergibt, sind indes zweifelhaft; wer als Autor von der Nachwelt verwöhnt wird, muss nicht notwendig besser sein als sein Kollege, der der Vergessenheit anheim gefallen ist.

Ludwig Tieck war so ein Dichter, der zu Lebzeiten in den oberen Rängen saß, dann aber von der Literaturkritik abgewählt wurde und heute allenfalls noch als **Shakespeare-Übersetzer** namhaft ist. Vielleicht lag das daran, dass man mit der Zeit strenger und empfindlicher wurde: Nicht mehr die Vielschreiber waren gefragt, sondern das Idealbild ist der einsame, leidende, bedächtig um jedes Wort ringende Einzelkämpfer der Sprache. Dafür hatte Tieck keine Zeit: Er stammt aus einer Handwerkerfamilie, in der man liest und um Fortbildung bemüht ist; sein Lebensweg wird damit vorgezeichnet. Er schreibt nicht nur um des Schreibens willen, sondern auch um Geld zu verdienen – was in den literarischen Kreisen, die sich für etwas Besseres halten, damals wie heute keine Selbstverständlichkeit ist, ja sogar als ein wenig anrüchig gilt. Bis 1796 wirft er mehr als **ein Dutzend Dramen** aufs Papier, er schreibt **Trivialromane**, weil man die von ihm haben will; zufrieden ist er damit nicht. Erst als er in das Zentrum der deutschen Romantik vorrückt und dort in ergiebigen Kontakt mit → *Novalis*, Schlegel u. a. gerät, lebt er auf. Er entdeckt ein dichterisches Vermögen in sich, das tiefer reicht, als er annehmen konnte; seine besseren Werke entstehen nun, darunter *Der gestiefelte Kater* (1797) und der Roman *Franz Sternbalds Wanderungen* (1798). Danach, in den Jahren zwischen 1804 und 1818, befällt Tieck jener weltanschauliche Katzenjammer, unter dem viele Romantiker gelitten haben; Welt und Poesie verkümmern vor den eigenen, zu hoch und zu überschwänglich gesetzten Ansprüchen. Überdies kommt Tieck mit der ihm zugewiesenen Rolle, nämlich der Chefideologe der deutschen Romantik zu sein, nicht zurecht: »Nachher hat man mich zum Haupte einer sogenannten Romantischen Schule machen wollen. Nichts hat mir ferner gelegen als das ... Wenn man mich aufforderte, eine Definition des Romantischen zu geben, so würde ich das nicht vermögen. Ich weiß zwischen poetisch und romantisch überhaupt keinen Unterschied zu machen.«

Seine glücklichste Zeit erlebt er, als er sich nach Ziebingen in die Mark Brandenburg zurückzieht. Die herbe Abgelegenheit dort ist erst beruhigend, dann inspirierend, als er »die Gräfin« **Henriette von Finckenstein** kennen lernt, die ihm Geliebte und Mäzenin ist. Als er seine Schreib- und Daseinskrise endgültig überwunden hat, geht er nach Dresden, wo er als **Chefdramaturg am Theater** amtiert und alsbald, auch auf Grund seiner eigenen schauspielerischen Talente, als literarischer Star gilt. Tieck versteht es, Poesie, egal ob er sie selbst verfasst hat oder ob sie von anderen stammt, in gespielte Handlung zu übertragen; er ist ein Interpret, der Literatur als ansteckendes Lebenselixier vorführt. In Dresden schreibt er mehr als **30 Novellen**, von denen *Des Lebens Überfluß* (1838) vielleicht seine beste ist. 1842 kehrt Tieck in seine Heimatstadt Berlin zurück; der König hat ihn gerufen und möchte, dass der Dichter für ihn eine ähnlich erfolgreiche Theaterarbeit wie in Dresden aufzieht. Das aber gelingt nur noch selten; der alte Tieck, von Krankheiten geschwächt, ist mit sich nicht mehr im Reinen. Zwar gilt er noch immer als Berühmtheit, was ihm jedoch zur Belastung wird. Mit den neuen Zeitumständen, im besonderen der Revolution von 1848, kann er nichts anfangen; wenn etwas zu ändern ist, dann der Einzelne, glaubt er; der Mensch, vervielfältigt in Klassen und Massen, flößt ihm Widerwillen ein. Seine romantische Überzeugung, an der er auch noch im lästigen Alter festzuhalten sucht, hat Tieck so umschrieben: »Das Leben ist höheren Ursprungs, und ... es gibt eine ewige Jugend, eine Sehnsucht, die ewig währt, weil sie ewig nicht erfüllt wird; weder getäuscht noch hintergangen, sondern nur nicht erfüllt, damit sie nicht sterbe, denn sie sehnt sich im innersten Herzen nach sich selbst, sie spiegelt in unendlich wechselnden Gestalten das Bild der nimmer vergänglichen Liebe, das Nahe im Fernen, die himmlische Ferne im Allernächsten.«

WW: Gedichte *(Andacht – Zeit – Liebe – Trauer – Zweifel).* – Novellen und Erzählungen *(Phantasus – Der Geheimnisvolle – Des Lebens Überfluß – Waldeinsamkeit)*
A: *Ludwig Tieck, Werke. Hg. v. Marianne Thalmann. Winkler Verlag, München 1963 ff.*
L: *Ernst Ribbat, Ludwig Tieck. Athenäum Verlag, Kronberg/Ts. 1978*

■ E.T.A. HOFFMANN

Geb. am 24. Januar 1776 in Königsberg
Gest. am 25. Juni 1822 in Berlin

»DAS GEFÜHL WURDE ZU GEDANKEN, DOCH WAR MEIN ICH HUNDERTFACH ZERTEILT«

Manchmal hat ein Dichter nicht nur Talent zum Dichten, sondern er ist auch noch begabt in anderen Dingen; dann hat er womöglich ein Problem: Er kann sich nicht recht entscheiden, welchen von seinen Begabungen er nachgehen will, und darüber kann man schon mal trübsinnig oder, auf kuriose Weise, verzweifelt werden. E. T. A. Hoffmann war ein solches Mehrfachtalent; er studierte die Rechtswissenschaften, war **Musiker und Zeichner** und wurde schließlich als Dichter bekannt, der seinen Lesern alles Mögliche zumutete, nur keine einfachen Wahrheiten. Der Mensch ist ein mehrfach gebrochenes und begabtes Wesen, erfährt der Leser aus Hoffmanns Erzählungen (die sich schließlich sogar zum Titel einer viel gespielten Oper summieren); nie lässt er sich auf eine Eigenart, einen Charakter reduzieren, er hat eine Tag- und eine Nachtseite und viele Gesichter.

Ernst Theodor Wilhelm Hoffmann, der 1809 seinen dritten Vornamen Wilhelm, Mozart zu Ehren, durch Amadeus ersetzt, ehe dann, der künstlerischen Einprägsamkeit wegen, die Kürzel E. T. A. zur Anwendung kommen, wächst in nicht ganz unkomplizierten Verhältnissen auf. Der Onkel hat die Stelle des Vaters übernommen, die Mutter ist in Maßen depressiv, am besten kann das Kind mit der jüngsten Tante Charlotte, die zur Laute singt und auch sonst sehr angenehm gewesen sein muss. Hoffmann empfindet sich selbst als hässlich; er geht dagegen an, indem er sich beliebt machen will und den allgegenwärtigen Witzbold gibt, eine Rolle, die er als Student noch versierter spielt. Er legt sein Referendarexamen ab, wird nach Berlin versetzt und arbeitet danach als **Regierungsassessor in Posen**. Das ist die eine, die ordentliche und geregelte Seite seines Daseins, die andere, für ihn wichtigere, ist die Kunst. Zunächst überwiegen Musik und Malerei, der Schriftsteller Hoffmann braucht noch Zeit. Dennoch hat er ein Singspiel geschrieben und ein zweites in Arbeit. Als er einen Vorgesetzten so karikiert, dass der das nicht mehr lustig findet, wird er nach Warschau versetzt. Dort gibt es Probleme, als die Franzosen einmarschieren und Hoffmann, übertrieben tapfer, sich weigert, den Amtseid auf Napoleon abzulegen. Es sind keine guten Zeiten, in denen er steckt; das Geld ist knapp, in seinem Kopf schwirren allerlei Pläne, die er zumeist mit selbst ausgedachter, sehnsüchtiger Musik unterlegt. 1808 geschieht ein kleineres Wunder: Hoffmann wird als **Orchesterdirigent** nach Bamberg berufen. Er bleibt fast fünf Jahre, obwohl die örtliche Musikkritik ihn für eine Fehlbesetzung hält und nach Kräften niedermacht. Nach einem Zwischenspiel in Dresden, wo er als **Musikdirektor** wirkt, sich in eine nervenaufreibende Liebe zu einer sehr jungen Klavierschülerin verstrickt und mit dem Buch *Der Goldene Topf* einen ersten großen Erfolg hat, kehrt er nach Berlin zurück; der Staatsdienst nimmt ihn in Ehren auf und befördert ihn mit den Jahren bis zum **Kammergerichtsrat**. Die damit verbundene Sicherheit scheint ihn zu beflügeln: Der Dichter Hoffmann erlebt seine erfolgreichste Zeit. In rascher Folge erscheinen **Prosastücke und Erzählungen**, darunter *Die Elixiere des Teufels, Nachtstücke, Die Serapionsbrüder* und *Lebensansichten des Katers Murr*. Hoffmann zählt nun zu den bekanntesten deutschen Schriftstellern; sein meist etwas schräger Humor, dazu seine Eigenart, sich auf die dunklen, abwärts gewandten Pfade der menschlichen Seele zu begeben und dort seltsame Entdeckungen zu machen, finden jedoch nicht nur Freunde. → *Goethe*, der es gerne ordentlich hat, kann mit »dem Hoffmann« gar nichts anfangen; ihn ärgert es, dass da ein ranghoher Beamter, der vom Staat sein Gehalt bezieht, seinen Phantasien freien, ja ungehemmten Lauf lässt. Kurios erscheint in diesem Zusammenhang, dass Hoffmann in einer Zensurkommission tätig ist und dort über Anstößigkeiten von Schriftstellerkollegen zu wachen hat. Die Spannungen, die sich daraus ergeben, sind nicht ganz so kurios; der Dichter und Kammergerichtsrat, von **Krankheit** gezeichnet, erkennt, dass der Mensch sich in seiner Bewusstseinsmaschine verlieren kann; eigene Welten entstehen, Welten im Kopf, in denen sich die herkömmlichen Grenzen von Normalität und Wahn, von Wirklichem und Unwirklichem, von Eigenem und Fremdem verstörend verschieben.

Nach Hoffmanns Tod erlischt sein deutscher Ruhm; vom Ausland indes kommt eine neue Welle der Anerkennung. Seine Bücher werden übersetzt; man preist sein Können als **literarischer Seelenkundler** und nennt ihn den »Meister des Unheimlichen« (Freud). Wie es aussehen mag, wenn sich ein mühsam zusammengehaltenes Ich verliert und neu sortieren muss, hat Hoffmann in den *Elixieren des Teufels* so beschrieben: »Eine sanfte Wärme glitt durch mein Inneres. Dann fühlte ich es in allen Adern seltsam arbeiten und prickeln; das Gefühl wurde zu Gedanken, doch war mein Ich hundertfach zerteilt. Jeder Teil hatte im eignen Regen eignes Bewußtsein des Lebens, und umsonst gebot das Haupt den Gliedern, die wie untreue Vasallen sich nicht sammeln wollten unter seiner Herrschaft. Nun fingen die Gedanken der einzelnen Teile an sich zu drehen, wie leuchtende Punkte, immer schneller und schneller, so daß sie einen Feuerkreis bildeten, der wurde kleiner, so wie die Schnelligkeit wuchs, daß er zuletzt nur eine stillstehende Feuerkugel schien.«

WW: *Der Goldene Topf – Die Elixiere des Teufels – Die Serapions-Brüder – Das Fräulein von Scuderi – Lebensansichten des Katers Murr*
A: *E. T. A. Hoffmann, Werke. Hg. v. Herbert Kraft und Manfred Wacker. Insel Verlag, Frankfurt a. M. 1967*
(Zahlreiche Titel auch als Taschenbuch oder Reclam-Ausgaben)
L: *Rüdiger Safranski, E. T. A. Hoffmann. Eine Biographie. Carl Hanser Verlag, München 1984*
Susanne Gröble, E. T. A. Hoffmann, Reclam Verlag, Stuttgart 2000

■ HEINRICH VON KLEIST

Geb. am 18. Oktober 1777 in Frankfurt (Oder)

Gest. am 21. November 1811 am Wannsee (Berlin)

»DIE WAHRHEIT IST, DASS MIR AUF ERDEN NICHT ZU HELFEN WAR«

Das moderne Krisenbewusstsein, das wir uns zu Eigen gemacht haben, schätzt die Zerrissenheit: Ein Mensch, der nicht behäbig in sich selber ruht, sondern sich als zerrissen empfindet, durchjagt von den zwiespältigsten Gefühlen und Gedanken, gilt als sensibel. Er zeigt sich betroffen, auch wenn ihn manches gar nichts angeht; am Zustand der Welt und der Gesellschaft leidet er geradezu vorbildlich. Vielleicht liegt die Zerrissenheit des Menschen aber auf dunklem Terrain begründet, in der menschlichen Seele, die ein übersensibles, für die Verzweiflung besonders empfängliches Erkenntnisinstrument ist. Insgesamt allerdings muss einem die moderne **Zerrissenheit** gar nicht so modern vorkommen; jede Zeit hat ihre Moderne, hat Künstler, die, bis zum Überschwang leidensbereit und von der Welt unverstanden, an sich selber zu Grunde gehen. Der Dichter Heinrich von Kleist war so ein Mensch; sein Leben glich einem Bühnenwerk, das mit hohem Anspruch und kühnen Entwürfen begonnen wird, aber schon nach den ersten Bildern den Unmut eines verwöhnten Publikums hervorruft.

Kleist stammt aus einer altadligen Offiziersfamilie, eigentlich ist seine Laufbahn vorgezeichnet: Er soll Offizier werden. 1792 tritt er in das Potsdamer Garderegiment ein, 1797 wird er **Leutnant**. Der militärische Drill fällt ihm schwer, zudem hat er auf einmal das Gefühl, nur »ein unwissender Junker« zu sein. Er beginnt mit dem Studium der Philosophie, das ihn jedoch noch mehr verunsichert: Er liest Kant, der ihm wie ein Sicherheitsberater vorkommt, der keine Sicherheiten mehr kennt; auch Rousseau, ein Philosoph, der die Emotionen höher schätzt als die Vernunft, kann ihm nicht helfen. Dennoch möchte Kleist mehr auf seine Gefühle, auf die Sprache des Herzens hören. Dazu passt, dass er sich verliebt und verlobt hat; **Wilhelmine**

von Zenge heißt seine Auserwählte, die ihm kein Glück bringt. Fürs gewöhnliche Glück taugt er ohnehin nicht, glaubt er zu wissen, denn »hienieden ist keine Wahrheit zu finden«. Er beginnt zu schreiben, richtet sich als Schriftsteller in einer Ordnung ein, die keine Ordnung mehr ist, sondern Fassade. Kleist muss erleben, dass andere diese Meinung keineswegs teilen: Vor allem der von ihm bewunderte → *Goethe* möchte sich mit Zweifeln, Ängsten und anderen unnützen Gefühlszuständen nicht aufhalten; Autoren wie Kleist, dem er »Zwiespalt der Sinne« und »Verwirrung des Gefühls« vorhält, oder → *Hölderlin* ärgern ihn mehr, als dass sie ihn erfreuen könnten.

Kleists innerer Unruhe entspricht äußere Umtriebigkeit: Er ist viel unterwegs, reist nach Paris, will Bauer in der Schweiz werden, wo er sich jedoch nur eine langwierige Krankheit zuzieht. Die Verlobung wird gelöst, ein **Selbstmordversuch**, halbherzig unternommen, scheitert. Danach sind ihm zwei Jahre relativer Ruhe vergönnt: Er kommt im preußischen Staatsdienst unter, vollendet eines seiner bekanntesten **Theaterstücke** *Der zerbrochene Krug* und beginnt mit Erzählungen, darunter *Michael Kohlhaas* und *Die Marquise von O*. Preußen liegt, nach der Niederlage bei Jena und Auerstädt (1806), am Boden; Napoleon ist der starke Mann in Europa. An dieser weltgeschichtlich dominanten Figur reibt sich der Dichter Kleist, den man als Dichter kaum wahrnimmt; er sieht Napoleon als Herausforderung für die nationale Sache und die Bestimmung des Menschen.

Im Januar 1807 scheidet er aus dem Staatsdienst aus. Auf einer Wanderung von Königsberg nach Berlin wird er festgenommen, weil man ihn für einen Spion hält; bis zum Juli des Jahres bleibt er in französischer Haft. Danach versucht sich Kleist als **Herausgeber verschiedener Zeitschriften**, die aber allesamt erfolglos bleiben und wieder eingestellt werden. 1808 kommt sein Theaterstück *Penthesilea* heraus, das er mit großen Erwartungen belegt: »Mein innerstes Wesen liegt darin..., der ganze Schmutz zugleich und Glanz meiner Seele.« Nur zwei seiner Stücke sieht er aufgeführt, den *Zerbrochenen Krug* und *Das Käthchen von Heilbronn* (1810), das den Gegenentwurf, die »Kehrseite der Penthesilea« darstellt: Käthchen lebt ihrem Gefühl, der »Grazie« einer »gänzlichen Hingebung«. Wenn aber die Zweifel immer verzweifelter werden, wenn die Seele Brandwunden hat und ein äußeres

Scheitern hinzukommt, das auf kalte Verachtung hinausläuft, ist jeder »Lebensplan« zum Scheitern verurteilt.

Als Kleist alles versucht hat, denkt er an ein Ende, das, ist man denn nur gläubig genug, gar kein Ende bedeutet. Sein **Sterben inszeniert** er als überlegte Tathandlung: Am Berliner Wannsee erschießt er erst seine kranke **Freundin Henriette Vogel**, dann sich selbst. Mit Blick auf den nahen Tod klärt sich die verhangene Welt auf, nichts ist mehr wichtig, am Ende des Tunnels scheint ein Licht: »Die Wahrheit ist, dass mir auf Erden nicht zu helfen war«, heißt es im letzten Brief an seine Schwester Ulrike. »Und nun lebe wohl; möge Dir der Himmel einen Tod schenken nur halb an Freude und unaussprechlicher Heiterkeit dem meinigen gleich: das ist der herrlichste und innigste Wunsch, den ich für dich aufzubringen weiß.«

Zu Lebzeiten war Kleist kein Ruhm vergönnt; die Nachwelt meinte es besser mit ihm und beförderte ihn zum anerkannten Dichter. In einem kurzen **Prosastück** mit dem Titel *Über die allmähliche Verfertigung der Gedanken beim Reden* hat dieser Dichter eine originelle Theorie aufgestellt: So wie der Appetit bekanntlich beim Essen kommt, werden die wichtigen Ideen erst über das Reden zur Klarheit gebracht; dabei ist die Anwesenheit eines Gesprächspartners zweckmäßig, wer mit sich selber redet, sieht sich dem Verdacht der Wunderlichkeit ausgesetzt: »... Siehe da, wenn ich mit meiner Schwester... rede, welche hinter mir sitzt und arbeitet, so erfahre ich, was ich durch ein vielleicht stundenlanges Brüten nicht herausgebracht haben würde. Nicht, als ob sie es mir, im eigentlichen Sinne *sagte*... Auch nicht, als ob sie mich durch geschickte Fragen auf den Punkt hinführte, auf welchen es ankommt... Aber weil ich doch irgendeine dunkle Vorstellung habe, die mit dem, was ich suche, von fern her in einiger Verbindung steht, so prägt, wenn ich nur dreist damit den Anfang mache, das Gemüt, während die Rede fortschreitet,... jene verworrene Vorstellung zur völligen Deutlichkeit aus...«

Kleist, der bis heute im Ruf steht, ein **Dichter von verzweifelter Ernsthaftigkeit** zu sein, verstand sich auch aufs Heitere, das bei ihm mit Vorsicht zu genießen war. Er betätigte sich als **Sammler von Anekdoten**; in der Anekdote wird die an sich humorlose Macht des Schicksals klein und überschaubar, sie stellt sich dem menschlichen Ermessen: »Ein junger **Doktor der Rechte** und eine Stiftsdame, von denen kein Mensch wußte, daß sie miteinander in Verhältnis standen, befanden sich einst ... in einer zahlreichen und ansehnlichen Gesellschaft. Die Dame, jung und schön, trug, wie es zu derselben Zeit Mode war, ein kleines schwarzes Schönheitspflästerchen im Gesicht, und zwar dicht über der Lippe, auf der rechten Seite des Mundes. Irgendein Zufall veranlaßte, daß die Gesellschaft sich auf einen Augenblick aus dem Zimmer entfernte, dergestalt, daß nur der Doktor und die besagte Dame darin zurückblieben. Als die Gesellschaft zurückkehrte, fand sich, zum allgemeinen Befremden derselben, daß der Doktor das Schönheitspflästerchen im Gesicht trug; und zwar gleichfalls über der Lippe, aber auf der linken Seite des Mundes.«

WW: Theaterstücke *(Amphitryon – Die Familie Schroffenstein – Penthesilea – Das Käthchen von Heilbronn oder die Feuerprobe – Der zerbrochene Krug – Prinz Friedrich von Homburg – Robert Guiskard).* – Erzählungen *(Die Marquise von O. – Das Erdbeben in Chili – Michael Kohlhaas – Die Verlobung in St. Domingo – Der Zweikampf – Die heilige Cäcilie – Der Findling).* – Prosa *(Über die allmähliche Verfertigung der Gedanken beim Reden – Über das Marionettentheater – Fabeln – Anekdoten – Briefe)*
A: *Heinrich von Kleist, Werke und Briefe in 4 Bde. Hg. v. Siegfried Streller u. a. Aufbau Verlag, Berlin 1993*
L: *Hans Dieter Zimmermann, Heinrich von Kleist. Rowohlt Taschenbuch Verlag, Reinbek 1993*
Sabine Doering, Heinrich von Kleist. Reclam Verlag, Stuttgart 1996

■ CLEMENS BRENTANO

Geb. am 8. September 1778 in Ehrenbreitstein/Koblenz
Gest. am 28. Juli 1842 in Aschaffenburg

»WEHE! MIR IST, ALS STEHE ICH AUF EINEM VULKANISCHEN BODEN«

Unter den deutschen Romantikern ist er vielleicht der sprach-begabteste gewesen, aber aus seinem Talent hätte er mehr machen können, was bereits seinen Zeitgenossen auffiel: »Er hat, wie man sagt, die Herzen zerrissen, die ihn liebten«, schrieb Brentanos Dichterkollege → *Heinrich Heine,* »und jeder seiner Freunde klagt über mutwillige Verletzung. Gegen sich selbst und sein poetisches Talent hat er am meisten seine **Zerstörungssucht** geübt.« Die Gegensätze, die Brentano beherrschen, sind schon in seiner Familie angelegt: Der Vater, ein wohlhabender Kaufmann italienischer Herkunft, hat meist schlechte Laune und geht freudlos seinen einträglichen Geschäften nach; die Mutter Maximiliane von La Roche ist eine sensible Frohnatur und stammt aus künstlerisch vorbelastetem Hause: Ihre Großmutter Sophie von La Roche machte sich als Romanautorin einen Namen und war eine gute Freundin → *Goethes.*

Brentano wächst erst bei den Großeltern auf, dann wird er zu Verwandten gegeben, die ihm Ordnung beibringen sollen, was aber völlig misslingt. Nach dem Schulabschluss studiert er in Halle ein Semester Bergwissenschaft, das reicht; er geht nach Jena, schließt sich den dortigen Künstlerkreisen an und beginnt zu schreiben. Brentano wird einer der ersten **Berufsschriftsteller** im Lande, wobei er allein deswegen schon keine Hungerleiderexistenz führen muss, weil ihm, erfreulicherweise, ein Anteil aus dem Firmenvermögen der Familie zur Verfügung steht. Schon bald gilt er als literarisches Wunderkind, als **famoser Lyriker**, der sich nachhaltig an der eigenen Poesie berauscht. Brentano entdeckt seine Möglichkeiten, aber haushalten kann er mit ihnen nicht: »Wehe! Mir ist, als stehe ich auf einem vulkanischen Boden, wo die verwitterte Lava, von der schaffenden Natur üppig begrünt, hervor-

bricht in Flammen und verzehrt es wieder. Und hie und da liegen Brand-
stätten unter dem ewigblauen Himmel. Was nützt mein guter Wille, meine
Stimme, mein Wort?«

1803 heiratet er die acht Jahre ältere **Dichterin Sophie Mereau**, seine
große Liebe, die er zum romantischen, herzzerreißenden Kunstwerk verklärt, was der Ehe nicht gut bekommt. Nach Sophies Tod im Jahre 1806 beginnt Brentano ein unruhiges Wanderleben: Er heiratet die sechzehnjährige
Auguste Bußmann, die er zuvor entführt hat; eine filmreife Hassliebe, die
schließlich in eine Art Rosenkrieg mündet und mit Tränen, Beschimpfungen, Prügel und Scheidung endet. Danach wird Brentano fromm, was so gar
nicht zu dem früheren Spott- und Ironiekünstler passen will, als der er
begonnen hat. Seine Wandlungen werden misstrauisch beäugt; auch sein
bester Freund, »Herzbruder« → *Achim von Arnim,* der später Clemens'
Schwester → *Bettine* heiratet, hat damit seine liebe Müh und Not. Mit Arnim
zusammen gibt Brentano eines der bekanntesten Bücher der deutschen
Romantik heraus: *Des Knaben Wunderhorn* (1806/08), eine **Sammlung alter
Volkslieder**. Von 1819 an betätigt sich Brentano als Sekretär der stigmatisier-
ten Nonne Anna Katharina Emmerick im westfälischen Dülmen: Er zeichnet ihre Visionen und Tagträume auf und macht daraus ein Buch, das 1833
unter dem Titel *Das bittere Leiden unseres Herrn Jesu* erscheint und zu einem
ungewöhnlichen Verkaufserfolg wird. Brentano, den frühere Weggefährten
ohnehin schon länger für einen **katholischen Propagandaautor** halten, ist
damit endgültig im Schoß der Kirche gelandet. Seine letzten Jahre verbringt
er in München; er glaubt, zur Ruhe gekommen zu sein, hat Frieden mit sich
und der Welt geschlossen. Von seiner Poesie will er nichts mehr wissen, er
hält sie für »geschminkte, duftende Toilettensünden unchristlicher Jugend«.
Und doch ist gerade der frühe, der unchristliche Brentano ein Dichter, zu
dem man sich heute wieder hingezogen fühlen kann: Er hat die moderne
Zerrissenheit vorweggenommen, den Hang zur Selbstüberschätzung, die
Sehnsucht nach einem anderen, das bloße Verstandesdenken wundersam
übersteigenden Leben. Und er kannte die ebenso gefährliche wie verführe-
rische Haltlosigkeit, die der Freiheit des Menschen zu Grunde liegt; aus ihr
kann man etwas machen, kann große Taten aushecken, himmelstürmende

Werke schreiben, oder, einmal mehr, kläglich an sich selbst scheitern: »In allem ... ist kein Wille, keine Absicht, keine Mühe; diese Blasen steigen auf, wenn der hohle Strohhalm mich berührt mit erlogenem Atem. Und kann ich gutmütiger und galanter sein, als dass ich seinen Atem in einer Kugel segeln lasse, welche den ganzen Himmel spiegelt und die Erde mitsamt dem Herrn, der geblasen hat? Ich tue es von ganzem Herzen, bis der Inhalt das Spiegelglas zersprengt, und der Tropfen, der niederfällt, wahrlich!, er trifft als Tortur nur meinen eignen nackten Schädel ...«

WW: Roman *(Godwi oder das steinerne Bild der Mutter). – Die Romanzen vom Rosenkranz –* Märchen – Gedichte *(Sprich aus der Ferne – Lureley – Wie sich auch die Zeit will wenden – Verzweiflung an der Liebe in der Liebe – Hörst du, wie die Brunnen rauschen – O schweig nur, Herz – Einsam will ich untergehn – Ich darf wohl von den Sternen singen – Was reif in diesen Zeilen steht – O Traum der Wüste)*
A: *Clemens Brentano, Gedichte. Erzählungen. Briefe. Hg. v. Hans Magnus Enzensberger. Insel Taschenbuch Verlag, Frankfurt a. M. 1981*
Clemens Brentano, Italienische Märchen. Insel Taschenbuch Verlag, Frankfurt a. M. 1983
Clemens Brentano, Werke in vier Bänden. Hg. v. Wolfgang Frühwald, Bernhard Gajek und Friedhelm Kemp. Carl Hanser Verlag, München 1968 ff.
L: *Hartwig Schultz, Schwarzer Schmetterling. Zwanzig Kapitel aus dem Leben des romantischen Dichters Clemens Brentano. Berlin Verlag, Berlin 2000*

■ ACHIM VON ARNIM

Geb. am 26. Januar 1781 in Berlin

Gest. am 21. Januar 1831 in Wiepersdorf (bei Berlin)

»EINE HÖHERE DARSTELLUNG DES LEBENS«

Schriftsteller können gesellig und trinkfest sein, aber im Grunde ihres Herzens müssen sie sich für Einzelkämpfer halten. Das bringt ihr Berufsstand so mit sich; von der Literaturkritik werden sie gern als einsame Rufer in der Wüste gesehen, mit ihrem Werk, von dem sie annehmen, dass es die wenigsten verstehen, stehen sie allein da, und auch die innere Stimme, die ihnen dichterischen Zuspruch gewährt, wendet sich an den begabten Solisten, nicht an einen mehrheitsfähigen Chor. Es gibt jedoch Ausnahmen, **Autoren-Freundschaften**, die den Zeiten widerstehen und bis an ein gemeinsames Ende reichen. Der Dichter Achim von Arnim pflegte so eine Freundschaft: Sie galt seinem »**Herzensbruder**« → *Clemens Brentano*, den er 1801 als Student in Göttingen kennen lernt. Es ist, als ob ihr »Herz im einigen Takt schlüge«; beide interessieren sich für Poesie, fühlen sich zur Romantik hingezogen, die damals gerade aufblüht und das »wunderbare Leben« neu und umfassend begreifen will. Arnim ist, bei aller Begeisterungsfähigkeit, nüchterner, realistischer als Brentano, was an seiner Herkunft liegen mag. Er stammt aus altem Brandenburger Landadel; sein Vater, der Diplomat, Opern-Intendant und schließlich nur noch Gutsherr ist, kümmert sich kaum um seine Familie. Arnim studiert Jura, fühlt sich jedoch zu den schönen Künsten gezogen. Er lernt → *Tieck* und → *Goethe* kennen; in Herzbruder Clemens' Schwester → *Bettine* verliebt er sich erst zögerlich, dann aber so nachhaltig, dass sie (1811) Frau von Arnim wird. 1802 erscheint sein erster Roman *Hollins Liebesleben,* der trotz des verführerischen Titels kein Erfolg wird. Erfolgreicher ist Arnim als **Herausgeber**: Zusammen mit Brentano besorgt er die **Volksliedsammlung** *Des Knaben Wunderhorn* (1806), von der Goethe, der später zu den Arnims auf Distanz geht, sagt, dass »dieses Büchlein in jedem Hause zu finden sein sollte«. Erfolgreich ist die

Anthologie, weil die beiden Herausgeber nicht nur als Sammler, sondern auch als Dichter tätig waren; sie gehen z. T. recht großzügig mit den Texten um, kürzen, verändern, dichten munter hinzu. Arnims Nachwort zum *Wunderhorn* ist so etwas wie eine **Programmschrift der Romantik** geworden; dort heißt es: »Ja, wer nur einmal im Tanze sich verloren und vergessen, wer einen Luftball ruhig wie eine Sonne emporziehen sah, den letzten Gruß des Menschen darin empfing . . ., alles Dinge, die uns umgeben, uns begegnen, der muß an eine höhere Darstellung des Lebens, an eine höhere Kunst glauben, als die uns umgibt und begegnet, an einen Sonntag nach sieben Werktagen, den jeder fühlt, der jedem frommt.« In der Tat besteht das romantische Bekenntnis darin, »an eine höhere Darstellung des Lebens« zu glauben, die sich gerade des Unscheinbaren, der »Dinge, die uns umgeben«, annimmt, um sie entschieden zu beglänzen. Der Romantiker sieht mit anderen Augen, und Arnim macht da keine Ausnahme; allerdings steht er, wie sonst vielleicht nur noch der Kollege → *Eichendorff*, auf dem Boden der Tatsachen. Als der Eroberer Napoleon durch Europa zieht und die deutsche Kleinstaaterei nur resignierend zuschauen kann, begibt sich Arnim auf die Seite der Nationalisten. Er wird zum preußischen Hauptmann ausgebildet; in Berlin begründet er einen **Debattierclub patriotischer Kaufleute**, Beamter und Intellektueller. 1817 erscheint sein Roman *Die Kronenwächter,* in dem, aus heutiger Sicht etwas problematisch, ein »begnadeter« Herrscher auftritt, der »alle Deutschen« zu einer »großen, gemeinsamen« Zukunft führt. Von 1814 an lebt er auf seinem Gut Wiepersdorf in Brandenburg, widmet sich lieber der Landwirtschaft als der Poesie, schreibt noch **Gelegenheitsarbeiten für Journale und Zeitungen**; eigentlich hat er sich mehr Erfolg in der Literatur erhofft.

Achim (eigentlich: Ludwig A.) von Arnim ist ein Fantasiekünstler gewesen, dem der gesunde Menschenverstand nicht von der Seite wich; so kam er sich oft ein wenig gehemmt vor, zum ausgedehnten Steigflug langte es nicht. Damit hatte er sich abzufinden; dennoch, fand er, hätte er mehr gelesen werden können: »Meine Werke haben das mit dem Himmelreiche gemeinschaftlich, daß die Wenigsten hinein mögen.«

WW: *Hollins Liebesleben – Tröst-Einsamkeit – Die Kronenwächter – Der Wintergarten – Isabella von Ägypten*

A: *Achim von Arnim, Werke. Hg. v. Paul Michael Lützeler u. a., Deutscher Klassiker Verlag, Frankfurt a. M. 1985 ff.*

L: *Helene M. Kastinger Riley, Achim von Arnim, Rowohlt Taschenbuch Verlag, Reinbek 1979*

■ BETTINE VON ARNIM

Geb. am 4. April 1785 in Frankfurt a. M.

Gest. am 20. Januar 1859 in Berlin

»FINDE DICH, SEI DIR TREU«

Von einem Dichter erwartet man, dass er kein Zappelphilipp ist; zumindest beim Dichten hat er ruhig zu sitzen, der Schreibtisch, an dem er schreibt, gilt als Bollwerk, an dem sich die »aufgeregte Zeit« bricht und teilt. Die Schriftstellerin Bettine von Arnim (geb. Brentano), die erst **mit 50** als **Schriftstellerin** hervortrat, dann aber sogleich erfolgreich war, hatte mit der Ruhe des Schreibens nicht viel im Sinn; sie war, hört man die Berichte der Zeitgenossen, immer in Bewegung, etwas »Sprunghaftes, Wirbliches, Flatterhaftes, Feuerwerckiges« wird ihr zugeschrieben, man nennt sie »funkensprühend«, »exzentrisch«, »kokett«, »jungherzig frisch«. Schon als Kind sei sie ein »Kobold« gewesen, sagte sie von sich selbst, und ganz selten überkam sie das Bedürfnis nach Ruhe: »Bettina muß sich anlehnen, Bettina ist müde.«

Im Temperament kommt sie ihrem Bruder → *Clemens Brentano* am nächsten, dessen Freund und »Herzensbruder« → *Achim von Arnim* sie 1811 heiratet. Mit ihm hat sie sieben Kinder, manche Auseinandersetzung, aber auch eine **bewegende Liebe**, die die Zeiten besser durchsteht, als es manche Spötter damals wahrhaben wollen. Bettine und Achim leben auf Gut Wiepersdorf im Märkischen: Dort gibt es viel zu tun, ist es aber auch einsam, besonders im Winter; die Geselligkeit, nach der sich die umtriebige Gutsherrin sehnt, findet in Berlin statt, wo sie ihren zweiten Wohnsitz hat. Als Witwe kehrt sie dorthin zurück; 1835 erscheint ihr Buch *Goethes Briefwechsel mit einem Kinde,* das Bettine von Arnim als **fantasievolle Autorin** zeigt: Sie fügt echte und erdachte Briefe zusammen, erzählt dazu eine Geschichte, die sich von Wirklichkeitsansprüchen weitgehend freihält. → *Goethe* kennt sie schon lange, er ist ihr Idol, ihr Übervater, was dem Weimarer Dichterfürsten jedoch zunehmend lästig wird; mit romantischer Überspanntheit und Herzensergüssen hat er nichts mehr im Sinn: Als Bettine 1811 bei einem Besuch in Weimar Goethes dralle Frau Christiane, die ihr zuvor allerdings eine Ohrfeige verpasst hat, eine »toll gewordene Blutwurst« nennt, kommt es zum Bruch. Ihrer Verehrung für Goethe tut das keinen Abbruch; sie lässt auf den »größten aller Dichter« nichts kommen.

Bettine von Arnim ist eine **unerschrockene Person** gewesen; in Zeiten, in denen die freie, vor allem die kritische Meinungsäußerung nicht gern gesehen wird und sich bereits jene Entwicklung abzeichnet, die bis auf den heutigen Tag anhält, dass nämlich viele Arme immer ärmer und wenige Reiche immer reicher werden, steht sie auf Seiten der Unterdrückten. Dabei kann sie sich mehr erlauben als ihre männlichen Kollegen: »Traurig genug«, befindet der Schriftsteller Karl Gutzkow, »daß nur ein Weib das sagen durfte, was jeden Mann hinter Schloss und Riegel gebracht haben würde.« Bettine von Arnim hat keine Angst; wer sich wie sie schon als Kind zu **Freiheit und Tatendrang** angehalten hat, lässt sich auch im Alter nicht mehr einschüchtern. Allerdings muss man wohl bei sich selbst sein, muss sich gefunden haben, um anderen Stärke vermitteln zu können; diese Einsicht ist Bettine von Arnim frühzeitig vermittelt worden, sie entdeckt sich im Spiegel: »Ich erkannte alle; aber die eine nicht mit feurigen Augen, glühenden Wangen, mit fein gekräuseltem, schwarzen Haar – ich kenne sie nicht, aber mein Herz schlägt ihr entgegen, ein solches Gesicht hab ich schon im Traum geliebt ..., diesem Wesen muß ich nachgehen, ich muß ihm Treue und Glauben zusagen ...« Das Kinderbild begleitet sie ein Leben lang; in bruchloser Treue passt es sich jedem Alter an, wird erst zur Person, dann zur Persönlichkeit, die an sich selber glaubt: »Diese Prophezeiung ist mir wahr geworden, ich habe keinen andern Freund gehabt als mich selber ... Es ist in diesem kleinen Ereignis eine hohe Wahrheit verborgen, die gewiß nur wenige fassen: finde dich, sei dir treu ..., folge deiner Stimme, nur so kannst du das Höchste erreichen.«

WW: Prosa *(Goethes Briefwechsel mit einem Kinde – Die Günderode – Clemens Brentanos Frühlingskranz)*
A: *Bettine von Arnim, Werke in drei Bänden. Hg. v. Walter Schmitz u. a. Deutscher Klassiker Verlag, Frankfurt a. M. 1992*
L: *Helmut Hirsch, Bettine von Arnim. Rowohlt Taschenbuch Verlag, Reinbek 1993*
Fredrik Hetmann, Bettina und Achim. Die Geschichte einer Liebe. Beltz & Gelberg Verlag, Weinheim 1994

■ JACOB GRIMM

Geb. am 4. Januar 1785 in Hanau
Gest. am 20. September 1863 in Berlin

■ WILHELM GRIMM

Geb. am 24. Februar 1786 in Hanau
Gest. am 16. Dezember 1859 in Berlin

»IN UNANGEFOCHTENER GEMEINSCHAFT«

Sie waren ein Duo, wie es in der deutschen Literaturgeschichte kein zweites gab: Die Brüder Grimm verhalfen der Germanistik, einer zuvor kaum mehr beachteten Wissenschaft, zu neuer Anerkennung; sie waren als **Märchen- und Sagen-Sammler** tätig und wurden dadurch bekannter als mit den eigenen, ungemein fleißig erstellten Schriften. In ihrer äußeren Unscheinbarkeit steckte ein zäher, widerstandsfähiger Kern, an den die Mächtigen besser nicht rührten. Das bekam auch der König von Hannover zu spüren, der 1837 eine von seinem Vorgänger verabschiedete Verfassung kurzerhand aufkündigte: Die Brüder Grimm, die damals an der Universität Göttingen lehren, unterzeichnen mit fünf anderen Professoren (die »Göttinger Sieben«) eine **Protestresolution,** da sie für sich das »begründete Recht des Widerspruchs« in Anspruch nehmen, wenn ein »ordentliches Gesetz... einseitig umgestürzt« wird. Der König reagiert humorlos, lässt den Brüdern Grimm die Entlassungsurkunden aushändigen und verweist sie des Kleinstaates. Eingeschüchtert werden sie davon nicht, im Gegenteil, sie legen nach und erklären, dass sich Professoren gefälligst nicht ins stille Kämmerlein verkriechen sollen: »Keiner kann... hinterm Berge gehalten werden mit freier Lehre über das Wesen, die Bedingungen und die Folgen einer beglückenden Regierung.«

Jacob und Wilhelm Grimm wachsen im hessischen Steinau an der Straße auf; der Vater ist Amtmann und stirbt früh. Um die Mutter zu entlasten, nimmt eine Tante in Kassel die Brüder bei sich auf; dort besuchen sie das Gymnasium. Jacob und Wilhelm scheinen unzertrennlich zu sein; das haben sie selbst auch so gesehen: »... In den langsam schleichenden Schuljahren nahm uns *ein* Bett auf und *ein* Stübchen, da saßen wir an einem und demselben Tisch arbeitend; hernach in der Studentenzeit standen zwei Betten und zwei Tische in derselben Stube, im späteren Leben noch immer zwei Arbeitstische in dem nämlichen Zimmer, endlich bis zuletzt in zwei Zimmern nebeneinander, immer unter *einem* Dache in gänzlich unangefochtener und ungestört beibehaltener Gemeinschaft unserer Habe.«

Nach der Schule studieren die Grimms Jura in Marburg. Danach trennen sich ihre Wege vorübergehend, ein für die Brüder ungewohnter Zustand. **Jacob** geht nach Paris und wird **Privatsekretär** bei ihrem akademischen Lehrer, dem Rechtsphilosophen Friedrich Karl von Savigny; **Wilhelm** findet eine Anstellung als **Bibliothekar in Kassel.** Dorthin kann er später den Bruder holen, denn er überzeugt seinen Arbeitgeber, den westfälischen König Jerome, davon, dass ein zweiter Bibliothekar vonnöten sei, um die überschaubaren Buchbestände unter Aufsicht zu halten. Ihre »ruhigste, arbeitsamste und fruchtbarste Zeit« beginnt nun; sie gewährt ihnen den »wunderbaren Gleichklang« eines »gemeinschaftlichen Amtes«. Die Brüder Grimm sind inzwischen, auch weil sie meist im Doppelpack auftreten, eine Institution geworden: Ihre Sammlung von *Kinder- und Hausmärchen* (1812 ff.), denen vor allem Wilhelm, der der fleißigere Bearbeiter ist, einen einheitlichen Tonfall verleiht, wird zu einem bemerkenswerten Erfolg. Weitere Stationen ihres gemeinsamen Lebens sind Göttingen (1829–1837), wo sie sich als **unerschrockene Professoren** bewähren, noch einmal Kassel und Berlin (1841). Jacob Grimm zieht 1848 als Abgeordneter in das Frankfurter Paulskirchen-Parlament ein und macht dort eher enttäuschende Erfahrungen: Er, der bekennende Monarchist, dem »republikanische Gelüste« zuwider sind, möchte dennoch nicht von der Freiheit lassen und sie »an die Spitze der Grundrechte stellen«; gerade das aber kann der Monarch, der sich lieber selber an die Spitze der Grundrechte stellt, nicht zulassen.

Besser als die Welt der Politik ist die Welt der Bücher, in die sich die Brüder zuletzt wieder zurückziehen. Vom Unterstand ihrer immensen Belesenheit aus beginnen sie 1852 mit der »**umfassendsten Arbeit ihres Lebens**«, dem *Deutschen Wörterbuch*, von dem zu ihren Lebzeiten nur die Bände 1–4 erscheinen; erst 1961 wird das (zunächst 32-bändige) Werk von der Akademie der Wissenschaften in Berlin und Göttingen fertig gestellt. Was Wilhelms Ehefrau beklagt, nämlich dass die Brüder hinter ihrem monumentalen Wörterbuch »verschimmeln«, hat ihnen selbst nichts ausgemacht; Arbeit war ihr Leben, ein anderes mochten sie sich nicht vorstellen. Die Germanistik hat den Grimms viel zu verdanken; sie haben Rechtschaffenheit eingebracht, Sammler- und Herausgeberfleiß, nicht zuletzt das Streben nach philologischer Genauigkeit, die allerdings, betrachtet man manche aufgeblähten Anmerkungsapparate, auch in gelehrte Geschwätzigkeit umschlagen kann.

Für die meisten Leser bleiben die Brüder Grimm als **Entdecker des Märchenlandes** in Erinnerung; wer es betritt, erfährt, wie das Leben ist, wenn es sich von der Wirklichkeit abziehen lässt und nah, ganz nah an das Zauberreich unserer Träume rückt; alles ist ungeahnt dort, regt sich am Ende wie neu: »... Der König erwachte und die Königin und der ganze Hofstaat und sahen einander mit großen Augen an. Und die Pferde im Hof standen auf und rüttelten sich; die Jagdhunde sprangen und wedelten; die Tauben auf dem Dache zogen das Köpfchen unterm Flügel hervor, sahen umher und flogen ins Feld; die Fliegen an den Wänden krochen weiter; das Feuer in der Küche erhob sich, flackerte und kochte das Essen; der Braten fing wieder an zu brutzeln; und der Koch gab dem Jungen eine Ohrfeige, daß er schrie; und

die Magd rupfte das Huhn fertig. Und da wurde die Hochzeit des Königs-
sohns mit dem Dornröschen in aller Pracht gefeiert, und sie lebten vergnügt
bis an ihr Ende.«

WW: *Kinder- und Hausmärchen – Deutsche Sagen – Altdeutsche Wälder – Geschichte der deutschen
Sprache – Deutsche Grammatik – Deutsches Wörterbuch*
A: *Grimms Märchen und Sagen. Mit Illustrationen v. Otto Ubbelohde und einem Vorwort v. Ingeborg
Weber-Kellermann. 5 Bde. in Kassette. Insel Verlag, Frankfurt a. M. 1997
Jacob und Wilhelm Grimm, Deutsches Wörterbuch. 33 Bde. Reprint der Originalausgabe. Deutscher
Taschenbuch Verlag, München 1999*
L: *Ludwig Denecke, Jacob Grimm und sein Bruder Wilhelm. J. B. Metzlersche Verlagsbuchhandlung,
Stuttgart 1971*

■ LUDWIG UHLAND

Geb. am 26. April 1787 in Tübingen
Gest. am 13. November 1862 in Tübingen

»EIN LICHT FÜHRT UNS DURCH JEDES DUNKEL«

Als der Außerordentliche Professor für deutsche Sprache und
Literatur, Ludwig Uhland, 1833 beim württembergischen
König Wilhelm I. »um Entlassung aus dem Staatsdienst«
bittet, vermerkt der auf dem Rücktrittsgesuch: »Sehr gerne!«,
und fügt hinzu: »Da er als **Professor** ganz unnütz war!« Diese
Notiz verrät einiges über des Dichters Uhland Umgang mit
den Mächtigen. Bei Würdenträgern und Amtsinhabern nämlich macht er
sich gerne unbeliebt, was auf bemerkenswerte Weise gegen die Beliebtheit
absticht, die ihn ansonsten auszeichnet: Seine Leser mögen ihn, kaufen
seine Bücher, er gilt als liebenswürdig, bescheiden, hilfsbereit und ist ein
Mann des Volkes. Sogar bei seinen Schriftstellerkollegen, die den gewöhnlichen Neid sehr wohl kennen, kommt er gut an; man kann ihm, heißt es fast
schon resignierend, »wohl niemals recht böse sein«.

Uhland stammt aus einer angesehenen Tübinger Juristenfamilie; da ist es nahe liegend, dass er zunächst einmal dem Wunsch des Vaters folgt und die Familientradition fortsetzt. Er lässt sich als **Rechtsanwalt** in seiner Heimatstadt Tübingen nieder; seine gar nicht mal heimliche Liebe gilt indes der Poesie und Dichtkunst. 1815 erscheint sein **erster Gedichtband** *Vaterländische Gesänge*, der ein erstaunlicher Publikumserfolg wird, fast 60 Auflagen erzielt und nach → *Heinrich Heines Buch der Lieder* zur meistverkauften deutschen Lyriksammlung des 19. Jahrhunderts avanciert. Als Uhland eine Sekretärsstelle im Justizministerium in Stuttgart annimmt, lernt er schnell, dass auf Seiten der Staatsmacht das herrschende Recht als **Recht des Stärkeren** ausgelegt wird. Er versucht, ausgleichend zu wirken, auf kleinem Dienstweg der großen Willkür nicht alles durchgehen zu lassen; Erfolg ist ihm dabei nicht beschieden, er handelt sich nur jenen beruflichen Ärger ein, der ihn von da an geradezu fürsorglich begleitet. Uhland jedoch kann gar nicht anders; ihn zeichnet ein ausgeprägtes Gerechtigkeitsgefühl aus, das er sich nicht abhandeln lässt. 1819 wird er in den württembergischen Landtag gewählt, dem er sieben Jahre angehört, ohne Entscheidendes bewirken zu können, da die Befugnisse der Delegierten kaum der Rede(n) wert sind. Danach betätigt er sich wieder als **Dichter und Privatgelehrter**; er schreibt (u. a.) ein Buch über → *Walther von der Vogelweide* (1822) und gibt eine umfangreiche Sammlung *Alter hoch- und niederdeutscher Volkslieder* heraus. Als die zögerliche Revolution von 1848 die Deutschen in Aufregung versetzt, kehrt Uhland noch einmal in die Politik zurück, er wird **Abgeordneter** im ersten gesamtdeutschen Paulskirchen-Parlament. Aber auch dieses zunächst hoffnungsvoll anmutende Experiment schlägt fehl; die Demokratie, die anderenorts Fortschritte erzielt hat, wird in deutschen Landen noch klein gehalten. Bis zum Schluss ist Uhland seinen Idealen treu geblieben; als man ihm den höchsten preußischen Orden umhängen will, lehnt er ab: Er möchte nicht, erklärt er umständlich, dass er mit seinen »literarischen und politischen Grundsätzen ... in unlösbaren Widerspruch« gerät, wenn er in die ihm »zugedachte, zugleich mit einer Standeserhöhung verbundene Ehrenstelle eintreten wollte«. So bleibt ihm Aufrichtigkeit und die Gewissheit, ein **Volksdichter** zu sein; manche seiner Gedichte sind bis heute so populär geblieben, dass sich einige Verszeilen sogar verselbstständigt haben (»Die linden Lüfte sind erwacht«, »Bei einem Wirte wundermild«, »Ich hatt einen Kameraden, / Einen bessern findst du nit«).

In einem seiner schönsten, nicht ganz so bekannten Gedichte (*Auf die Reise*) heißt es: »Um Mitternacht, auf pfadlos weitem Meer, / Wann alle Lichter längst im Schiff erloschen, / Wann auch am Himmel nirgends glänzt ein Stern, / Dann glüht ein Lämpchen noch auf dem Verdeck, ... Ja, wenn wir's hüten, führt durch jedes Dunkel / Ein Licht uns, stille brennend in der Brust.«

WW: Gedichte *(Frühlingsglaube – Einkehr – Auf die Reise – Die Kapelle – Der gute Kamerad – Wanderung) – Das Glück von Edenhall – Walther von der Vogelweide*
A: *Ludwig Uhland, Werke. Hg. v. Hans-Rüdiger Schwab. Insel Verlag, Frankfurt a. M. 1983*
L: *Hartmut Fröschle, Ludwig Uhland und die Romantik. Westdeutscher Verlag, Köln 1973*

■ JOSEPH VON EICHENDORFF

Geb. am 10. März 1788 auf Schloss Lubowitz (Oberschlesien)
Gest. am 26. November 1857 in Neiße

»ZÜNDEND FÜRS GANZE LEBEN«

Lange Zeit galt er als der **Gemütsmensch** unter den deutschen Dichtern, mit seinem Namen verbindet man Waldeslust, Wanderseligkeit und Andächtigkeit in freier Natur. Dass damit nicht der ganze Eichendorff gemeint sein kann, weiß man inzwischen; der Mann hatte mehr zu bieten.

Joseph von Eichendorff wächst auf Schloss Lubowitz an den Hängen des Odertals auf. Die Heimat seiner Kindheit wird er nicht vergessen; er verklärt sie sich zum Herzstück einer Geschichte, in der all die »versunknen schönen Tage« aufscheinen, die ein Mensch nur erleben kann. Aus der Ferne schaut er zurück: »Ich sehe ins Tal hinab, es ist ein so wunderbarer Abend, die Sonne ist schon untergegangen, aber der Strom leuchtet noch – da geht unsichtbar ein leises Rauschen durch den Garten. Die Blumen neigen sich leise, mich schauert – es war die Muse, die lächelnd vorüberging, Gärten und Täler beleuchtend, ich war ihr noch zu kindisch..., und ich schlummerte ein, träumend von künftigen Liedern.«

Obwohl er sich schon früh zu den Dichtern hingezogen fühlt, betreibt er nach der Schule ein nüchternes Studium, er wird **Jurist**. Seine schönste Zeit, nur ein knappes Jahr (1807/08), erlebt er in Heidelberg, damals (und womöglich noch immer?) die heimliche Hauptstadt der deutschen Romantik. Was ihm hier widerfährt, ist »Poesie« pur, »der erste Schauer des schönen, überreichen Lebens«, der sich an einem aufnahmebereiten Dichter entlädt »wie ein prächtiges, nächtliches Gewitter; hier verhüllte Abgründe, dort neue ungeahnte Landschaften plötzlich aufdeckend, und überall gewaltig, weckend und zündend fürs ganze Leben«. Wer jung ist, wer Zeit hat ohne Ende und sich begeistern lässt, kommt wie von selbst darauf: »Die Jugend ist die Poesie des Lebens..., sie ahnt hinter dem Morgenduft die wunderbare Schönheit der Welt; sie sich selbsttätig zu erobern ist ihre Freude (...) Wer einmal wahrhaft jung gewesen, der bleibt's zeitlebens.«

Der schöne Schein von Heidelberg macht Eichendorff, mit einiger Verspätung, zum Dichter. Nach der ersten juristischen Referendarprüfung nimmt er an den Befreiungskriegen teil. 1815 erscheint sein Roman *Ahnung und Gegenwart*. In Literatenkreisen ist er bekannt, aber mit seinem bescheidenen Wesen, seiner stillen Kirchengläubigkeit, die auf einen menschenfreundlichen Gott setzt, macht er zu wenig von sich her, um wirklich erfolgreich zu sein. Das gilt auch für sein sonstiges Leben: Trotz guter Examina findet er erst mit 34 Jahren, damals schon **Vater von vier Kindern**, eine auskömmliche Stellung im **Staatsdienst**. Fast dreißig Jahre müht er sich als **Beamter** ab (u. a. in Breslau, Danzig, Berlin); sein anfänglicher Ehrgeiz lässt immer mehr nach. 1826 erscheint sein bekanntestes Werk, die Novelle *Aus dem Leben eines Taugenichts;* neun Jahre später kommt die erste Gesamtausgabe seiner Gedichte heraus. 1844 quittiert er den Dienst »aus gesundheitlichen Gründen«. Dreizehn Jahre sind ihm noch vergönnt, in denen er, so als wäre das nichts, an seine Idee der wahren, unvergänglichen Jugend anschließt: »Das Herz weit und hoffnungsreich, das Auge frei und fröhlich, ernste Treue erfrischend über mein ganzes Wesen, so ist mein Sein, ich möchte fast sagen, mein Verliebtsein in die unvergänglich jungfräuliche Schöne des reichen Lebens. Meine einzige Bitte zu Gott ist: Laß mich das ganz sein, was ich sein kann.«

Die »Poesie des Lebens« ist kein Programm, das man sich, einmal in Stimmung gebracht, zurechtlegen kann – »es ergreift uns, ehe wir darüber sprechen«. Auf dem Grund unseres Erlebens verliert sich das Einmalige, es setzen heimliche Wiederholungen ein: Sehnsucht und Glück, Liebe und Leid, Aufbruch und Heimkehr, zu guter Letzt Leben und Tod. Eichendorff hat dem Menschen eine **traumwandlerisch sichere Existenz** zugedacht, die unter höherer Aufsicht steht, für das Wundersame jedoch selbst zuständig ist: »Schläft ein Lied in allen Dingen, / Die da träumen fort und fort, / Und die Welt hebt an zu singen, / Triffst du nur das Zauberwort.«

Ein sehnsüchtiges Lied schrieb der Dichter Eichendorff seinem Glück, und es will gar nicht enden: Himmelstürmend und erdnah ist dieses Glück; sanft und wehmütig, weil es beständig vergeht. Es zerreißt uns das Herz, wenn es will, und lädt ein, das Leben von Grund auf, ohne Einwand, zu führen. Vergänglichkeit, anerkannt und für wahr genommen, ist nie ganz jenseitig; sie webt mit am Diesseitsgeschehen. In Eichendorffs 1834 erschienenem Roman *Dichter und ihre Gesellen* findet sich das dazugehörige Bekenntnis: »Er sann lange nach ..., sang immerfort ein längst verklungenes Lied leise in sich hinein, ohne zu wissen, woher der Nachhall kam. Da fiel es ihm plötzlich aufs Herz: wie in Heidelberg lagen die Häuser da unten zwischen den Gärten und Felsen und Abendlichtern, wie in Heidelberg rauschte der Strom aus dem Grunde, und der Wald von allen Höhen! So war er als Student manchen lauen Abend sommermüde von den Bergen heimgekehrt und hatte über die Feuersäule, die das Abendrot über den Neckar warf, in die duftige Talferne gleichwie in sein künftiges, noch ungewisses Leben hinausgeschaut ... Wo wären wir denn aufgewacht aus den sogenannten Träumen? Was hätte sich denn seitdem verändert? Aurora scheint noch so jung über die Berge wie damals, die Erde blüht alljährlich wieder bis ins fernste, tiefste Tal – warum sollte denn unsere unsterbliche Seele, die all den Plunder überdauert, allein alt werden? ... Als hätte der Mensch nicht auch die höhere Pflicht, sich auf Erden auszumausern und die schäbigen Flügel zu putzen zum letzten, großen Fluge nach dem Himmelreich, das … nicht wie ein Wirtshaus an der breiten Landstraße liegt, sondern treu und ernstlich und mit ganzer, ungeteilter Seele erstürmt sein will …«

WW: Gedichte *(Wünschelrute – Frische Fahrt – Der frohe Wandersmann – Zwielicht – Nachts – Sehnsucht – Abschied – Der Morgen – Der Abend – Die Nacht – Lockung – Das zerbrochene Ringlein – Nachtzauber – Der alte Garten – Weihnachten – Nachtfeier – Der Jäger Abschied).* – Romane und Erzählungen *(Ahnung und Gegenwart – Das Marmorbild – Aus dem Leben eines Taugenichts – Viel Lärmen um nichts – Dichter und ihre Gesellen – Das Schloss Dürande).* – Essays *(Zur Geschichte der neueren romantischen Poesie in Deutschland – Die geistliche Poesie in Deutschland)*
A: *Joseph von Eichendorff, Werke in sechs Bänden. Hg. v. Wolfgang Frühwald u. a. Deutscher Klassiker Verlag, Frankfurt a. M. 1985 ff.*
Von versunknen schönen Tagen. Ein Eichendorff-Lesebuch. Hg. v. Otto A. Böhmer. Deutscher Taschenbuch Verlag, München 1987
L: *Paul Stöcklein, Eichendorff. Rowohlt Taschenbuch Verlag, Reinbek 1963*
Günther Schiwy, Eichendorff. Verlag C. H. Beck, München 2000

■ FRANZ GRILLPARZER

Geb. am 15. Januar 1791 in Wien
Gest. am 21. Januar 1872 in Wien

»EINES NUR IST GLÜCK HIENIEDEN«

Heute sind Schriftsteller, die nur Schriftsteller sind und auch davon leben, nichts Seltenes mehr; wer dem Literaturbetrieb und dem Bücherberg, den dieser produziert, sehr kritisch gegenübersteht, behauptet sogar, dass es *zu viele* Schriftsteller gibt, die zu viel schreiben. Zu viel schreiben kann allerdings auch ein Dichter, der einen Brotberuf hat, von dem er sich nicht ausgefüllt wähnt, sodass er, unter stolzer Vernachlässigung seines Haupterwerbs, hurtig und unerbittlich vor sich hin schreibt und damit ebenfalls zur allgemeinen Vermehrung der Schriftsätze beiträgt.

Franz Grillparzer war ein Autor, der noch in einer Zeit lebte, in der der **Nebenerwerbsliterat** eher als Regel denn als Ausnahme galt und sich glücklich schätzen durfte, wenn er eine Beschäftigung in Staatsdiensten oder am Fürstenhof fand, die ihm sein Auskommen sicherte. Allerdings ist ein geregeltes Berufsleben, damals wie heute, selten spannend, und die Dichter haben denn auch gerne geklagt, dass ihnen Kreativität und Fantasie abgetötet würden und ihr einst stolzes künstlerisches Ich unter Aktenstaub und buckelnder Dienstbarkeit bis zur Unkenntlichkeit verkümmere.

Grillparzer macht da keine Ausnahme: Vierundzwanzig Jahre amtiert er, in einer Zeit, die ohnehin bleiern anmutet und hinter jeder Kritik aufmüpfige Tendenzen wittert, als **Direktor des Wiener Hofkammerarchivs**. In deutschen Landen herrscht der Geist des Restaurationskanzlers Metternich, der zwar ein kluger Mann ist, seine Intellektuellen aber, die der alten Ordnung ablehnend gegenüberstehen, für verzichtbar hält und durch Zensurbehörden überwachen lässt. In seinem Theaterstück *Alpenszene* (1838) hat Grillparzer ebendiesen Konservativkanzler Joseph von Metternich mit geordnetem Versmaß attackiert: »Der Falsch und Wahr nach seinem Sinne bog, / Zuerst die andern, dann sich selbst belog, / Vom Schelm zum Toren ward bei grauem Haupte, / Weil er zuletzt die eignen Lügen glaubte.«

Grillparzer hielt es mit sehr gegensätzlichen Wünschen und Hoffnungen: Er war dafür, bürgerliche Freiheiten zu gewähren, wenn sie dem Großen und Ganzen dienten, wollte aber zugleich an der Habsburger Monarchie festhalten; er setzte, schon von Hauptberufs wegen, auf Verstand und Ordentlichkeit, spürte aber, ihn oftmals »überstürzend und überschwemmend«, die mächtigen **Verführkräfte von Fantasie und Sinnlichkeit**. Dagegen hatte er anzugehen, ein Leben lang; er zwang sich ins Hofkammerarchiv und fand Erholung eigentlich nur auf den Reisen, die er sich gelegentlich gönnte. Auch im Schreiben ging er kaum je aufs Ganze; seine Helden sind in der Regel keine Helden, sondern werden von einer übermächtigen Wirklichkeit in Beschlag genommen oder geraten ins **Groteske und manisch Penible** (so etwa in der Novelle *Der arme Spielmann*, 1847, die von einem unbegabten Musiker erzählt, der sich in seinem staubtrockenen Geniewahn verstrickt und dabei zur tragikomischen Nummer wird).

Vielleicht hätte Grillparzer eine schöne, nachhaltige Liebesgeschichte helfen können, aber auch die war ihm nicht vergönnt; lange, viel zu lange hängt er an seiner Mutter, die sich sogar umbringt; danach reicht es nur noch zu einer **Dauerverlobung** mit einem **Fräulein Kathi Fröhlich**, die ihn aber nicht fröhlich(er) macht. Als ihm trotzdem noch eine Komödie gelingt (*Weh dem, der lügt!*, 1838), die vielleicht sein leichtestes und anmutigstes Werk ist, beim Publikum jedoch durchfällt, ist Grillparzer anhaltend beleidigt, er zieht sich zurück. Im Alter erinnert man sich wieder an ihn und versorgt ihn mit hohen Ehrungen; richtig versöhnt hat ihn das nicht mehr. Einen Trost gibt es, wenn man denn nicht unangefochten gottesgläubig ist, nur in der Selbstgenügsamkeit: »Eines nur ist Glück hienieden, / Eins: des Innern stiller Frieden.« Aber auch da darf man nicht gewiss sein, denn »der Himmel, sternenlos / starrt aus leeren Augenhöhlen / in das ungeheure Grab / schwarz hinab.«

WW: Theaterstücke (*Die Ahnfrau – Die Jüdin von Toledo – Traum ein Leben – König Ottokars Glück und Ende – Weh dem, der lügt!*). – Prosa (*Der arme Spielmann – Selbstbiographie*)
A: *Franz Grillparzer, Die Dramen. Hg. v. Helmut Bachmaier. Deutscher Klassiker Verlag, Frankfurt a. M. 1991*
Franz Grillparzer, Selbstbiographie. Residenz Verlag, Salzburg 1992
L: *Helmut Bachmaier, Grillparzer. Residenz Verlag, Salzburg 1980*

■ ANNETTE VON DROSTE-HÜLSHOFF

Geb. am 10. Januar 1797 auf Schloss Hülshoff (bei Münster)
Gest. am 24. Mai 1848 in Meersburg (am Bodensee)

»SELTSAMES, SCHLUMMERNDES LAND!«

Sie war sehr klein und sehr zierlich, sie konnte sehr traurig und sehr witzig sein, das Fräulein von Droste-Hülshoff, das im weit verzweigten Familienkreis, einem westfälischen Adels-clan, in dem Klatsch und Tratsch blühten, auch schon mal »Nette« oder »Nettchen« genannt wurde. Dass Annette nett war, hätte fast jeder der Freunde und Anverwandten unterschrieben; sie war sogar so nett, dass sich daraus eine Art Tarnung, eine **produktive Unschein-barkeit** ergab, die das Leben erleichterte. Und doch hatte die unscheinbare Annette, die sich bei Gelegenheit zu einem Ehrgeiz aufschwingen konnte, den ihr kaum einer zutraute, einen handfesten Wunschtraum; im Sommer 1843 schreibt sie an ihre Freundin Elise Rüdiger: »Wenn ich sehe, wie so alles durcheinander krabbelt, um berühmt zu werden, dann kömmt mich ein lei-ser Kitzel an, meine Finger auch zu bewegen. Geduld! Geduld! Aber wenn ich dann wieder sehe, wie kaum einer den Kopf über dem Wasser hat, daß schon ein anderer hinter ihm einen Zoll höher aufduckt und ihn nieder-drückt ..., kurz, die Zelebritäten einander auffressen und neu generieren wie Blattläuse, dann scheint mir's besser, die Beine auf dem Sofa zu strecken und mit halbgeschlossenen Augen von Ewigkeiten zu träumen ... Ich mag und will jetzt nicht berühmt werden, aber nach hundert Jahren möchte ich gelesen werden, und vielleicht gelingt's mir, da es im Grunde so leicht ist wie Kolumbus' Kunststück mit dem Ei und nur das entschlossene Opfer der Gegenwart verlangt.«

Der Wunsch ging in Erfüllung; die Droste wurde nach hundert Jahren ge-lesen, und man gönnt ihr, sollten die **dichterischen Qualitätsmerkmale** zwi-schenzeitlich nicht ganz in Vergessenheit geraten, sogar noch eine Zugabe von weiteren hundert Jahren, in denen die Leser diesem Adelsfräulein, das zart besaitet wirkte und doch so fein derb sein konnte, die Treue halten.

Annette von Droste-Hülshoff wächst im Münsterland auf; ihr Geburtshaus Schloss Hülshoff ist eine jener Wasserburgen, die heute zur Folklore des Landes gehören und das Landschaftsbild prägen. Das Münsterland ist eine träumerische Region, hier kann man schwermütig werden und zugleich heiter sein; die Ferne ist nah, der Blick findet wohltuende Grenzen. Die Droste, so wird sie später der Einfachheit halber genannt, hat ihre Heimat oft und gern gewürdigt, vorzugsweise mit Witz; in einem leider unvollendet gebliebenen **Prosastück** mit dem schönen Titel *Bei uns zulande auf dem Lande* wird das Münsterland so beschrieben: »Seltsames, schlummerndes Land! so sachte Elemente! so leiser, seufzender Strichwind! so träumende Gewässer! so kleine friedliche Donnerwetterchen ohne Widerhall! und so stille, blonde Leutchen, die niemals fluchen, selten singen oder pfeifen, aber denen der Mund immer zu einem behaglichen Lächeln steht, wenn sie unter der Arbeit nach jeder fünften Minute die Wolken studieren und aus ihrem kurzen Stummelchen gen Himmel schmöken, mit dem sie sich im besten Einverständnisse fühlen.« Erst mit 23 gerät sie an die Liebe; es sind gleich zwei Verehrer, die sich um sie bemühen. Um das Verfahren, das ihr recht zäh vorkommt, abzukürzen, will sie die Sache selbst in die Hand nehmen und sich dem Mann erklären, den sie für den passenden Kandidaten hält; das jedoch wird in den dämmrigen Adelskreisen, in denen sie sich bewegt, als verfrühte Emanzipation ausgelegt; man zieht über sie her und bedenkt sie mit bösartigen Gerüchten. Annette ist enttäuscht und verschreckt; von der Liebe, überhaupt von den Gefühlen zieht sie sich zurück. 1838 erscheint ihr **erster Gedichtband**, wird ein **Misserfolg**, erhält jedoch zwei jubelnde Besprechungen, die die Autorin indes richtig einzuordnen weiß: »Beide waren brillant genug, wollen aber doch die Tür nicht zutun, da die eine von einem Frauenzimmer, die andere von einem Bekannten ist.« Als Annette bereits für ein ältliches Fräulein gehalten wird, verliebt sie sich noch einmal; sie macht das dezent, und doch ist ihr wieder kein Glück beschieden: **Levin Schücking** heißt der junge Mann, für den sie sich interessiert und den sie schon länger kennt; er ist charmant, sieht nicht schlecht aus, er schätzt die Literatur, ja, er wird sogar selber zum Schriftsteller, aber es gibt bei all dem ein kleines Problem: Schücking ist siebzehn Jahre jünger als die

Droste, sie könnte seine Mutter sein. In mütterliche Gefühle, die sie ironisch zu kommentieren versteht, verkleidet sie denn auch ihre Liebe, die sie wie einen Privatschatz hütet; Kommentare sind unerwünscht. 1841 beendet die Dichterin ihr bis heute **bekanntestes Werk**, die Novelle *Die Judenbuche (Ein Sittengemälde aus dem gebirgichten Westfalen);* sie zieht zu ihrer Schwester Jenny, die einen kauzigen Gelehrten namens Joseph von Lassberg geheiratet hat und auf der Meersburg am Bodensee lebt. Dort ist ihr eine schöne Zeit vergönnt, die noch schöner wird, als Schücking nachkommt, dem die Droste, mit List, eine Bibliothekarsstelle bei Lassberg verschafft, obwohl der eigentlich gar keinen Bibliothekar braucht. Von der Liebe, die nach wie vor geheimgehalten wird und einer unverfänglichen Außendarstellung bedarf, lässt sie sich inspirieren; jetzt schreibt sie ihre besten, auch ihre **wehmütigsten Gedichte**, in denen die Heiterkeit wie ein zufällig verabreichtes Geschenk ist, das jederzeit zurückgefordert werden kann. Ihr Glück, weiß sie, kann nicht auf Dauer sein; es ist ein Glück auf Zeit, und die Zeit vergeht immer schneller. Schücking verehrt sie mehr, als dass er sie liebt – und sie selbst kommt in die Jahre, in denen der Mensch, auch weil er alt wird, die endgültige Bescheidenheit einübt. In dem Gedicht *Die Schenke am See,* das einem malerisch gelegenen Ausflugslokal gewidmet ist, in dem das Paar auf seinen Spaziergängen gerne einkehrte, lässt die Dichterin anklingen, wie unterschiedlich man auch das Unschein 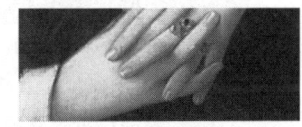 bare sehen kann, je nachdem, ob man noch jung ist oder sich schon, altersnah, zur Resignation anhält: »Sieh drunten auf dem See im Abendrot / Die Taucherente hin und wieder schlüpfend; / Nun sinkt sie nieder wie des Netzes Lot, / Nun wieder aufwärts mit den Wellen hüpfend; / Seltsames Spiel, recht wie ein Lebenslauf! / Wir beide schaun gespannten Blickes nieder; / Du flüsterst lächelnd: immer kömmt sie auf! – / Und ich, ich denke: immer sinkt sie wieder!«

Schücking bleibt nur ein knappes halbes Jahr auf der Meersburg, dann zieht er weg und wird Hauslehrer bei einem Fürsten Wrede in Franken. Wenig später heiratet er; die Droste gratuliert und empfängt das Ehepaar Schücking auf der Meersburg. Sie macht gute Miene zum bösen Spiel; dass sie verletzt ist, mag sie sich nicht eingestehen. 1846 findet sie einen Anlass, mit Schücking zu brechen, er hat ihr Vertrauen missbraucht, meint sie, und Indiskretionen begangen. Ihre Liebe ist nur noch schmerzliche Erinnerung; die Droste erkrankt und wird sich nicht mehr erholen. Die Gedanken heben jetzt gerne ab ins Endgültige und Überirdische. Jede Bewegung indes kostet Kraft. Von dem Zeitenumbruch, der Revolution, die sich draußen im Land vorbereitet, bekommt das Adelsfräulein von Droste-Hülshoff nicht mehr viel mit; Politik als Tagesgeschäft und Verbesserungsbetrieb hat ihr ohnehin nichts bedeutet. Am 20. Juli 1847, da hat Annette noch elf Monate zu leben, schreibt sie aus ihrem **Turmzimmer auf der Meersburg**, das sie, des Licht-widerscheins wegen, der manchmal vom See her aufblitzt, ihre »Spiegelei« nennt, an die alte Freundin Elise Rüdiger: »Jetzt ist es fast ein Jahr, daß ich meine Spiegelei nicht anders verlasse, als um bis zur grünen Bank auf dem Hofe zu schleichen. Mein Gehen ist so gut wie gar nichts mehr. Schreiben bringt mich nach wenigen Zeilen einer Ohnmacht nahe. Lesen darf ich nur mit größter Vorsicht... Ich bin jede Stunde bereit und meinem Schöpfer sehr dankbar, dass er mir durch das beständige Gefühl der Gefahr eine voll-kommene Befreundung mit dem Tode gegeben hat.«

Annette von Droste-Hülshoff ist eine Dichterin, die sich mehr noch als in ihren Werken in ihrem Leben verborgen gehalten hat. Das macht beide, die Dichterin und die Werke, wunderbar rätselhaft und verleiht ihnen einen persönlichen Schimmer, der noch immer über den Landschaften liegt, in denen sie sich zu Hause wähnte. Wer aufmerksam umherzieht, im Münster-land etwa oder am Bodensee, kann davon etwas mitbekommen. Zu entde-cken ist noch die **Briefschreiberin** Droste-Hülshoff; in ihren Briefen nämlich war sie am besten. Am 4. Mai 1842 schrieb sie an Schücking, der sie verlassen hatte: »Hör, Kind! Ich gehe jeden Tag den Weg nach Haltenau, setze mich auf die erste Treppe, wo ich Dich zu erwarten pflegte, und sehe, ohne Lorgnette, nach dem Wege bei Vogels Garten hinüber. Kommt dann jemand, was jeden Tag ein paar Mal passiert, so kann ich mir, bei meiner Blindheit, lange ein-bilden, Du wärst es, und Du glaubst nicht, wie viel mir das ist... Gott, was können ein paar Monate alles mitnehmen. Ich habe wohl recht, an jedem Neujahrstage zu schaudern. Man findet zwar in jedem Jahr wohl etwas

Gutes und Ungeahndetes ... Aber, weiß Gott, man verliert auch, was einen ganz niederdrücken würde, wenn man es ... vorauswüsste ... Aber man kann doch ungeheuer viel ertragen, wenn es allmählich kommt, und man arbeitet sich durchs Leben ..., ungefähr wie durch einen Winter, wenn's mit dem Sommer ab und alle ist.«

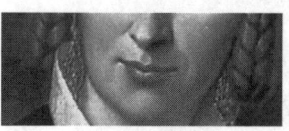

WW: Gedichte *(Der Knabe im Moor – Im Moose – Am Turme – Die Schenke am See – An Levin Schücking – Die Taxuswand – Das Spiegelbild – Mondesaufgang – Im Grase – Durchwachte Nacht – Das öde Haus – Am vierten Sonntag im Advent – Am letzten Tag des Jahres – Letzte Worte).* – Prosa *(Die Judenbuche – Das Geistliche Jahr)*

A: *Annette von Droste-Hülshoff, Sämtliche Werke. Hg. v. Günther Weydt und Winfried Woesler. Winkler Verlag, München 1973*
(Einzelne Titel auch als Taschenbuch-Ausgaben)
Annette von Droste-Hülshoff, Die Briefe. Hg. v. Karl Schulte Kemminghausen. Wissenschaftliche Buchgesellschaft, Darmstadt 1968
Annette von Droste-Hülshoff, Bei uns zulande auf dem Lande. Hg. v. Otto A. Böhmer. Insel Verlag, Frankfurt a. M. 1983

L: *Peter Berglar, Droste-Hülshoff. Rowohlt Verlag, Reinbek 1967*
Winfried Freund, Annette von Droste-Hülshoff. Deutscher Taschenbuch Verlag, München 2000
Walter Gödden, Die andere Annette. Annette von Droste-Hülshoff als Briefschreiberin. Ferdinand Schöningh Verlag, Paderborn 1991

■ HEINRICH HEINE

Geb. am 13. Dezember 1797 in Düsseldorf

Gest. am 17. Februar 1856 in Paris

»PHANTASTISCH / ZWECKLOS IST MEIN LIED«

Dichter sind kritische Menschen; meist richtet sich ihre Kritik mehr gegen die Umstände, die Kollegen, die Ignoranz in der Welt als gegen sich selbst. Dass Dichter sich in Einverständigkeit üben, kommt fast gar nicht vor; eine unterschwellige Unzufriedenheit gehört zum literarischen Geschäft, das man zumachen könnte, wenn die Beteiligten ihr Genügen darin fänden, den bestehenden Verhältnissen zu applaudieren. Der Dichter Heinrich Heine, der eigentlich Harry Heine hieß, war ein **Künstler der Kritik**, die er, wenn ihm danach war, in Poesie umsetzte. Dabei befeuerte ihn die Gewissheit, in einer Zeitenwende zu leben: »Um meine Wiege spielten die letzten Mondlichter des achtzehnten und das erste Morgenrot des neunzehnten Jahrhunderts.« Die deutsche Klassik, für die vor allem → *Goethe* und → *Schiller* stehen, stellte ihren Betrieb ein, weil ihr der Nachwuchs fehlte; die deutsche Romantik eines → *Novalis,* → *Brentano,* → *Eichendorff,* → *Tieck,* »eine somnambule Periode des Liedes, der stillern Gemüthsblume«, hatte »ein Ende«, weil nichts mehr so romantisch war, wie es einmal gesehen wurde. Heine begreift sich als Dichter des Übergangs: »Das letzte freie Waldlied der Romantik« ist »verklungen«, nun macht sich »die selbsttrunkenste Subjektivität, die weltentzügelte Individualität, die gottfreie Persönlichkeit mit all ihrer Lebenslust … geltend«, ein Prozess, der möglicherweise bis auf den heutigen Tag angehalten hat.

Heine kommt als Sohn eines jüdischen Kaufmanns zur Welt. Nach dem Besuch des Gymnasiums in Düsseldorf soll er selbst Kaufmann werden. Er macht eine Lehre in Frankfurt und Hamburg; sein reicher Onkel Salomon richtet ihm ein Geschäft ein, das jedoch diskret Konkurs anmelden muss. 1819 beginnt Heine ein Jurastudium in Bonn. 1825 promoviert er zum **Doktor der Rechte** in Göttingen und tritt zum protestantischen Glauben über: »Der

Taufzettel ist das Entreebillet zur europäischen Kultur.« Zur europäischen Kultur zieht es Heine tatsächlich; er ist gegen »patriotische Engsinnigkeit« und hofft darauf, »daß täglich mehr und mehr die törichten Nationalvorurteile verschwinden«. Schließlich sollen, und das sehen heutige EU-Politiker genauso, »keine Nationen mehr« sein, nur noch »Menschen«, denen es »ein wundersamer Anblick ist«, wie sie sich »trotz der mannigfaltigen Farben ... sehr gut erkennen, und trotz der Sprachverschiedenheiten ... sehr gut verstehen«. Am Ende war »das Nationalgefühl ... nur Mittel zum Zweck«, es hatte »keine so große Zukunft wie jenes Bewußtsein des Weltbürgertums, das von den edelsten Geistern des 18. Jahrhunderts proklamiert worden und früh oder spät, aber auf immer, auf ewig zur Herrschaft gelangen muß«.

Nach der Promotion beginnt Heine ein **unruhiges Wanderleben**, von dem (u.a.) auch seine mehrbändigen *Reisebilder* (1826 ff.) erzählen. Von April bis August 1827 ist er in Italien, fährt dann nach London, wo es ihm nicht gefällt: England, den fortgeschrittensten Industriestaat der damaligen Zeit, sieht er vom Geld regiert, das zum »Gott der ganzen Welt« wird, wie er, nicht ganz falsch, prophezeit, »ein allmächtiger Gott, den selbst der verstockteste Atheist keine drei Tage lang verleugnen könnte«. 1827 erweist sich überhaupt als ein wichtiges Jahr: Sein *Buch der Lieder* erscheint, das zu seinen Lebzeiten dreizehn Auflagen erfährt und ihn endgültig zum bekannten Autor macht. Heines Versuch, eine Professur für Literaturgeschichte an der Universität München zu bekommen, scheitert. Er bleibt auf die Unterstützung durch seinen Onkel, Salomon Heine, angewiesen.

1831 lässt er sich in Paris nieder. Dort betätigt er sich als **Journalist** und Autor, schreibt für die Augsburger *Allgemeine Zeitung* und französische Blätter. Er wird zum **Vermittler von deutscher und französischer Kultur**, was zumindest mit Blick auf die Deutschen, deren Bundestag Heines Schriften 1835 verbieten lässt, nicht ganz einfach ist; trotzdem glaubt er daran, daß seine »pacifike Mission, die Völker einander näher zu bringen«, gelingt. Einen der Unterschiede in der Mentalität von Deutschen und Franzosen, einen nicht ganz unwesentlichen, beschreibt Heine so: »Der Patriotismus des Franzosen besteht darin, daß sein Herz erwärmt wird, durch diese Wärme sich ausdehnt, sich erweitert, daß es nicht mehr bloß die nächsten

Angehörigen, sondern ganz Frankreich, das ganze Land der Zivilisation, mit seiner Liebe umfaßt; der Patriotismus des Deutschen hingegen besteht darin, daß sein Herz enger wird, daß es sich zusammenzieht wie Leder in der Kälte, daß er das Fremdländische haßt, daß er nicht mehr Weltbürger, nicht mehr Europäer, sondern nur ein enger Teutscher sein will.«

War er zuvor noch als **freiheitsliebender Liberaler** aufgetreten, so nähert sich Heine in Paris der Linken an. Er lernt Karl Marx kennen, wird mit der Gedankenwelt der Frühsozialisten vertraut. Freiheit, die er zuvor als »neue Religion, als Religion unserer Zeit« begrüßt hatte, erscheint ihm jetzt nur in jenen Zeiten »sehr heilsam ... und notwendig«, in denen »der größte Teil der Menschen in Elend lebte und sich mit der himmlischen Seligkeit vertrösten mußte«. Im Zeitalter der einsetzenden industriellen Revolution hingegen bekommt Freiheit einen anderen Inhalt: Sie zielt nicht mehr auf abstrakte oder jenseitige Rechte, sondern soll zur Lebenssicherung des Volkes beitragen, da es »durch die Fortschritte der Industrie und der Ökonomie ... möglich geworden« ist, »die Menschen aus ihrem materiellen Elende herauszuziehen und auf Erden zu beseligen«.

In der Theorie ist Heine ein **großer Volksfreund** gewesen, in der Praxis hält er lieber Abstand. Vielleicht hat das auch mit seiner Krankheit zu tun, die ihn zunehmend quält: Seit 1832 leidet er an einer rätselhaften Rücken-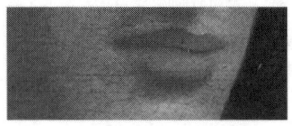markserkrankung, die ihm erst Migräne, Sehstörungen, Bewegungsausfälle, dann fortschreitende Lähmung bringt. Von 1848 ist er ans Bett gefesselt, er bezieht seine »Matratzengruft«. Von dort aus sieht er manches anders, er wird vorsichtiger, distanzierter, aber »das alte Ungetüm lebt noch immer, es zögert noch immer, den großen Todessprung zu machen«. »Daß der Atheismus ein mehr oder minder geheimes Bündnis ... mit dem schauderhaft nacktesten, ganz feigenblattlosen, kommunen Kommunismus (geschlossen)« hat, stellt er nun fest und befürchtet fatale Folgen: »... Wir können uns nimmermehr verhehlen, wessen wir uns zu gewärtigen haben, sobald die große rohe Masse, welche die einen das Volk, die andern den Pöbel nennen, und deren legitime Souveränität bereits längst proklamiert worden, zur wirklichen Herrschaft käme. Ganz besonders empfindet der

Dichter ein unheimliches Grauen vor dem Regierungsantritt dieses täppischen Souveräns ... Die **reinliche, sensitive Natur** des Dichters sträubt sich gegen jede persönlich nahe Berührung mit dem Volke, und noch mehr schrecken wir zusammen bei dem Gedanken an seine Liebkosungen, vor denen uns Gott bewahre! Ein großer Demokrat sagte einst, er würde, hätte ein König ihm die Hand gedrückt, sogleich seine Hand ins Feuer halten, um sie zu reinigen. Ich möchte in derselben Weise sagen: ich würde meine Hand waschen, wenn mich das souveräne Volk mit seinem Händedruck beehrt hätte.«

Unter den deutschen Dichtern, zu deren bekanntesten er unangefochten zählt, gehört Heine zu den **Stilisten**, der mit Sprache kunstvoll umzugehen weiß und das Schwerfällige nur vom Hörensagen kennt. Seine Poesie ließ er nicht hinterfragen, ihr Prinzip ist freie Verspieltheit: »Traum der Sommernacht! Phantastisch / Zwecklos ist mein Lied. Ja, zwecklos / Wie die Liebe, wie das Leben; / Wie der Schöpfer samt der Schöpfung!« Einige seiner Gedichtzeilen haben sich ins allgemeine Gedächtnis eingegraben und sind von dort nicht mehr wegzudenken: »Ich weiß nicht, was soll es bedeuten«, »Denk ich an Deutschland in der Nacht, / Dann bin ich um den Schlaf gebracht«, »Im wunderschönen Monat Mai« oder »O, wie ist es kalt geworden«. Er selbst dachte nicht gering von sich: »Was mich aufrecht hält, ist der Stolz der geistigen Obermacht, der mir angeboren ist, und das Bewußtsein, daß kein Mensch in der Welt mit wenigen Federstrichen sich gewaltiger rächen könnte als ich, für alle offene und geheime Unbill, die man mir zufügt.« Mit seinem Witz, seinem Sarkasmus, mit der Lust, sich auch an Gegnern zu reiben, von denen er wusste, dass sie ihm nicht gewachsen waren, machte er sich nicht nur Freunde: »Ich gestehe, ich habe manchen gekratzt, manchen gebissen, und war kein Lamm. Aber glaubt mir, jene gepriesenen Lämmer der Sanftmut würden sich minder frömmig gebärden, besäßen sie die Zähne und die Tatzen des Tigers.«

Dass man über den Dichter Heine durchaus geteilter Meinung sein kann, daran hat sich bis heute nichts geändert. Für den Schriftsteller → *Karl Kraus*, den selbsternannten Sicherheitschef der deutschen Sprache, galt Heine als **Erfinder des Feuilletonismus**, jener Variante journalistischer

Ernsthaftigkeit, die ihre Ernsthaftigkeit bestenfalls simuliert. Heine habe, so Kraus, »der deutschen Sprache so sehr das Mieder gelockert«, »daß heute alle ... an ihren Brüsten fingern können«. Der Philosoph Friedrich Nietzsche, auch er ein empfindlich kritischer Mensch, war ganz anderer Meinung: »Den **höchsten Begriff vom Lyriker** hat mir Heinrich Heine gegeben. Ich suche umsonst in allen Reichen der Jahrtausende nach einer gleich süßen und leidenschaftlichen Musik. Er besaß jene göttliche Bosheit, ohne die ich mir das Vollkommene nicht zu denken vermag ...« Nicht nur Heines feine Bosheit bleibt zu rühmen, (»Der dramatische Dichter, der es versteht, Tränen zu entlocken: Dieses Talent hat auch die kümmerlichste Zwiebel, mit dieser teilt er seinen Ruhm«) auch sein Realismus, mit dem er den Literaturbetrieb sah: »Die Autoren sterben und ihre Bücher altern. Es ist ein schlechtes Geschäft, das wir treiben; unsere Schriften, unser Geisteserwerbnis, verschlechtert sich jedes Jahr, während bei jedem anderen Gewerbe das Kapital sich jährlich verbessert durch Kumulation der Zinsen.«

WW: Gedichte (*Die Grenadiere – Belsazar – Wahrhaftig – Im wunderschönen Monat Mai – Aus meinen Tränen – Auf Flügeln des Gesanges – Die Welt ist dumm – Ein Jüngling liebt ein Mädchen – In mein gar zu dunkles Leben – Ich weiß nicht, was soll es bedeuten – Mein Herz, mein Herz ist traurig – Du bist wie eine Blume – Leise zieht durch mein Gemüt – Donna Clara – Abenddämmerung – Sturm – Seegespenst – Fragen – Ein Fräulein stand am Meere – Ich hatte einst ein schönes Vaterland – Nachtgedanken – Zur Beruhigung – Caput – Die schlesischen Weber – Die Wanderratten – Das Sklavenschiff – Doktrin – Weltlauf – Rückschau – Enfant perdu*). – Erzählende Prosa (*Aus den Memoiren des Herrn Schnabelewopski – Florentinische Nächte – Der Rabbi von Bacharach – Memoiren*). – Essays (*Die deutsche Literatur – Zur Geschichte der Religion und Philosophie in Deutschland – Die romantische Schule – Ludwig Börne. Eine Denkschrift*)
A: *Heinrich Heine, Sämtliche Schriften. Hg. v. Klaus Briegleb. Carl Hanser Verlag, München 1968ff.* (Auch als Taschenbuchausgabe bei dtv erhältlich)
L: *Wolfgang Hädecke, Heinrich Heine. Eine Biographie. Carl Hanser Verlag, München 1985*
Wilhelm Große, Heinrich Heine. Reclam Verlag, Stuttgart 2000

■ EDUARD MÖRIKE

Geb. am 8. September 1804 in Ludwigsburg

Gest. am 4. Juni 1875 in Stuttgart

»HERBSTKRÄFTIG DIE GEDÄMPFTE WELT«

Es gibt Menschen, die sich in die Gemütlichkeit zurückziehen, worum sie mancher beneidet, der umhergetrieben wird, aber die Gemütlichkeit schaut nicht immer gemütlich aus, sie hat auch ein verzweifeltes Gesicht. Die andere Seite der Gemütlichkeit ist die Unruhe, ein unnachgiebiges, kaum zu belangendes Gefühl, das wie Treibsand durch die Seele weht. Daran kann man krank werden oder zumindest glauben, krank zu werden.

Dem Dichter Eduard Mörike, der sich im Hauptberuf als **nicht sehr glaubensfester Pfarrer** durchzuschlagen hatte, ging es so: In einer Zeit, die man später als Biedermeier bezeichnet, lebt er biedermeierlich, aber er ist nicht glücklich und ruht nicht in sich selbst. Sein Leben lang leidet er unter Anforderungen, die er nicht erfüllen kann. Gegen Anfechtungen von außen, auch solchen, die der Liebe gelten, weiß er sich nicht recht zu wehren; er flieht in eingebildete Krankheiten oder wählt jene etwas gesündere (?) Form der Einbildung, aus der sich Literatur abschöpfen lässt. Der Schüler Mörike ist bestenfalls mittelmäßig; er studiert Theologie und hofft, als Geistlicher mit geringem Dienstaufwand ein regelmäßiges Einkommen zu erzielen. 1826 macht er Examen; die Jobsuche gestaltet sich schwierig. Er wird auf verschiedene **ländliche Vikariatsstellen** im Schwäbischen gesteckt; eine ältere, überaus fromme Schwester (Mörike hat insgesamt zwölf Geschwister, die teilweise seinen Hang zum Unglücklichsein teilen) versucht ihn zu bevormunden, seine jüngere Schwester Klara führt ihm den Haushalt und intrigiert gegen die wenigen Liebesbeziehungen, die ihn erschüttern. Schließlich, als er in Cleversulzbach (bei Heilbronn) Pfarrer geworden ist, der sich mit dem Predigen schwer tut, wohnt sogar noch die Mutter Charlotte Mörike (ebenfalls eine Pfarrerstochter) mit im Haus. 1851, da ist er schon pensioniert, wagt er doch noch den Sprung in die Ehe, bekommt zwei Töchter und ist am

Ende seines Lebens so klug als wie zuvor. Nur als Dichter konnte Mörike den Zwängen, denen er sich ausgesetzt sah, ansatzweise entfliehen. In seinen **bekanntesten Werken** *Mozart auf der Reise nach Prag* (1855) und *Maler Nolten* (1832) geht es um die Verstrickung des Einzelnen in ein Schicksal, das Herausforderung und Verfügungsbeschluss in einem ist; behaupten kann sich nur der, der die Gunst der Stunde nutzt und sein Wissen an den oben aufliegenden Notwendigkeiten ausrichtet. Dabei hat es der Künstler, dem die besondere Zuneigung des Dichterpfarrers Mörike gilt, schwerer als andere; die Macht des Schicksals umweht ihn nur mit den starken, den ausgewählten Winden. So heißt es vom Genie des frühvollendeten Mozart, den Mörike in seiner heute noch modern anmutenden Novelle (s.o.) als wehmütig heiteren, zum geheimen Erliegen entschlossenen Wunderknaben beschreibt: »Es ward ihr so gewiß, so ganz gewiß, daß dieser Mann sich schnell und unaufhaltsam in seiner eignen Glut verzehre, daß er nur eine flüchtige Erscheinung auf der Erde sein könne, weil sie den Überfluß, den er verströmen würde, in Wahrheit nicht erträge.«

Was von Mörike in Erinnerung bleiben dürfte, sind **die ruhigen, gefassten Töne**, die der Dichter als Abfindung von einer »gedämpften Welt« erhält. Es ist, wie es ist, spricht es aus Mörikes besten Gedichten; wir sollten zuhören können und nicht voreilig fliehen: »*Septembermorgen.* – Im Nebel ruht noch die Welt, / Noch träumen Wald und Wiesen: / Bald siehst du, wenn der Schleier fällt, / Den blauen Himmel unverstellt, / Herbstkräftig die gedämpfte Welt / In warmem Golde fließen.«

WW: *Mozart auf der Reise nach Prag – Maler Nolten – Das Stuttgarter Hutzelmännlein – Gedichte (Tag und Nacht – Septembermorgen – Im Frühling – An einem Wintermorgen, vor Sonnenaufgang – An eine Äolsharfe – Peregrina – Verborgenheit)*
A: *Eduard Mörike, Sämtliche Werke in zwei Bänden. Hg. v. Jost Perfahl u. Helga Unger. Winkler Verlag, München 1967 ff.*
(Auch Taschenbuch- und Reclam-Ausgaben)
L: *Mathias Meyer, Eduard Mörike, Reclam Verlag, Stuttgart 1998*

■ ADALBERT STIFTER

Geb. am 23. Oktober 1805 in Oberplan (Böhmen)
Gest. am 28. Januar 1868 in Linz

»WIR WOLLEN DAS SANFTE GESETZ«

Es gibt Dichter, an denen scheiden sich die Geister: Sie fordern heftigen Widerspruch heraus oder ziehen massiertes Lob auf sich, eine gleichgültige Mitte der Betrachtung scheint es nicht zu geben. Adalbert Stifter ist so ein Dichter: Die einen sehen in ihm einen großen Erzähler, der vor allem prächtige Naturbeschreibungen zu Stande bringt; die anderen halten ihn für einen bodenlosen Langweiler, der seine Leser Seite um Seite abstraft, bis sie aufgeben. Diese Einschätzungen wurden schon zu seinen Lebzeiten begründet; Stifter machte es den Leuten nicht leicht, obwohl er sich Mühe gab und geradezu verzweifelt um Harmonie bemüht war.

Adalbert Stifter stammt aus einer Handwerkerfamilie, der Vater kommt bei einem Unfall ums Leben. Da ist der Sohn gerade mal 12 Jahre jung, und er erlebt erstmalig »das Zugrunderichtende«, das für ihn später nicht nur Tod und Krankheit sein können, sondern auch eine **verzehrende Liebe**. Die widerfährt ihm als Student: Er verliebt sich bis zur Besinnungslosigkeit in eine gewisse **Fanny Greipl**, die seine aufbrausenden Gefühle nicht so erwidert, wie er es gerne hätte. Das geht ihm ans Gemüt, macht ihn mal rasend, mal depressiv; sein Nervenkostüm, zeigt sich, ist nicht das stabilste. Belastend ist auch seine berufliche Situation: Nachdem er, dank privater Förderung, das Gymnasium des Stifts Kremsmünster absolviert hat und ein Jurastudium beginnt, lässt der Einstieg in eine gesicherte Existenz auf sich warten. In Wien verdingt er sich als Hauslehrer; seine Interessen schiebt er zwischen **Malerei und Dichtkunst** hin und her, die ihm beide nichts einbringen.

1839 stirbt Fanny, seine große spröde Liebe; ein Jahr später heiratet Stifter, wie zum Trotz, die Modistin **Amalie Mohnhaupt**, die ihn zu versorgen weiß, von der er sich aber unverstanden fühlt, auch das ein Problem, das seinen Hang zu schwarzseherischem Grübeln noch verstärkt. Er erklärt die Malerei zu seiner Privatsache und entscheidet sich, eher zögerlich, für die Dichtkunst; **erste Erzählungen** erscheinen, darunter *Die Mappe meines Urgroßvaters, Der Condor, Der Hochwald* und *Brigitta*. Stifter wird zum bekannten Schriftsteller; nun muss er sich auch in den tückischen Wiener Literatenzirkeln behaupten, die nichts Aufregenderes kennen, als den Aufstieg und Fall eines Kollegen zu kommentieren. Ein eher unkollegialer Kollege ist der Dichter → *Hebbel*, der Stifter frontal angeht und ihm vorhält, dass er »nur das Kleine bilde« und »gewöhnliche Menschen« beschreibe. Stifter antwortet poetisch: »Das Wehen der Luft das Rieseln des Wassers das Wachsen der Getreide das Wogen des Meeres das Grünen der Erde das Glänzen des Himmels das Schimmern der Gestirne halte ich für groß; das prächtig einherziehende Gewitter, den Blitz, welcher Häuser spaltet, den Sturm, der die Brandung treibt, den feuerspeienden Berg, das Erdbeben, welches Länder verschüttet, halte ich nicht für größer...«

1849 wird Stifter **bildungspolitischer Berater der Landesregierung** von Oberösterreich, danach Schulrat mit ordentlichem Jahresgehalt. Er gründet eine Realschule in Linz, verfasst pädagogische Reformschriften, unterrichtet auch selbst, was ihn jedoch wieder belastet. 1865 zieht er sich aus dem Schulwesen zurück. Zuvor hat er sich noch mehr aufs Schreiben verlegt; sein **großer Roman** *Nachsommer* erscheint in drei Bänden (1857) und wird nicht nur zu einem bemerkenswerten Misserfolg, sondern auch zur endgültigen Nagelprobe für den Umgang mit dem Schriftsteller Stifter. Der Roman nämlich, ein breit angelegtes, der Zeit entrücktes Panorama allgemein menschlicher Befindlichkeit erweist sich als Zumutung: Auf knapp tausend Seiten passiert nicht sehr viel, junge und alte Menschen kommen auf einem Landgut in den Alpen zusammen, besprechen in kunstvoller, manchmal auch gestelzter Sprache, wie es so zugeht in Kunst, Welt und Leben; die umgebende Natur sorgt für zusätzliche Abgeschiedenheit und richtet den Blick auf das Wahre und Ganze. Der Roman, den Stifter für sein bestes Werk hält, fordert Widerspruch heraus: Sein Intimfeind Hebbel höhnt, dass man »demjenigen, der beweisen kann«, alle drei Bände des *Nachsommers* gelesen zu haben, »die Krone von Polen« versprechen könne, ohne etwas »zu riskieren«.

Der Philosoph Friedrich Nietzsche hingegen, ein versierter Kritikkünstler, rechnet elf Jahre nach Stifters Tod den *Nachsommer* zu den vier Büchern, die von »der deutschen **Prosa-Literatur** übrig bleiben« und es verdienen, »wieder und wieder gelesen zu werden«.

Adalbert Stifters letzte Jahre sind unglücklich. Da seine Ehe kinderlos war, hatte er zwei Ziehtöchter ins Haus genommen, Josefine und Juliane. Die eine stirbt (1858) an Tuberkulose, die andere wählt ein Jahr später, unter mysteriösen Umständen, die auch ihren Pflegevater nicht ganz unschuldig erscheinen lassen, den Freitod und wird aus der Donau gefischt. Stifters eigenes Ende mutet dramatisch, fast filmreif an: Er schneidet sich mit dem Rasiermesser in die Kehle, was man zuerst für einen üblen Ausrutscher bei der täglichen Rasur hält, dann jedoch als das nehmen muss, was es vermutlich gewesen ist: der unglückliche **Selbstmordversuch** eines unglücklichen Menschen; wenig später stirbt er.

Das bekannteste Bekenntnis Stifters gilt dem »sanften Gesetz«, das für das »Bestehen der gesamten Menschheit« gelten soll: »Wir wollen das sanfte Gesetz zu erblicken suchen, wodurch das menschliche Geschlecht geleitet wird. Es gibt Kräfte, die nach dem Bestehen des Einzelnen zielen. Sie nehmen alles und verwenden es, was zum Bestehen und zum Entwickeln desselben notwendig ist. Sie sichern den Bestand des Einen und dadurch den aller . . . Es ist das Gesetz dieser Kräfte, das Gesetz der Gerechtigkeit, das Gesetz der Sitte, das Gesetz, das will, daß jeder geachtet, geehrt und ungefährdet neben dem andern bestehe, daß er seine höhere menschliche Laufbahn gehen könne, sich Liebe und Bewunderung seiner Mitmenschen erwerbe, daß er als Kleinod gehütet werde, wie jeder Mensch ein Kleinod für alle andern Menschen ist.« – Die Theorie, das Philosophieren über gesellschaftliche Zusammenhänge ist Stifters Sache nicht; näher liegt ihm die Natur, der er mit merkwürdig anrührenden Beschreibungen seine Herzensachtung erweist. Auch sich selbst steht er nahe, und er hat sich so intensiv ausgeforscht, dass er Angst bekommen musste; davon wollte er lieber nicht berichten.

Einen seiner schönsten Texte, das autobiografische Fragment *Mein Leben*, hat er ein Jahr vor seinem Tod geschrieben. Darin wagt er nichts Geringeres, als sich an seine Anfänge zu erinnern, an das erste tastende, fast vergessene

Gewahrwerden seiner selbst: »Weit zurück in dem leeren Nichts ist etwas wie Wonne und Entzücken, das gewaltig fassend, fast vernichtend in mein Leben drang und dem nichts mehr in meinem künftigen Leben glich. Die Merkmale, die festgehalten wurden, sind: es war Glanz, es war Gewühl, es war unten. Dies muß sehr früh gewesen sein, denn mir ist, als liege eine hohe weite Finsternis des Nichts um das Ding herum. Dann war etwas anderes, das sanft und lindernd durch mein Inneres ging: es waren Klänge ...«

WW: *Die Mappe meines Urgroßvaters – Der Condor – Der Hochwald – Bunte Steine – Der Nachsommer – Witiko*

A: *Adalbert Stifter, Werke. Hg. v. Uwe Japp und Hans Joachim Piechotta. Insel Verlag, Frankfurt a. M. 1978*

L: *Wolfgang Matz, Adalbert Stifter oder Diese fürchterliche Wendung der Dinge. Carl Hanser Verlag, München 1995*
Karl Pörnbacher, Adalbert Stifter. Reclam Verlag, Stuttgart 1998

■ CHRISTIAN FRIEDRICH HEBBEL

Geb. am 18. März 1813 in Wesselburen (Holstein)
Gest. am 13. Dezember 1863 in Wien

»KAMPF DES INDIVIDUELLEN MIT DEM UNIVERSUM«

Wer von unten kommt und nach oben will, braucht nicht nur einen langen Atem, sondern auch starkes Selbstbewusstsein. Er muss sich über Widerstände hinwegsetzen, muss zumindest so lange an sich glauben, bis er sich bestätigt sieht. Der Dichter Hebbel war so ein Mensch: Er stammte aus ärmlichen Verhältnissen, die ihm eine ordentliche Schulausbildung verwehrten. Dennoch zweifelte er nicht an sich selbst; schon früh stand für ihn fest, dass er entweder zum **Schauspieler** oder zum **Dichter**, auf jeden Fall aber zu Höherem berufen war. Er verdiente mit Gelegenheitsarbeiten Geld, in der kargen Freizeit las er alle Bücher, die er kriegen konnte. Dank einer förderwilligen Schriftstellerin und einer nicht ganz unvermögenden Geliebten kann er sich 1835 nach Hamburg absetzen, wo es ihm aber nicht gefällt. Er geht nach München, wo, wie er glaubt, Literatur, Philosophie und Bühnenkunst, das sind seine bleibenden Interessenschwerpunkte, fachmännischer und ergiebiger betrieben werden. Aber auch in München bleibt er nicht lange: Zu Fuß marschiert er nach Hamburg zurück, nur begleitet von seinem Hund, der sein bester Gesprächspartner ist, eine Geschichte, die für die Literatur taugt, von Hebbel aber, der nach wie vor Höheres im Sinn hat, nicht erzählt wird. Er ist und bleibt **Autodidakt**, der sich alles selber aneignen muss und dabei auch die für Autodidakten typischen Eigenheiten entwickelt, gesteigerte Reizbarkeit, Misstrauen den Fachleuten gegenüber und **Neigung zur Rechthaberei**. 1841 kommt Hebbels Theaterstück *Judith* zur Aufführung, eine historische Tragödie um Rache und Schuld. Er erhält ein zweijähriges Stipendium, lernt → *Heinrich Heine* in Paris kennen und wird (vorübergehend) zum **politischen Journalisten**, der für eine demokratisch gestützte, konstitutionelle Monarchie eintritt. Hebbels große Zeit ist mit Wien verbunden. Dort lernt er seine spätere, erfreulich wohlhabende Frau kennen, dort steigt er auch zum bekannten und umstrittenen Dichter auf, dem es in seinen Stoffen weniger um Einzelschicksale, sondern um das große Figurentheater der Menschengeschichte geht. Hebbel gilt in erster Linie als **Bühnenautor**, dabei möchte er auch als **Lyriker und Essayist** gewürdigt werden. In seinen Stücken *Maria Magdalena* (1844), *Herodes und Marianne* (1850), *Agnes Bernauer* (1854), *Gyges und sein Ring* (1856) und *Die Nibelungen* (1862) geraten die handelnden Personen mit der Übermacht des Schicksals aneinander (»alles Leben ist Kampf des Individuellen mit dem Universum«); das ist zeitlos gedacht, wirkt jedoch, aus heutiger Sicht, historisch vorbelastet und zurechtgeklopft. Am überzeugendsten ist Hebbel in seinen **Tagebüchern**; da gibt er nicht den verantwortungsbewussten Dichter, sondern gönnt sich die Leichtigkeit beiläufiger Einsicht: »Die Welt ist schon rund, aber jeder muß sie von neuem umsegeln, und wenige kommen herum.«

WW: *Maria Magdalena – Herodes und Marianne – Agnes Bernauer – Gyges und sein Ring – Die Nibelungen – Tagebücher*

A: *Christian Friedrich Hebbel, Werke. Hanser Verlag, München 1966*

Christian Friedrich Hebbel. Tagebücher. Deutscher Taschenbuch Verlag, München 1984

L: *Anni Meetz, Friedrich Hebbel. J. B. Metzlersche Verlagsbuchhandlung, Stuttgart 1973*

■ GEORG BÜCHNER

Geb. am 17. Oktober 1813 in Goddelau (bei Darmstadt)

Gest. am 19. Februar 1837 in Zürich

»WIR SIND DAS VOLK«

Wer je im Winter durch ein Mittelgebirge stapfte und unter tief ziehenden Wolken die Orientierung verlor, kann sich dieses Erleben in Georg Büchners berühmter Erzählung *Lenz* (1836) noch einmal vor Augen führen; wer nie in winterlichen Wäldern war, erfährt über den *Lenz*, wie es dort ist: »Den 20. ging Lenz durchs Gebirg. Die Gipfel und hohen Bergflächen im Schnee, die Täler hinunter graues Gestein, grüne Flächen, Felsen und Tannen. Es war naßkalt, das Wasser rieselte die Felsen hinunter und sprang über den Weg. Die Äste der Tannen hingen schwer herab in die feuchte Luft. Am Himmel zogen graue Wolken, aber alles so dicht, und dann dampfte der Nebel herauf und strich schwer und feucht durch das Gesträuch, so träg, so plump. Er ging gleichgültig weiter, es lag ihm nichts am Weg, bald auf-, bald abwärts. Müdigkeit spürte er keine, nur war es ihm manchmal unangenehm, daß er nicht auf dem Kopf gehn konnte.« Der Lenz, von dem Büchner erzählt, ist sein genialischer Dichter-Kollege → *Jakob Michael Reinhold Lenz*, den die Zumutungen seines Kopfes und ein **überschießendes Mitgefühl** krank werden lassen. Büchner bringt diese Krankheit (Schizophrenie) über genau bemessene Andeutungen, über karge, eindringliche Bilder näher, in denen die Natur zum Wegbegleiter und Seelentröster eines Menschen wird, der nicht mehr zu trösten ist, weil er im Übermaß liebt und leidet. Die Erzählung *Lenz* ist Fragment geblieben, so wie auch Büchners Leben Fragment blieb; er stirbt mit 23.

Georg Büchner kommt als Sohn eines Arztes zur Welt, der die Familientradition fortgesetzt sehen will. Die ersten Jahre wird er von der Mutter unterrichtet, über die er später nur Gutes zu sagen weiß. 1822 übergibt man ihn einer privaten Schule, 1825 wechselt er auf das Darmstädter Gymnasium »Pädagog«, wo er 1831 sein Abitur macht. In Straßburg studiert er Medizin; er wohnt im Hause des Pfarrers Jaeglé, der ihn wie einen Sohn aufnimmt; noch freundlicher ist des **Pfarrers Tochter Wilhelmine** (»Minna«) zu ihm, in die er sich so nachhaltig verliebt, dass sie sich im März 1832 heimlich verloben.

Neben seinem Studium, das er durchaus pflichtbewusst angeht, findet Büchner Zeit, sich für **Politik** zu interessieren. Das ist nicht ungefährlich damals; speziell in deutschen Landen, in mühsam gefestigten, am Machterhalt hängenden Kleinstaaten, sieht man überall Umstürzler am Werk und hält den Bürger vorsorglich unter Beobachtung. Büchner ist ein Gesinnungsdemokrat, ihn empört die Ungerechtigkeit der bestehenden Gesellschaft: »Ich schämte mich, ein Knecht mit Knechten zu sein, einem vermoderten Fürstengeschlecht und einem kriechenden Staatsdiener-Aristokratismus zu gefallen«, während »das arme Volk geduldig den Karren schleppt, worauf die Fürsten und Liberalen ihre Affenkomödie spielen«. Er wird Mitglied der »Gesellschaft für Menschenrechte«, die es nicht mehr bei gut gemeinten Worten belässt, sondern Taten sehen will. 1833 wechselt er an die Universität Gießen. Dort freundet er sich mit dem bekanntesten hessischen Oppositionsführer, dem Butzbacher Rektor Weidig, an, der eine **revolutionäre Flugschrift**, den *Hessischen Landboten*, herausgibt, an der Büchner mitarbeitet. Die Verfolgungsbehörden sind indes wachsam: Weidig wird verhaftet, Büchner kann sich rechtzeitig absetzen. Im Juli 1835 schreibt man ihn zur Fahndung aus; in seinem Steckbrief heißt es: »Alter: 21 Jahre, Größe: 6 Schuh, 9 Zoll hessischen Maßes, Haare: blond, Stirne: sehr gewölbt, Augenbrauen: blond, Augen: grau, Nase: stark, Mund: klein, Bart: blond, Kinn: rund, Angesicht: oval, Gesichtsfarbe: frisch, Statur: kräftig, schlank. Besondere Kennzeichen: Kurzsichtigkeit«.

Im gleichen Jahr schreibt Büchner sein **erstes Theaterstück** *Dantons Tod,* ein Drama über Moral und Menschenrecht in der Französischen Revolution, die als gerechte Sache beginnt und zur »Schreckensherrschaft« führt. Dabei fällt ein Wort, das später, viel später, als den Deutschen die überraschende Wiedervereinigung zufällt, noch einmal populär wird: »Wir sind das Volk.« Trotz aller Willkür, die das Volk über sich ergehen lässt oder selbst in die Hand nimmt, drängt sich eine dunkle Ahnung auf: »Puppen sind wir, von unbekannten Gewalten am Draht gezogen.« Büchner, der nach außen den unerschrockenen Demokraten gibt, hat sich wiederkehrenden Zweifeln ausgesetzt gesehen, ob die wahre Revolution überhaupt möglich ist. Im Januar 1834 schreibt er: »Ich fühlte mich wie zernichtet unter dem gräßlichen **Fatalismus der Geschichte**. Ich finde in der Menschennatur eine entsetzliche Gleichheit ... Der Einzelne nur Schaum auf der Welle, die Größe ein bloßer Zufall, die Herrschaft des Genies ein bloßes Puppenspiel, ein lächerliches Ringen gegen ein ehernes Gesetz, es zu erkennen das Höchste, es zu beherrschen unmöglich.« Im September 1836 promoviert er an der Philosophischen Fakultät der Universität Zürich; er enthält ein befristetes Aufenthaltsrecht in der Schweiz und wird zum **Privatdozenten** ernannt. Eine scheinbar harmlose »Winterverkältung«, die ihn im Januar 1837 ans Bett fesselt, erweist sich als todbringende Krankheit; er stirbt an Typhus. Auch seine angeblich letzten Worte passen zum Erkenntnisgewicht dieses Mannes, der an Einsichts- und Sprachvermögen seiner Zeit voraus war: »Wir sind Tod, Staub, Asche, wie dürfen wir klagen?«, soll er gesagt haben.

Büchners Werk ist, seiner knapp bemessenen Lebenszeit entsprechend, überschaubar geblieben: drei **Theaterstücke** (*Dantons Tod, Leonce und Lena, Woyzeck*), eine **Erzählung** (*Lenz*), **politische und naturwissenschaftliche Schriften**, Übersetzungen und Briefe. Umso erstaunlicher mutet die Reife, der spröde, sichere Ton eines jungen Autors an, der zu seiner Zeit nicht sehr bekannt war, von der Nachwelt aber bis heute Beifall erhält. »Die Unruhe, die Büchner stiftet, ist von überraschender Gegenwärtigkeit«, befand der deutsche Nobelpreisträger → *Heinrich Böll,* der 1967 den Büchner-Preis erhielt, die höchste literarische Auszeichnung, die man in Deutschland zu vergeben hat. Und Bölls Kollege Volker Braun fügte hinzu: »Büchners Briefe lesend, muß man sich mitunter mit Gewalt erinnern, daß es nicht die eines Zeitgenossen sind.«

Einer seiner schönsten **Briefe**, den Büchner knappe drei Wochen vor seinem Tod in Zürich an seine Braut schrieb, geht so: »Mein lieb Kind, Du bist voll zärtlicher Besorgnis und willst krank werden vor Angst; ich glaube gar, Du stirbst – aber *ich* habe keine Lust zum Sterben und bin gesund wie je. Ich glaube, die Furcht vor der Pflege hier hat mich gesund gemacht; in Straßburg wäre es ganz angenehm gewesen, und ich hätte mich 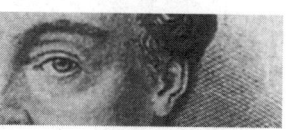 mit dem größten Behagen ins Bett gelegt, vierzehn Tage lang, rue St. Guillaume Nr. 66, links eine Treppe hoch, in einem etwas überzwergen Zimmer, mit grüner Tapete! Hätt' ich dort umsonst geklingelt? Es ist mir heut einigermaßen innerlich wohl, ich zehre noch von gestern, die Sonne war groß und warm im reinsten Himmel – und dazu hab' ich meine Laterne gelöscht und einen edlen Menschen an die Brust gedrückt, nämlich einen kleinen Wirt, der aussieht wie ein betrunkenes Kaninchen, und mir in seinem prächtigen Haus vor der Stadt ein großes elegantes Zimmer vermietet hat. Edler Mensch! Das Haus steht nicht weit vom See, vor meinen Fenstern die Wasserfläche und von allen Seiten die Alpen, wie sonnenglänzendes Gewölk. – Du kommst bald? Mit dem Jugendmut ist's fort, ich bekomme sonst graue Haare, ich muß mich bald wieder an Deiner inneren Glückseligkeit stärken und Deiner göttlichen Unbefangenheit und Deinem lieben Leichtsinn und all Deinen bösen Eigenschaften, böses Mädchen. Adio piccola mia! –«

WW: Theaterstücke *(Dantons Tod – Leonce und Lena – Woyzeck).* – Prosa *(Der Hessische Landbote – Lenz).* – Briefe
A: *Georg Büchner, Sämtliche Werke und Briefe. Hg. v. Karl Pörnbacher. Carl Hanser Verlag, München 1995*
Georg Büchner, Werke und Briefe. Hg. v. Franz Josef Görtz. Diogenes Taschenbuch Verlag, Zürich 1988
L: *Jan-Christoph Hauschild, Georg Büchner. Rowohlt Taschenbuch Verlag, Reinbek 1992*
Jürgen Seidel, Georg Büchner. Deutscher Taschenbuch Verlag, München 1998
Karlheinz Hasselbach, Georg Büchner. Reclam Verlag, Stuttgart 1997

■ THEODOR STORM

Geb. am 14. September 1817 in Husum

Gest. am 4. Juli 1888 in Hademarschen (Holstein)

»DAS LIED VON DER HEIMKEHR«

Es gibt Einsichten, die stehen für ein ganzes Leben. Als er siebzig Jahre alt war, befand der Dichter Theodor Storm: »Ich bedarf äußerlich der Enge, um innerlich ins Weite zu gehen.« Damit brachte er seine ganz persönliche Existenzform auf den Punkt, die sich im Kleinen einrichtete, um von dort aus zum Großen und Ganzen zu kommen. In der deutschen Literaturgeschichte gilt Storm als **Provinzdichter von nationalem Rang**; das ist nicht abwertend gemeint, sondern zeigt nur einen Wirkungskreis an, von dem man, bei allem Wohlwollen, nicht zu viel erwarten darf. Wer in der Provinz wohnt, muss nicht notwendig provinziell werden; er hat vielleicht sogar mehr Möglichkeiten, in seiner Welt das zu entdecken, was »allen in die Kindheit scheint und worin noch niemand war: Heimat« (Ernst Bloch).

Storm ist der Sohn eines Juristen, und er wird selber Jurist; auch das zeigt eine Kontinuität an, die es in sich hat. Seine Heimatstadt Husum, die er später auch im Gedicht zu würdigen weiß (»Doch hängt mein ganzes Herz an dir, / Du graue Stadt am Meer«), verlässt er nur ungern; zum Studium muss er allerdings raus und fremde Luft schnuppern. Er macht das, wie anderes auch, sehr bedächtig: Vier Jahre studiert er in Kiel, das nicht gerade aus der Welt ist; zwischendurch (1838/39) wagt er sich nach Berlin, wo es ihm so gut gefällt, dass er auch dort gern den Kerl von der Küste gibt. Nach dem Studium geht es, ganz folgerichtig, wieder nach Husum zurück; er lässt sich als **Rechtsanwalt** nieder, heiratet und bekommt Kinder (so wie sich's gehört).

Was Storm mehr wurmt als die gesamtgesellschaftlichen Verhältnisse in deutschen Landen, aus denen schließlich die zögerliche Revolution von 1848 erwächst, ist die Tatsache, dass seine Heimat, das sturmumtoste Schleswig-Holstein, auf schmähliche Weise den Dänen zugesprochen worden war. Der Dichter, der damals allenfalls ein Gelegenheitsdichter ist, zeigt sich als Patriot; als ihm die dänischen Behörden 1852 deswegen die Zulassung entziehen, geht er zurück nach Berlin und kommt im preußischen Staatsdienst unter. 1856 wird er Amtsrichter in Heiligenstadt, ein Amt, das ihn nicht in die Überanstrengung treibt. **Erste Novellen** (*Immensee*), **Märchen** (*Der kleine Häwelmann*) und **Gedichte** sind erschienen; der Jurist Storm macht sich als Schriftsteller einen Namen. Dabei erweist er sich als Autor, der an sein Publikum denkt: Ein volkstümlicher Ton durchzieht seine Schriften, die, so scheint es, allesamt an einem Ort entstanden sein könnten, der auch als Titel einer Erzählung dient: *Am Kamin.* Erst mit der Zeit, als seine literarische Übung den Meister macht, wird Storms behagliches Erzählen mit raueren Klängen durchsetzt; in seinen besten Novellen (*Pole Poppenspäler*, 1874; *Die Söhne des Senators*, 1880; *Der Schimmelreiter*, 1888) geht es um Konflikte, die das Ich angesichts übermächtiger Wirklichkeiten zu durchstehen hat; dabei kann es äußerlich unterliegen, im eigenen Bezirk aber eine Würde bewahren, deren Gewicht vor allem an der Liebe hängt. Die Liebe ist eine Himmelsmacht, das haben nicht nur die Dichter immer wieder gern beschworen; wenn man Glück hat, widersetzt sich die Liebe sogar ökonomischen Zwängen und findet, über die Zeiten hinweg, zurück in die eigenen glückseligen Anfänge (*Pole Poppenspäler*). Auch in seinem Privatleben, das an sich ordentlich ist und dem Familienglück große Bedeutung beimisst, macht die Liebe von sich reden: Nachdem er 1846 seine **Cousine Constanze Esmarch** geheiratet hat, verliebt er sich in die Tochter eines Husumer Senators, und zwar heftig. Er spricht von der »erschütterndsten Leidenschaft meines Lebens« und sieht seine wohl geordnete Welt durcheinander gebracht. Der Klatsch in der Kleinstadt blüht, und Dorothea Jensen, seine große Liebe, zieht es vor, Husum zu verlassen. Alles scheint wieder seinen gewohnten Gang zu gehen, aber die Geschichte erfährt noch eine kleine Pointe: Achtzehn Jahre später, nach dem Tod der ersten Frau Storm, wird **Dorothea Jensen** die **zweite Frau** Storm, woraus zu ersehen ist, dass eine »erschütternde Leidenschaft« sich ziehen kann, bis sie, mit kleineren Nachbeben, Jahr und Tag überdauert hat und in der Ehe zur Ruhe kommt.

1864 endete die dänische Herrschaft in Schleswig-Holstein, was Storm hocherfreut zur Kenntnis nimmt. Hatte er sich zuvor noch als **Lyriker** gesehen, der hauptberuflich als Advokat tätig ist, so arbeitet er nun vorwiegend als **Prosaautor**. Er zeigt sich als ein Mann des liberalen Bürgertums: Im Bürgertum sieht er Fleiß und Tüchtigkeit verkörpert, der Bürger besorgt jenen Wohlstand, an dem die unproduktiven Stände, Adel und Klerus, ohne Eigenleistungen teilhaben. Ihnen gilt die Kritik des Dichters, die er, allerdings eher verhalten, in seine Novellen einfließen lässt.

Als sich sein Leben dem Ende zuneigt, ist Storm ein populärer Dichter. Seine Werke werden in bekannten Zeitschriften vorabgedruckt, man liest ihn im Familienkreis und schätzt ihn als einen Mann, der die gute alte Zeit so zu schildern weiß, dass sie auch zu einer guten neuen Zeit taugen könnte. Storm selbst, das ist ein wenig alterstypisch, wird **melancholisch**: Zwar war er längst wieder daheim, aber das Bild von der Heimkehr mit all ihrer Wehmut lässt ihn nicht los; mag es im Leben, wie schon der Dichterkollege → *Novalis* befand, auch »immer nach Hause« gehen, so bleibt es doch zweifelhaft, ob wir jemals dort ankommen: »In allen Jahren, die ich in der Fremde lebte, war immer wieder das Brausen des heimatlichen Meeres an mein inneres Ohr gedrungen, und oft war ich von Sehnsucht ergriffen worden, wie nach dem Wiegenliede, womit einst die Mutter das Tosen der Welt von ihrem Kinde ferngehalten hatte. – Nun hörte ich es wieder, das Wiegenlied des Meeres; am Tage wanderte ich hinaus an seine Küste und ließ die Wellen zu meinen Füßen rauschen, des Nachts klang es hinüber in die schlafende Stadt, nur unterbrochen von dem tönenden Flug der Wandervögel, die in großen Zügen unsichtbar unter den Sternen dahinrauschten. Wie oft stand ich jetzt im Dunkel meines Gartens, blickte hinauf zu der lichten Sternenhöhe und ließ mein Ohr von diesen Akkorden des Schöpfungsliedes erfüllen ... Es ist ein melancholisches Lied, das Lied von der Heimkehr.«

WW: Gedichte *(Die Stadt – Herbst – Oktoberlied – Gode Nacht – Meeresstrand – Abseits – Über die Heide – In Bulemanns Haus – Abschied)*. – Novellen *(Immensee – Pole Poppenspäler – Die Söhne des Senators – Der Schimmelreiter)*. – Märchen *(Die Regentrude)*
A: *Theodor Storm, Sämtliche Werke. Hg. v. Karl Ernst Laage und Dieter Lohmeier. Deutscher Klassiker Verlag, Frankfurt a. M. 1987 f.* (Auch zahlreiche Taschenbuch-Ausgaben)
L: *Georg Bollenbeck, Theodor Storm. Eine Biographie. Insel Verlag, Frankfurt a. M. 1988*
Winfried Freund, Theodor Storm. Reclam Verlag, Stuttgart 1999

■ GOTTFRIED KELLER

Geb. am 19. Juli 1819 in Glattfelden bei Zürich
Gest. am 15. Juli 1890 in Zürich

»DES TAGES LEISE AHNUNG«

Er hat sich lange suchen müssen, und als er dann fündig wurde, war es kein rauschendes Fest, sondern ein Konzentrat der Tagesarbeit, zu der er sich immer wieder neu anhalten musste. Der Dichter Gottfried Keller stammt aus kleinen Verhältnissen, sein Vater ist Handwerker, und handwerklich hat der Sohn seine Literatur betrieben. Auch sich selbst sieht er handwerklich: Man muss etwas tun, **alles im Leben ist Arbeit**, sogar das eigene Ich. Ein solcher Standpunkt fordert Anfechtungen geradezu heraus, Wein, Weib und Gesang beispielsweise, von denen Keller am liebsten dem Ersteren zuspricht, mit den Frauen hat er Probleme, fühlt sich, da er nur »ein kleiner Mann« ist, der Liebe buchstäblich nicht gewachsen. So trinkt er denn öfters einen über den Durst und wird in Wirtshäusern, wenn er zu tief ins Glas geschaut hat, schon mal ausfällig. Danach geht er mit dickem Kopf in sich, bereut, zieht sich, wie gehabt, in die Arbeit zurück.

Zunächst will Keller, den seine Mutter lange, sehr lange finanziell unterstützt, Maler werden; er studiert in München und Heidelberg, muss aber feststellen, dass es zur großen Malerkunst nicht ganz reicht. Von 1850 bis 1855 lebt er in Berlin. Dort verkehrt er in Literatenkreisen, schließt er Freundschaften; die Zukunft, vorher noch eine dunkle Falltür, hellt sich auf. **Seine bekanntesten Arbeiten**, der Roman *Der grüne Heinrich* und die **Novellensammlung** *Die Leute von Seldwyla*, werden in Angriff genommen. Nachdem er zuvor schon ein Kantonsstipendium erhalten hat, das eine willkommene Ergänzung zum monatlichen Wechsel der Mutter ist, widerfährt ihm Wundersames: Gottfried Keller wird **Schweizer Staatsschreiber**, ein hoch angesehenes, von der Anlage auch ein wenig kurioses Amt, das den unschätzbaren Vorteil bietet, mit einer beträchtlichen Summe Geldes verbunden zu sein. Es ist dies wohl der Punkt, an dem der Maler a. D. und Dichter

Keller mit Bleiberecht zu sich selbst findet. Von nun an ist er wer; in der Schweiz wird er zur nationalen Größe, in Deutschland schätzt man ihn als Autor, der den komplizierter werdenden Zeiten ein Bekenntnis zu den einfachen Leuten entgegenhält und dabei, passenderweise, eine einfache Methode anwendet, nämlich »**das Didaktische im Poetischen** aufzulösen, wie Zucker oder Salz im Wasser«. Das gilt auch für Kellers Hauptwerk, den Entwicklungsroman *Der grüne Heinrich*, der seinem Autor so wichtig ist, dass er gleich zwei Fassungen davon erstellt (1853 und 1879). Er macht sich in diesem Roman bis zur Unkenntlichkeit kenntlich, überschreibt die eigene Jugendgeschichte und das Scheitern als Maler seinem Helden Heinrich Lee, der am Ende erkennt, dass es im Leben weniger auf großspurige Entwürfe und starren Selbstbezug ankommt, sondern auf »das scheinbar Unbedeutende und Unerhebliche, das Banale und Kommune, das Beiläufige und Geringfügige«, das »die eigentliche Struktur der menschlichen Wirklichkeit« darstellt.

Auch als **Lyriker** ist Keller erfolgreich gewesen; er bevorzugt den einfachen Ton, vom Handwerk geht es allenfalls zum Kunsthandwerk, nicht darüber hinaus. Seine Verse klingen manchmal ein wenig gestelzt, wenn es um bekennerhafte Botschaften geht (»Wer über den Parteien sich wähnt mit stolzen Mienen, / Der steht zumeist vielmehr beträchtlich unter ihnen«); sie sind eingängig, wenn sie sich auf das Wahrnehmbare beschränken und in schlichter Pose Andacht zeigen: »... Ich höre einen Flötenton, / Den mir die Luft von Westen bringt, / Indes herauf im Osten schon / Des Tages leise Ahnung dringt. / ... Doch wie im dunklen Erdental / Ein unergründlich Schweigen ruht, / Ich fühle mich so leicht zumal / Und wie die Welt so still und gut. / – Der letzte leise Schmerz und Spott / Verschwindet aus des Herzen Grund, / Es ist, als tät der alte Gott / Mir endlich seinen Namen kund.«

WW: Gedichte *(Stille der Nacht – Unter Sternen – Sommernacht – Abendlied – Die Zeit geht nicht – Ich hab in kalten Wintertagen – Frühlingsglaube – Parteileben). –* Prosa *(Der grüne Heinrich – Die Leute von Seldwyla – Romeo und Julia auf dem Dorfe – Zürcher Novellen)*
A: *Gottfried Keller, Sämtliche Werke. Hg. v. Thomas Böning, Gerhard Kaiser u. a. Deutscher Klassiker Verlag, Frankfurt a. M. 1985 ff.*
(Die bekanntesten Texte Kellers sind auch als Taschenbuch-Ausgaben erhältlich)
L: *Klaus-Dieter Metz, Gottfried Keller. Reclam Verlag, Stuttgart 1995*

■ THEODOR FONTANE

Geb. am 30. Dezember 1819 in Neuruppin
Gest. am 20. September 1898 in Berlin

»DAS GROSSE SPRICHT FÜR SICH SELBST«

Was lange währt, wird endlich gut, heißt ein Spruch, den man passenderweise auch über das Lebenswerk des Dichters Fontane setzen könnte. Der nämlich brauchte fast sechzig Jahre, um endlich das tun zu können, was er schon immer wollte: Romane schreiben. Zuvor war er keineswegs untätig, er schrieb **Theaterkritiken, Zeitungsartikel, Reisebücher, Gedichte,** das meiste »sehr ordentlich«, wie er fand, aber »keine Herzenssache«. Erst als er »nur noch Schriftsteller« war und »in diesem schönen Beruf« aufging, wurde ihm »in ... trostloser Zeit« sein »einziges Glück«, seine »einzige Erholung« zuteil. Fontanes späten Büchern ist dieses Glück anzumerken; sie fanden ihre Leser und der Autor uneingeschränkte Anerkennung. »Er war«, schrieb → *Heinrich Mann,* »in Skepsis wie in Festigkeit, der wahre Romancier, zu seinen Tagen der einzige seines Ranges«, und Heinrichs Bruder → *Thomas Mann* ergänzte: »Er war unser aller Vater.«

Fontane kommt als Sohn eines Apothekers zur Welt. Nach der Schule beginnt er, dem Wunsch des Vater folgend, mit einer Apothekerlehre (1836); »viel lieber möchte« er jedoch »Schriftsteller werden«. Er geht nach Leipzig und Dresden, schreibt dort für verschiedene Zeitungen. 1844 wird er Freiwilliger im Gardegrenadierregiment »Kaiser Franz« in Berlin. 1847 legt er die Apotheker-Prüfung ab, zwei Jahre später den **Apotheker**; er will nur noch freier Autor sein. Die Revolution von 1848, die so revolutionär nicht ist, verfolgt er als sympathisierender Beobachter; zwar denkt er konservativ, aber »eben auch gerecht«, d. h. »mit altpreußischem Stolz«, dem ein »Schreckensregiment polizeilicher Willkür ... zuwider sein muß«. In den nächsten Jahren ist Fontane viel unterwegs; mehrere Male reist er nach England, das er sein »gelobtes Land« nennt und literarisch würdigt (*Ein Sommer in London*, 1854; *Aus England*, 1860). Für die preußische *Kreuzzeitung* betätigt er sich als **Kriegsberichterstatter**, nicht ganz risikolos, denn 1870 gerät er in französische Gefangenschaft, aus der er das Beste macht: ein Buch (*Kriegsgefangen*, 1871).

Der **Journalist** Fontane ist fleißig und unzufrieden; literarische Anerkennung erlangt er als **Balladendichter** (*Die Brücke am Tay*, *John Maynard* u. a.). Den ihm gemäßen Übergang zum **Romanschriftsteller** findet er mit den vierbändigen *Wanderungen durch die Mark Brandenburg*, die zur »besseren Erkenntnis ...«, größeren Liebgewinnung historischer Personen, Belebung des Lokalen und ... Charakterisierung märkischer Landschaft und Natur« beitragen sollen. Mit seinen Reisefeuilletons hat sich Fontane frei geschrieben; seine Frau Emilie indes, die ohnehin gern nörgelt, drängt ihn noch einmal zu einer Festanstellung: 1876 wird er **Sekretär der Berliner Akademie der Künste**, was ihm aber überhaupt nicht liegt. Ein Besucher, der zu dem neuen Sekretär vorgelassen wird, findet ihn »ratlos vor einem mächtigen Stoß von Aktenbündeln ... Er stand ... sinnend vor einem langen Tisch, auf dessen Holzplatte er mit weißer Kreide eine größere Anzahl Kreise und Nummern gezeichnet hatte, in die er Aktenstücke bald hinein-, bald wieder hinauslegte, anscheinend, um sie nach irgendeinem System zu ordnen ...« Nach nicht einmal zwei Monaten gibt Fontane auf; seine Kündigung nimmt man erfreut entgegen. Weniger erfreut zeigt sich seine Frau; sie schmollt, aber Fontane ist erleichtert: »Ja, es ist so, man kann nicht gegen seine innerste Natur, und in jedes Menschen Herz gibt es ein Etwas, das sich, wo es mal Abneigung empfindet, weder beschwichtigen noch überwinden läßt.«

1878 erscheint Fontanes **erster Roman** *Vor dem Sturm*. Er ist inzwischen fast 60 Jahre alt, ein in die Jahre gekommener Debütant, der nun jedoch in einem Tempo sein wahres dichterisches Können entfaltet, dass sogar seine Frau, die ihn lieber als Beamten oder Apotheker gesehen hätte, schließlich bewundernd resigniert. An die **20 Romane und Erzählungen** schreibt Fontane noch, darunter Meisterwerke wie *Effi Briest* (1895) und *Der Stechlin* (1897). Er erweist sich als unauffälliger Virtuose realistischer Beschreibungskunst; scheinbar unangestrengt, ja gemächlich entfaltet er sein Erzählen, das die Menschen, Zeitumstände und politischen Verhältnisse für sich selbst sprechen lässt. »Meine ganze Produktion ist Psychographie und Kritik, Dunkelschöpfung im Lichte zurechtgerückt«, notiert er und fügt hinzu: »Ich behandle das Kleine mit derselben Liebe wie das Große, weil ich den Unterschied zwischen klein und groß nicht gelten lasse; treff' ich aber wirklich mal auf Großes, bin ich ganz kurz. Das Große spricht für sich selbst ...«

Fontanes **letzter Roman** *Der Stechlin* ist ein Abgesang auf eine Zeit, die sich selbst überlebt hat, es aber nicht wahrhaben will. »Das alte Preußen mit König und Armee«, lässt er seinen Helden Dubslav von Stechlin sagen, »ist trotz all seiner ... altmodischen Geschichten ... immer noch besser als das von neuestem Datum.« Die »neue Gesellschaft« hingegen, »und nun gar erst das, was sich im besonderen so nennt, ist aufgebaut auf dem Ich. Das ist ihr Fluch, und daran muß sie zugrunde gehen.« Als der alte Stechlin stirbt, hält sein Freund Pastor Lorenzen eine Grabrede, die, auszugsweise, wohl auch auf den Autor Theodor Fontane gemünzt sein könnte: »Sah man ihn, so schien er ein Alter, auch in dem, wie er Zeit und Leben ansah; aber für die, die sein wahres Wesen kannten, war er kein Alter, freilich auch kein Neuer. Er hatte vielmehr das, was über alles Zeitliche hinaus liegt, was immer gilt und immer gelten wird: ein Herz.«

WW: Gedichte *(Meine Gräber – Die Alten und die Jungen – Fester Befehl – Die Frage bleibt – Ausgang – Schloss Eger – Archibald Douglas – John Maynard – Die Brücke am Tay – Herr von Ribbeck auf Ribbeck im Havelland – Preußisches Volkslied – Nur nicht loben).* – Romane und Erzählungen *(Vor dem Sturm – Schach von Wuthenow – Irrungen, Wirrungen – L'Adultera – Frau Jenny Treibel – Effi Briest – Der Stechlin).* – Prosa *(Ein Sommer in London – Kriegsgefangen – Wanderungen durch die Mark Brandenburg – Meine Kinderjahre – Von Zwanzig bis Dreißig).* – Briefe

A: *Theodor Fontane, Werke, Schriften und Briefe. Hg. v. Walter Keitel u. Helmuth Nürnberger. Carl Hanser Verlag, München 1961 ff.*

Theodor Fontane, Romane und Erzählungen in drei Bänden. Hg. v. Helmuth Nürnberger. Carl Hanser Verlag, München 1998

(Die bekanntesten Titel Fontanes sind auch im Taschenbuch erhältlich)

L: *Helmuth Nürnberger, Fontane. Rowohlt Taschenbuch Verlag, Reinbek 1968*

Heinz Ohff, Theodor Fontane. Leben und Werk. Piper Verlag, München 1996

■ CONRAD FERDINAND MEYER

Geb. am 11. Oktober 1825 in Zürich

Gest. am 28. November 1898 in Kilchberg (bei Zürich)

»GENUG IST NICHT GENUG!«

Es gibt Menschen, die haben ein Leben lang Angst und wissen gar nicht, warum. Die Angst kommt hinterrücks, ihr Gesicht kann sie nicht zeigen. Der Dichter Meyer war so ein Mensch, den die Angst plagte; als es ihm besser ging und man ihn für die geachtete Persönlichkeit hielt, die er schon immer sein wollte, begriff er, dass seine Angst **Versagensangst** gewesen war; aus der Welt geschafft war sie damit nicht.

Meyer stammt aus einem calvinistischen Elternhaus, in dem man auf Leistung und bürgerlichen Wohlstand setzt, was als Beleg dafür gilt, dass es Gott gut mit einem meint. Dem Druck, der daraus erwächst, kann der junge Meyer nicht standhalten; unter den gestrengen Augen der Mutter, die nach dem Tod des Vaters die alleinige Erziehungsberechtigte ist, knickt er immer wieder ein. Die Schule wird zur Tortur, sein Jurastudium bricht er ab, schließlich kommt er sogar in eine **Nervenheilanstalt**. Als die Mutter 1856 stirbt, ist das wie eine Befreiung, die noch befreiender wirkt, weil sie mit einem soliden Erbe verbunden ist. Meyer kann nun ein angenehmes Leben als **Privatgelehrter** führen. Erste literarische Arbeiten erscheinen, die ihn allmählich bekannt machen. Zur Anerkennung, die ihm widerfährt, trägt auch seine späte Eheschließung (1875) bei: Nachdem ihm zuvor lange Jahre der Umgang mit seiner Schwester Betsy zu genügen schien, **heiratet** er **Luise Ziegler**, die aus einer der angesehensten Zürcher Familien stammt und, erfreulicherweise, ebenfalls nicht ganz unvermögend ist.

Meyer erweist sich als formbewusster Dichter, der im Zweifelsfall lieber auf die Historie als in die brodelnde Gegenwart schaut. Die »brutale Aktualität zeitgenössischer Stoffe« ist ihm zuwider; seine Lieblingsfeinde sind, eine kuriose Kombination, »Börse, Katholizismus und Proletariat«. In seinen **Romanen und Novellen**, in denen es meist um **herausragende geschichtliche Gestalten** und nur selten um wirklich aufwühlende Konflikte geht, herrscht, dem Autor gemäß, ein feiner Ton vor. Meyer hat es gern stilvoll, und bevor er sich einen Stilbruch erlaubt, wählt er lieber die Andeutung oder Aussparung. Dieses Verknappungsprinzip kommt seiner **Lyrik** zugute, die zu **beeindruckenden Momentaufnahmen** fähig ist.

In den letzten Jahren seines Lebens, in dem Ordnung und Anerkennung die wichtigsten Werte sind, wird der Dichter arg sentimental, er weint ohne Grund, zieht sich in seine eigene Kopfwelt zurück; die Ärzte sehen das nüchterner und diagnostizieren Altersschwachsinn. – In einem seiner bekanntesten Gedichte *Fülle* bringt Meyer eine Zeile unter, die sich suggestiv wiederholen lässt und, letztlich, für all die Anstrengungen steht, mit der wir am kleinen Leben hängen: »Genug ist nicht genug! Gepriesen werde / Der Herbst! Kein Ast, der seiner Frucht entbehrte! / Tief beugt sich mancher allzureich beschwerte, / Der Apfel fällt mit dumpfem Laut zur Erde ... Genug ist nicht genug! Mit vollen Zügen / Schlürft Dichtergeist am Borne des Genusses, / Das Herz, auch es bedarf des Überflusses, / Genug kann nie und nimmermehr genügen!«

WW: Gedichte *(Fülle – Schwüle – Eingelegte Ruder – Zwei Segel – Auf dem Canal grande – Der Marmorknabe – Der römische Knabe – In der Sistina – Die Füße im Feuer).* – Prosa *(Jürg Jenatsch – Der Heilige – Die Versuchung des Pescara – Die Richterin – Der Schuss von der Kanzel)*
A: *Conrad Ferdinand Meyer, Sämtliche Werke in zwei Bänden. Hg. v. H. Koopmann u. K. Pörnbacher. Winkler Verlag, Düsseldorf 1996*
L: *Karl Fehr, Conrad Ferdinand Meyer. J. B. Metzlersche Verlagsbuchhandlung, Stuttgart 1980*

■ WILHELM BUSCH

Geb. am 15. April 1832 in Wiedensahl (Hannover)
Gest. am 9. Januar 1908 in Mechtshausen (Harz)

»DU SIEHST DIE WESTE, NICHT DAS HERZ«

Er war einer der populärsten Schriftsteller seiner Zeit, und populär ist er bis heute geblieben. Die Bildergeschichten des Wilhelm Busch kennt fast jeder; sie bringen das Kunststück fertig, die Dinge des Lebens so prägnant, aussichtslos und komisch wie möglich vorzuführen. Busch selbst blieb dabei ernst; dass er die Leute zum Lachen brachte, war ein Akt der Wiedergutmachung für eine Existenz, die näher am Scheitern stand als am Gelingen. Daran änderte sich auch im Erfolg nichts mehr, der spät, aber nicht zu spät kam und seine **Menschenscheu** noch verstärkte. Die Gründe dafür reichen weit zurück: Busch kommt als Sohn eines Krämers zur Welt, der wohl tatsächlich das gehabt hat, was man eine Krämerseele nennt: Die Welt, die er kennt, ist in (ver)käufliche Portionen aufgeteilt; was anfällt im Leben, rechnet er sich mit Gewinn und Verlust zurecht. Buschs Mutter passt zu ihrem Mann; sie ist fromm und spröde. Mit neun Jahren wird Wilhelm, der Älteste, aus dem Haus zu einem Onkel gegeben; im Elternhaus braucht man Platz für die nachrückenden Kinder. In den Ferien darf er zurück; man hat ihn nicht sehr vermisst: »Als ich dann wieder mal nach Hause kam, ging meine Mutter gerade ins Feld, den Leuten Kaffee zu bringen. Ich kannte sie gleich; aber sie kannte mich nicht, als ich an ihr erst mal vorbeiging.«

Von 1847 bis 1851 besucht Busch das Polytechnikum in Hannover, er studiert Maschinenbau, schafft aber keinen Abschluss. Sein Leben lang sieht er sich als Anfänger, der an kein Ende kommt; dabei ist das Leben selbst immer schon im Endstadium, die Zeit rinnt davon, zuletzt wartet der Tod. Schon als junger Mann denkt Wilhelm Busch wie ein Alter; er neigt zur **Schwermut**. Später findet er in den Schriften des Philosophen Schopenhauer die theoretische Begründung für die eigene Weltsicht: das Dasein ist nicht vernünftig, sondern wird beherrscht von einem dunklen, uneinsehbaren Willen, der seine Geschäfte ohne Sinn und Verstand führt.

Busch möchte Maler werden, die alten holländischen Meister haben es ihm angetan: »Ihre göttliche Leichtigkeit der Darstellung..., diese Farbenmusik, worin man alle Stimmen klar durchhört..., haben für immer meine Liebe und Bewunderung gewonnen.« Er besucht die Kunstakademien in Düsseldorf, Antwerpen und München, schafft aber auch hier keinen Abschluss. 1859 veröffentlicht er im *Münchner Bilderbogen* seine ersten Zeichnungen. Er macht sich einen Namen als **Karikaturist und Verfasser von Bildergeschichten**. 1865 landet er mit *Max und Moritz* einen ganz außergewöhnlichen Erfolg: Bis heute hat dieses Kinderbuch unzählige Auflagen erlebt, ist in mehr als 100 Übersetzungen erschienen. Der Erfolg war auch deswegen außergewöhnlich, weil Busch durchaus boshaft mit seinen Helden umgeht und auf ein versöhnliches Ende verzichtet: »... Rabs!! – in seinen großen Sack / Schaufelt er das Lumpenpack. / Max und Moritz wird es schwüle, / Denn nun geht es nach der Mühle. / ... Her damit!! Und in den Trichter / Schüttelt er die Bösewichter. – / Rickeracke! Rickeracke! / Geht die Mühle mit Geknacke. / Hier kann man sie noch erblicken / Fein geschoren und in Stücken. / Doch sogleich verzehrt sie / Meister Müllers Federvieh.« Wilhelm Buschs Markenzeichen wird die leichthändige Verbindung von Bild und Text; den Zeichnungen stehen pfiffig gereimte Verse gegenüber, in denen jedes Wort sitzt. Weitere Bildergeschichten erscheinen: *Hans Huckebein* (1867), *Die fromme Helene* (1872), *Plisch und Plum* (1882).

1867 zieht Busch nach Frankfurt a. M. Dort verliebt er sich in die **Bankiersgattin Johanna Keßler**, die ein Jahr älter ist als er, aber noch älter aussieht. Eine merkwürdige Beziehung beginnt, die sich als sehr ungleichgewichtig erweist: Johanna Keßler, ohnehin ein mütterlicher Typ, die er vorsichtshalber »Tante« nennt, ist ähnlich sittenstreng wie seine eigene Mutter; sie kann ihm nicht geben, was er von ihr will. Schließlich resigniert er auch in der Liebe, die er nur noch über Andeutungen in seine Briefe einbringt: »Liebe Tante! ... Derweil wir wandeln, geht all das Gute, was wir nicht getan, und all das Liebe, was wir nicht gedurft, ganz heimlich leise mit uns, bis daß die Zeit *für dieses Mal* vorbei. Es weht der Wind; das Schneegestöber hüllt mir

Feld und Wald und Garten ein. Ich wollt, ich wär ein Eskimo, säße hinten am Nordpol, tief unter der Schneekruste, tränke Lebertran und könnt mich wärmen, an was ich möchte. Bei Ihnen brennt's Feuer im Kamin. Da säß ich auch recht gern.«

1879 kehrt Busch ins Hannoversche zurück: Er kommt bei seiner Schwester unter, einer Pfarrerswitwe; 1898 zieht er zu einem Neffen, der ebenfalls Pfarrer ist. Überhaupt sind in seiner Familie (zu) viele Pfarrer gewesen; vielleicht hat ihn das so früh schon und so anhaltend in trübe Stimmung versetzt.

Wilhelm Busch ist ein Dichter, der in seiner anhaltenden Berühmtheit **kontinuierlich unterschätzt** wurde. Das gilt auch für den Maler Busch, der mehr konnte, als er sich zutraute; womöglich hat er seine Ehrfurcht vor den alten Meistern etwas übertrieben. Zwei Wochen vor seinem Tod schrieb er, dass er eigentlich keinen Unterschied mehr zwischen Leben und Sterben erkennen könne: »Ich stehe auf der Grenze von Hier und Dort, und fast kommt es mir vor, als ob beides dasselbe wäre.« Der Wahrheit, der er im Leben folgte, war düster; in einer entschärften, auf heiter gemachten Variante lautet sie so: »Mein Kind, es sind allhier die Dinge, / Gleichviel, ob große, ob geringe, / Im wesentlichen so verpackt, / Daß man sie nicht wie Nüsse knackt. / – Wie wolltest du dich unterwinden, / Kurzweg, die Menschen zu ergründen. / Du kennst sie nur von außenwärts, / Du siehst die Weste, nicht das Herz.«

WW: Bildergeschichten *(Max und Moritz – Schnurrdiburr – Die fromme Helene – Fipps, der Affe – Plisch und Plum – Balduin Bählamm).* – Gedichte *(Es sitzt ein Vogel – Wer möchte diesen Erdenball – Die Liebe war nicht geringe – Die Affen – Nicht artig – Erneuerung – Schein und Sein – Beruhigt).* – Erzählungen *(Was mich betrifft – Eduards Traum)*
A: *Wilhelm Busch, Schöne Studienausgabe in sieben Bänden. Hg. v. Friedrich Bohne. Diogenes Verlag, Zürich 1974*
Wilhelm Busch, Ausgewählte Werke. Hg. v. Gert Ueding. Reclam Verlag, Stuttgart 1996
L: *Joseph Kraus, Wilhelm Busch. Rowohlt Taschenbuch Verlag, Reinbek 1970*
Gert Ueding, Wilhelm Busch. Das 19. Jahrhundert en miniature. Suhrkamp Verlag, Frankfurt a. M. 1977

■ ARTHUR SCHNITZLER

Geb. am 15. Mai 1862 in Wien
Gest. am 21. Oktober 1931 in Wien

»WELTSCHMERZ? NEIN, WELTIRONIE!«

Sigmund Freud (1856–1939), der als Entdecker des Unbewussten gilt, obwohl schon andere vor ihm bemerkt hatten, dass es eine ichferne, abgedunkelte Seite des Bewusstseins gibt, erkannte in seinem Kollegen, dem **Arzt und Schriftsteller** Arthur Schnitzler, einen Geistesverwandten. In seinem Glückwunsch zu Schnitzlers 60. Geburtstag heißt es: »... Ihr Ergriffensein von den Wahrheiten des Unbewußten, von der Triebnatur des Menschen, Ihre Zersetzung der ... konventionellen Sicherheiten, das Haften Ihrer Gedanken an der Polarität von Leben und Sterben, das alles berührte mich mit einer unheimlichen Vertrautheit ... So habe ich den Eindruck gewonnen, daß Sie durch Intuition – eigentlich aber in Folge feiner Selbstwahrnehmung – alles das wissen, was ich in mühseliger Weise an anderen Menschen aufgedeckt habe.«

Tatsächlich besaß Schnitzler ein besonderes **Gespür für die Schwachstellen des Menschen**, die sich deuten und bereden, auch in Kultur, Kunst und Komik umsetzen lassen, im Grunde aber nicht zu beheben sind. Schon früh erkannte er, »daß die Seele im Grunde kein so einfaches Ding« ist; sie birgt Tiefen und Untiefen, wer zu ihr absteigt, kann sich darin verlieren. Das Terrain des Dichters, anders als das des Seelendoktors, ist das von Schnitzler so genannte »Mittelbewußtsein«, es steht als eine Art Empfangszentrale zwischen den Verkehrsströmen des Bewußten und Unbewußten. »Das Mittelbewußtsein wird ... im Ganzen zu wenig beachtet. Es ist das ungeheuerste Gebiet des Seelen- und Geisteslebens; von da aus steigen die Elemente ununterbrochen ins Bewußte auf oder sinken ins Unbewußte hinab. Das Mittelbewußtsein steht ununterbrochen zur Verfügung. Auf seine Fülle, seine Reaktionsfähigkeit kommt es an.«

Arthur Schnitzler ist der Sohn eines bekannten Medizinprofessors, der auch eine renommierte Zeitschrift, die *Internationale Klinische Rundschau*, herausgibt, für die sein Sohn als Student kleinere Artikel und Rezensionen verfasst. 1885 schließt er sein Medizinstudium mit der Promotion ab; er wird erst Assistenz-, dann **Facharzt für Nervenkrankheiten**. Die Studien, die er dabei schon von Berufs wegen anzustellen hat, geben ihm unerschöpfliches Material für seine literarischen Arbeiten. Bekannt macht ihn seine **erste Novelle** *Leutnant Gustl* (1900), für die man ihn vor ein Ehrengericht zerrt, weil er angeblich »die Ehre und das Ansehen der österreich.-ung. Armee geschädigt und herabgesetzt« habe. Erfolgreich, auch umstritten wird er vor allem als Bühnenautor; seinem Stück *Der Reigen* (1900) wirft man Pornografie vor. Schnitzler ist daran nicht ganz unschuldig; sein eigenes Liebesleben, über das er sich, zweckmäßigerweise, nur in einem Tagebuch auslässt, das er vor der eigenen Frau versteckt hält, hat es in sich: »Ich glaube den Frauen erst, wenn ich sie besessen«, stellt er fest, »und dann auch nur, daß ich sie besessen habe ... Treue ist eine Fiktion – im allerbesten Fall Angst vor Revanche.«

Die Frauen haben es Schnitzler angetan, sie danken es ihm mit einer Anhänglichkeit, die ihm lästig wird: »10000000000000 Küsse ... für Deinen göttlichen Mund« schickt ihm die bekannte **Schauspielerin Adele Sand-**

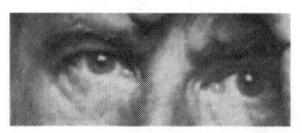

rock; er aber geht in Deckung, weil ihm die Liebe, spätestens wenn der Liebesrausch verflogen ist und Ernüchterung einsetzt, wie verlorene Liebesmüh vorkommt: »Jede Liebesbeziehung hat drei Stadien, die unmerklich ineinander überfließen: das erste, in dem man auch schweigend miteinander glücklich ist; das zweite, in dem man sich schweigend miteinander langweilt, und das dritte, in dem das Schweigen, gleichsam Gestalt geworden, zwischen den Liebenden steht wie ein boshafter Feind.« Schnitzlers Kunst war es, von sich auf andere zu schließen; er hat seine innere Unruhe, die Zerrissenheit, die er spürte, zum Thema genommen und so eindrücklich beschrieben, dass Raum für Verschwiegenheit blieb, für den Nachtrag in eigener Sache. Er brachte ins Spiel, was er selber empfand; wohltuend dabei war, dass der Autor sich bis zur Kenntlichkeit unkenntlich machte, er beobachtete, hörte zu, schrieb auf, griff aber nicht ein. Kleinere Offenbarungen gestattete sich Schnitzler nur in seinem Tagebuch, und auch dort wählte er im

Zweifelsfall lieber die ironisch verbrämte als die schonungslos offene Formulierung (»Weltschmerz? Nein, Weltironie!«). Er selbst charakterisierte sich so: »Revolutionär ohne Mut, abenteuerlustig ohne die Fähigkeit, Unbequemlichkeiten zu ertragen – Egoist ohne Rücksichtslosigkeit – und endlich ein Künstler ohne Fleiß – ein Selbsterkenner ohne Tendenz zur Besserung – ein Verächter des allgemeinen Urteils mit der kleinlichsten Empfindlichkeit – so einer ist dazu geboren, alles zu bereuen, was er angefangen …« – Ein solcher Autor, der den Zweifel schätzte, sich selbst jedoch, aller dezenten Eitelkeiten zum Trotz (»Ich müßte eigentlich noch berühmter sein!«), nicht überschätzen mochte, musste ein **großer Aphoristiker** sein: »Ich suche ein Asyl für meine Vergangenheit«, notierte er und gab die Empfehlung aus: »Liebe deinen Fernsten, wie du deinen Nächsten nicht leiden magst, dann wird vielleicht einmal Friede in der Welt werden.«

Der Mensch, das angebliche Ebenbild Gottes, neigt zu rührender Selbstüberschätzung: »Ist Gott der Traum der Menschheit? Es wäre zu schön. Ist die Menschheit der Traum Gottes? Es wäre zu abscheulich.« Schaden kann es nichts, wenn wir einiges, womöglich sogar viel wissen; das Wesentliche jedoch, des Rätsels Lösung, entzieht sich unserer Kenntnis: »Bewahre uns der Himmel vor dem ›Verstehen‹. Es nimmt unserm Zorn die Kraft, unserm Haß die Würde, unserer Rache die Lust und noch unserer Erinnerung die Seligkeit.«

WW: Theaterstücke (*Liebelei – Der Reigen – Der grüne Kakadu – Der einsame Weg – Das weite Land – Der junge Medardus – Professor Bernhardi*). – Erzählungen (*Leutnant Gustl – Die Frau des Weisen – Fräulein Else*). – Romane (*Therese – Der Weg ins Freie*)
A: *Arthur Schnitzler, Die Dramatischen Werke. 2 Bde. S. Fischer Verlag, Frankfurt a. M. 1961*
Arthur Schnitzler, Die Erzählenden Schriften. 2 Bde. S. Fischer Verlag, Frankfurt a. M. 1961
Arthur Schnitzler, Jugend in Wien. Eine Autobiografie. Hg. v. Therese Nickl u. Heinrich Schnitzler. S. Fischer Verlag, Frankfurt a. M. 1981
Schnitzler zum Vergnügen. Hg. v. Günter Baumann. Reclam Verlag, Stuttgart 2002
L: *Ulrich Weinzierl, Arthur Schnitzler. Lieben, Träumen, Sterben. S. Fischer Verlag, Frankfurt 1996*

■ GERHART HAUPTMANN

Geb. am 15. November 1862 in Obersalzbrunn (Schlesien)
Gest. am 6. Juni 1946 in Agnetendorf (Schlesien)

»NICHT GEGENWIRKEN, SONDERN MITWIRKEN«

Er war eine Zeitlang ein berühmter Dichter in Deutschland, ein Mann von Stand und repräsentativem Auftreten, der seine Außenwirkung dann, folgerichtig, auch über seine äußere Erscheinung bezog, den bemerkenswerten Kopf und das prächtig abstehende, weiße Haupthaar. So stellt man sich einen Dichter und Denker vor, der es im Leben zu etwas gebracht hat. Auch im Ausland galt Gerhart Hauptmann als deutscher Autor von Rang: 1912 wurde ihm der **Nobelpreis** überreicht. Mehr konnte danach nicht mehr kommen, und tatsächlich ist der Ruhm dieses Dichters in der Folge zurückgegangen – nicht auf die Schnelle, sondern bedächtig, Schritt für Schritt, woran die politischen Umstände ihren Anteil hatten und ein kritisches Denken, das auf entschiedene Neubewertung der deutschen Vergangenheit drängte.

Hauptmann ist der Sohn eines Gastwirts. Er besucht die Realschule, wird Praktikant in der Landwirtschaft und will Bildhauer werden. 1882 beginnt er mit einem Studium; Geschichte und Kunstgeschichte interessieren ihn, in Maßen auch die Philosophie, die ihm aber von vornherein etwas zu abstrakt vorkommt. Sein finanzielles Glück macht er in der Ehe mit einer begüterten Kaufmannstochter, die ihm zu gesichertem Wohlstand verhilft, in der Liebe jedoch nur zweite Wahl bleibt. Hauptmann ist auf der Suche, er möchte ans Ziel kommen, weiß aber noch nicht, wo und wie. Er reist viel (u. a. nach Italien, in die Schweiz, sogar nach Amerika); seinen Hauptwohnsitz verlegt er nach Berlin, wo er Anschluss an die dortigen Dichterkreise findet. Mit seinem Drama *Vor Sonnenaufgang* (1889), das einen **Theaterskandal** verursacht, gelingt ihm der Durchbruch. Hauptmann gilt schon bald als führender deutscher Bühnenautor. Obwohl er einen großbürgerlichen Lebensstil pflegt, hält man ihn für einen Anwalt der kleinen Leute, die in der Industrialisierung zu kurz gekommen sind. Sein **bekanntestes Stück** *Die Weber* (1892), ursprünglich in schlesischem Dialekt geschrieben, wird vom Berliner Polizeipräsidenten persönlich verboten, was seinem Erfolg keinen Abbruch tut, im Gegenteil. Ähnlich erfolgreich wird seine »Diebeskomödie« *Der Biberpelz* (1893).

1899 erhält Hauptmann den Grillparzer-Preis für sein Theaterstück *Fuhrmann Henschel.* Dass man ihn für einen Sozialisten hält, ist ihm nicht recht: »Ich stand der Sozialdemokratie nie besonders nahe«, erklärt er und fügt hinzu: »In die Tagespolitik wollte ich mich prinzipiell nicht einmischen.« So geht er einen eigenartig unentschlossenen Weg; seine Theaterstücke lassen sich fast alle politisch (miss?)verstehen, ihr Autor indes, dem nationale Bestrebungen nicht fremd sind, möchte lieber seine Ruhe haben und allenfalls durch Ehrungen aufgestört werden. Von Widerstand oder auch nur handfester Oppositionspolitik möchte er nichts wissen: »… Daß wir gegen die Regierung, der wir unterstehen, nicht frondieren dürfen, ist eine Selbstverständlichkeit. Übrigens habe ich das auch als **freier Schriftsteller** niemals irgendeiner Regierung gegenüber getan. Dazu ist mein Wesen zu positiv eingestellt. Nicht im Gegenwirken sieht es das Heil, sondern **im Mitwirken.**« Ein solcher Kurs lässt sich nur in geordneten Zeitläufen durchhalten; wenn die Dinge jedoch aus dem Ruder laufen, wenn Terror und Menschenverachtung die Oberhand gewinnen, muss auch der unpolitische Autor Farbe bekennen. Entsprechend schwer tut sich Hauptmann mit dem Nationalsozialismus und dem Nazi-Regime: Er geht auf Distanz, aber so vorsichtig, dass es kaum einer merkt. Seinen **pompösen Lebensstil** behält er weit gehend bei. Abwechselnd wohnt er im schlesischen Agnetendorf, in Berlin und auf der Insel Hiddensee. Von seinen naturalistischen, sozialkritischen Themen will er wegkommen und stattdessen das Bleibende zum Gegenstand der Dichtung machen. Was aber bleibt, wenn Krieg und Willkür herrschen? Einen beliebten Ausweg, den auch Hauptmann wählt, bietet die Rückwendung zur Vergangenheit – sie lässt sich, abgeschirmt von der Gegenwart, zum Unterstand des einstmals Guten, Wahren und Schönen ausbauen.

Zwischen 1940 und 1944, als der Krieg immer vernichtender wird, taucht Hauptmann in die Antike ab; er schreibt die Stücke *Iphigenie in Delphi,*

Iphigenie in Aulis, Agamemnons Tod und *Elektra.* Mit seinem Leben hat er aber, wie es scheint, vorher schon abgeschlossen: 1937 erscheint seine **Autobiografie** *Das Abenteuer meiner Jugend.* Sie erklärt nicht nur die Jugend für beendet, sondern auch die daran hängenden Träume, Hoffnungen und Illusionen. 1945 wird Schlesien von den Russen besetzt, die sich noch an Hauptmanns sozialkritische Anfänge erinnern können: Sie behandeln den greisen Dichter, der ein Jahr später stirbt, mit ausgesuchter Höflichkeit und nehmen ihn in Schutz.

Gerhart Hauptmann, der ein umfangreiches Werk zu Stande brachte (**42 Theaterstücke** u. a. m.), war ein Dichter, an dem sich die Geister scheiden; am treffendsten hat ihn wohl sein Kollege → *Thomas Mann* charakterisiert, der ihn, kurz und bündig, so beschrieb: »Ein eigentümlicher, persönlich gewichtiger, wenn auch undeutlicher Mann.«

WW: Theaterstücke *(Vor Sonnenaufgang – Das Friedensfest – Einsame Menschen – Die Weber – Der Biberpelz – Hanneles Himmelfahrt – Fuhrmann Henschel – Rose Bernd – Die Ratten – Vor Sonnenuntergang). –* Prosa *(Bahnwärter Thiel – Der Narr in Christo Emanuel Quint – Atlantis – Der Ketzer von Soana – Das Abenteuer meiner Jugend). –* Tagebücher
A: *Gerhart Hauptmann, Sämtliche Werke. Hg. v. Hans-Egon Hass, Martin Machatzke und Wolfgang Bungies. Ullstein Verlag, Berlin 1962 ff.*
L: *Wolfgang Leppmann, Gerhart Hauptmann. Eine Biographie. Ullstein Verlag, Berlin 1996*

■ HEINRICH MANN

Geb. am 27. März 1871 in Lübeck

Gest. am 12. März 1950 in Santa Monica (Kalifornien)

»DAS GENIE KOMMT AUS DEM VOLK«

Er begann als der große Bruder von → *Thomas Mann*, dem er eine Zeitlang nicht nur im Alter voraus war. Während sich der jüngere Mann noch mit der Suche nach einer ihm gemäßen Künstlerexistenz aufhielt, hatte Heinrich eine solche für sich schon eröffnet: Er sagte sich von seinen Pflichten und Lasten los und erklärte in programmatischer Form, nur noch schreiben zu wollen. Danach gelang ihm Erstaunliches: Vom literarischen Freiraum, den er sich einrichtete, hatte er ständigen Blickkontakt nach außen; er nahm sich die Welt vor, um von den **Fallgruben des Ich** Abstand zu halten. Heinrich Mann wurde zu einem verantwortungsvollen Schriftsteller, der die Anforderungen der Gesellschaft präsent hielt und kritisch hinterfragte. Fast immer fand er den Mut, sich zu bekennen. Er bezog Stellung gegen die Nazis, nannte Hitler einen »Abenteurer«, dessen Reichsmarschall Göring eine »Bestie mit Mystik«, den Propagandaminister Goebbels einen »verkrachten Literaten«.

Heinrich Mann stammt aus einer alteingesessenen Lübecker Patrizierfamilie. Der Vater ist ein wohlhabender Getreidegroßhändler mit dem Hang zur Schwermut; nach seinem Tod und der Auflösung der Firma bezieht der älteste Sohn eine Leibrente, die ihm den Entschluss, **nur Schriftsteller** zu sein, erleichtert. Er beginnt eine Buchhändlerlehre in Dresden; 1891 zieht die Familie nach München um. Mann ist gern in Italien, dem klassischen Reiseziel für sinn- und sonnensuchende Künstler. 1900 erscheint sein Roman *Im Schlaraffenland*, eine Satire auf Obrigkeitsdenken und kapitalistische Umtriebe. 1905 kommt *Professor Unrat* heraus (1930 verfilmt als *Der blaue Engel*), die Geschichte eines spießigen Schulmeisters, den (u. a.) die Liebe zu einer Varietésängerin aus der Bahn wirft. 1914 erscheint sein wohl bekanntester Roman *Der Untertan*, der die fatalen **Verstrickungen von Macht und Duckmäusertum** aufs Korn nimmt.

Schriftstellerisch hat Thomas Mann inzwischen aufgeholt; die Brüder, die sich zuvor eigentlich ganz gut verstanden, geraten über die Frage, wie es die Dichter in Zeiten des Krieges mit Politik und Moral halten sollen, so heftig aneinander, dass daraus ein jahrelanges Zerwürfnis entsteht. 1925 zieht Heinrich Mann nach Berlin, 1931 wird er **Präsident der Preußischen Akademie der Künste**, die ihn zwei Jahre später, als willfährige Intellektuelle sich in vorauseilendem Gehorsam von »jüdischer Zersetzungsliteratur« und ihren Autoren lossagen, ausschließt. Heinrich Mann emigriert nach Frankreich; im **Exil** erscheinen seine großen historischen Romane *Die Jugend des Königs Henri Quatre* (1935) und *Die Vollendung des Königs Henri Quatre* (1938).

1940 geht er nach Spanien und setzt sich dann in die USA ab. Amerika bleibt ihm fremd; in Kalifornien versucht er sich als **Drehbuchschreiber**, erfolglos: die Film-Bosse können mit seinen Vorschlägen nichts anfangen. Seine **Frau Nelly**, die 1944 **Selbstmord** begeht, schreibt: »Amerika ist außerordentlich hart. Wir können ein Lied davon singen. Manchmal leben wir von 4, manchmal von 2 Dollar die Woche.« Gelegentlich hilft ihm sein Bruder Thomas, der inzwischen zum repräsentativen Großschriftsteller aufgestiegen ist und in der Nachbarschaft ein unbescheidenes Anwesen bewohnt.

Nach dem Krieg wird Heinrich Mann besonders von dem einen der beiden deutschen Staaten beansprucht: Die sozialistische DDR, die eher autoritär als sozialistisch, vor allem aber mehr deutsch als demokratisch ist, sieht in ihm einen der ihren; schließlich hat sich der Schriftsteller einige Male, allerdings nie ganz glühend, zur neuen Gesellschaftsordnung geäußert: »Ein ehrlicher Demokrat muß sich darüber Rechenschaft ablegen, daß der Marxismus die Voraussetzung für die wirkliche Demokratie schafft.« Man versucht, Heinrich Mann zur **Rückkehr nach Deutschland** zu überreden, er wird geehrt, umschmeichelt, trotzdem bleibt er skeptisch: »Mag sein, man will mich nur umherzeigen und verkünden, daß wieder einer zurückgekehrt ist.« Heinrich Mann machte es seinen Kritikern und Freunden nicht leicht. Er verstand sich auf Steigerungen, grelle Töne, Überzeichnungen; gelegentlich stieg etwas zu viel Dampf aus seinen Schriften auf, was aber an sich nur folgerichtig war, da er Literatur als »kondensiertes Leben« begriff.

An **Fleiß** stand Heinrich seinem Bruder nicht nach; er schrieb 19 Romane, mehr als 55 Erzählungen, dazu zahlreiche Essays, die alle von bester Gesinnung zeugten. Während er im Alter zunehmend resignierte, war er in jungen Jahren von seinem Wert überzeugt: »Meine wirkliche Tragik ist, dass ich deutsch schreiben muss. Welche Wirkungen versäume ich, die in Frankreich möglich gewesen wären...« Heinrich Manns persönliches Lieblingsbuch war sein Roman *Die kleine Stadt* (1909). In ihm stimmt er »das Hohe Lied der Demokratie« an und sagt sich, fast spielerisch, vom Geniekult los: Mag der Einzelne auch noch so begabt sein, er kann sich das nicht als eigenes Verdienst anrechnen – »das Genie kommt aus dem Volk, es kommt aus ihm, nährt sich von ihm, es ist eins mit seiner Wärme, seiner Liebe«.

WW: Romane *(Die Göttinnen oder Die drei Romane der Herzogin von Assy – Professor Unrat – Die kleine Stadt – Der Untertan – Die Jugend des Königs Henri Quatre – Die Vollendung des Königs Henri Quatre – Der Atem – Empfang bei der Welt).* – Erzählungen *(Die wunderbare – Contessina – Gretchen – Suturp – Eine Liebesgeschichte – Kobes – Der Gläubiger).* – Essays *(Geist und Tat – Voltaire und Goethe – Macht und Mensch – Der Hass – Mut – Ein Zeitalter wird besichtigt)*
A: *Heinrich Mann, Gesammelte Werke. Aufbau-Verlag, Berlin 1965 ff.*
L: *Klaus Schröter, Heinrich Mann. Rowohlt Taschenbuch Verlag, Reinbek 1967*

■ CHRISTIAN MORGENSTERN

Geb. am 6. Mai 1871 in München

Gest. am 31. März 1914 in Meran

»ER GEHÖRT ZU JENEN KÄUZEN, / DIE OFT UNVERMITTELT-NACKT / EHRFURCHT VOR DEM SCHÖNEN PACKT.«

Er hatte einen Lieblingsspruch, der dem englischen Staatsmann Oliver Cromwell (1599–1658) zugeschrieben wird: »Der kommt oft am weitesten, der nicht weiß, wohin er geht.« Das passte auf ihn, denn Morgenstern, Sohn eines Malers, wusste, woher er kam, die Ziele indes wechselten ihm nach Belieben. Dennoch hoffte er, weit zu kommen. Er bricht die Schule ab, auch das Studium der Kunstgeschichte und Archäologie; danach ist er als **Übersetzer** (z. B. von Henrik Ibsen), **Dramaturg, Lektor und Journalist** tätig. 1910 heiratet er eine Frau mit dem schwungvollen Namen **Margareta Gosebruch von Liechtenstern**, mit der er nicht glücklich wird. Der Liebe im Allgemeinen tut das keinen Abbruch; sie lässt ihn staunen: »Die Entdeckung meines Mannesalters ist die Frau.«

Morgenstern möchte einen großen, alle bezwingenden Roman schreiben, was ihm aber nicht einmal ansatzweise gelingt. Die Zweifel am eigenen Werk und Durchhaltevermögen wachsen; er erkrankt an Tuberkulose. Seine letzten Jahre sind einigermaßen erbärmlich; die Krankheit zehrt ihn aus, nimmt ihm sogar die Sprache. So ist er wohl tatsächlich gewesen, was er in resignierter Bescheidenheit einen »Gelegenheitsdichter« nannte, »nichts weiter«. **Acht Gedichtbände** veröffentlicht er, in denen er z. T. den Schulterschluss mit »größeren Geistern« probt. Einer von ihnen ist der Philosoph Nietzsche, den er als »Auferwecker zu den höchsten Kämpfen des Lebens« preist, ein anderer der »unvergleichliche« Rudolf Steiner, Begründer der Anthroposophie, den Morgenstern so inbrünstig bewundert, dass er ihm sogar nachreist. Ein derartiges Anlehnungs- und Zueignungsbedürfnis wirkt peinlich, ist aber auch Ausdruck hektischer Wahrheitssuche. Morgenstern, der wie Palmström, eine seiner lyrischen Figuren, »zu jenen Käuzen« gehörte, »die oft unvermittelt-nackt / Ehrfurcht vor dem Schönen packt«, kannte seine Schwäche, der er jedoch, in **trotziger Ratlosigkeit**, Stärke abgewinnt: »Niemand hat ... so oft die Ansichten ... gewechselt als ich, und niemand ist ... trotz alledem selber so gleich geblieben.« In seinen Gedichten herrscht ein merkwürdiger Ton vor, ein spielerisches Zirpen und Kleinreden um jeden Preis, das den Dingen aber ganz gut tut: »In einem leeren Haselstrauch / da sitzen drei Spatzen, Bauch an Bauch. / – Der Erich rechts und links der Franz / und mittendrin der freche Hans. / – Sie haben die Augen zu, ganz zu, / Und obendrüber da schneit es, hu! / – Sie rücken zusammen dicht an dicht. / So warm wie der Hans hats niemand nicht. / – Sie hören alle drei ihrer Herzlein Gepoch / Und wenn sie nicht weg sind, so sitzen sie noch.«

WW: Gedichtbände *(In Phanta's Schloß – Galgenlieder – Palmström – Horatio travestitus – Melancholie – Einkehr – Ich und Du – Wir finden einen Pfad)*
A: *Christian Morgenstern, Gesammelte Werke in einem Band. Piper Verlag, München 1965*
L: *Ernst Kretschmer, Christian Morgenstern. J. B. Metzlersche Verlagsbuchhandlung, Stuttgart 1985*

■ HUGO VON HOFMANNSTHAL

Geb. am 1. Februar 1874 in Wien

Gest. am 15. Juli 1929 in Rodaun (bei Wien)

»DIE ABSTRAKTEN WORTE ZERFIELEN MIR IM MUNDE WIE MODRIGE PILZE«

Es gibt nur wenige Schriftsteller, deren Werk sich fein säuberlich auf eine erste und eine zweite Hälfte des Lebens verteilen lässt; zu ihnen gehört Hugo von Hofmannsthal. Die beiden Hälften scheinen indes nicht recht zusammenzupassen, zumal der Dichter, um den es geht, seinem **Alterswerk** näher steht als den bewegten Anfängen. Das ist jedoch normal; die meisten Dichter und Denker nämlich, die genauso vor sich hin altern wie wir Normalsterblichen auch, bleiben immer mit der Phase vertraut, in der sie sich gerade befinden, und das ist am Ende, nachdem die meisten Jugendträume abgelegt sind und verwelkt aussehen, das Alter.

Hofmannsthal wird in einer Zeit geboren, in der die Börsen erstmalig boomen; das ist verführerisch, wie man weiß, birgt aber auch dumme Gefahren. Prompt verspekuliert sich sein Vater; die Familie verliert beträchtliche Teile ihres Vermögens. Der junge Hofmannsthal wendet sich mit Grausen; mit der Geldwelt will er nichts zu tun haben, er flüchtet in die Kunst. Schon bald gilt er als literarisches Wunderkind; er schreibt **formvollendete Gedichte**, die von Fachleuten gerühmt werden, aber insgesamt etwas leer und gelangweilt ausschauen, was jedoch zu den Dichtern passt, die damals dichten: Sie alle, Ausnahmen bestätigen die Regel, tun sich schwer mit dem Leben, dem sie bestenfalls matte ästhetische Kampfeslust, meist aber nur weltanschaulich verbrämte Müdigkeit und Erschöpfung entgegensetzen. Hofmannsthal schreibt nicht nur Gedichte, sondern auch sog. **Dramolette**, also zu klein geratene Dramen, die z. B. *Der Tor und der Tod, Der weiße Fächer* oder *Die Frau im Fenster* heißen und vom Autor selbst im Rückblick als »Stücke ohne Handlung« charakterisiert werden.

Von 1892 bis 1894 studiert Hofmannsthal Jura in Wien. Jurist will er aber gar nicht werden, sondern Philologe und möglichst Universitätsprofessor; er studiert Romanistik, 1897 promoviert er. All das geschieht, scheint es, ohne Überanstrengung; der junge Mann geht mit der **Wissenschaften** um wie mit **Lyrik und Bühnenkunst**, nämlich stilvoll und elegant. Das aber täuscht: In Wirklichkeit zeichnet sich bereits eine schöpferische Krise ab, die dann Hofmannsthals erste Lebenswerk-Hälfte von der zweiten scheiden wird. Zunächst geht noch alles seinen gewohnten Gang; er verfasst eine Habilitationsschrift (die Voraussetzung, um Professor zu werden), er heiratet und bekommt Kinder. Wohnsitz wird das später berühmte »Fuchsschlössel« in Rodaun bei Wien. Dort macht sich die Krise in einer Weise bemerkbar, dass die Worte versagen: Hofmannsthal zweifelt an allem, am Leben, an der Kunst, nicht zuletzt an der **Aussagekraft und Mitteilbarkeit von Literatur**, die ja sein ureigenstes Gebiet ist. Er besinnt sich schließlich auf ein altes Hausmittel der Dichter, die eine Krise am besten dadurch bewältigen, dass sie über die Krise schreiben. Resultat ist der sog. **Chandos-Brief** (genauer: *Brief des Philipp Lord Chandos an Francis Bacon),* der 1902 erscheint und in der Folgezeit einer der meistgelesenen und -zitierten Texte Hofmannsthals wird. An ihm entzünden sich immer mal wieder (meist im Sommerloch) Selbstverständigungsdebatten von Literaten, die sich aufgerufen fühlen, über ihr Handwerkszeug, die Sprache, zu reflektieren. Was kann sie noch leisten, die Sprache, fragen sie sich, wird sie nicht klein und hässlich, so wie auch der Einzelne klein und hässlich wird angesichts einer immer komplizierter und unübersichtlicher werdenden Wirklichkeit, die nicht mehr zu durchschauen ist? Hat ein Schriftsteller, bewaffnet mit nichts anderem als ebendieser in die Jahre gekommenen Sprache, überhaupt noch etwas zu sagen? Oder sollte er nicht besser die Konsequenzen ziehen und in Ehren verstummen? Hofmannsthal schreibt einen Satz auf, der auch heute noch gern genannt wird, wenn es um hartnäckige Zweifel an der Literatur geht: »Die abstrakten Worte zerfielen mir im Munde wie modrige Pilze.« Das ist gut gesagt, hilft aber nicht weiter. Hofmannsthal ist denn auch nicht der Versuchung erlegen, zu resignieren; er leitet, mit Verzögerungen, eine **neue Schaffensperiode** ein. Von der kleinen, ästhetisch ausgefeilten Kunst geht es nun zur großen Form; er bezieht die Geschichte mit ein, das Transzendentale; der Mensch macht sich auf zur

Menschheit. Als besonders fruchtbar erweist sich die Zusammenarbeit mit dem Komponisten **Richard Strauss**, für den er einige **Opernlibretti** schreibt (z. B. *Elektra, Ariadne auf Naxos* und, als erfolgreichstes Werk, den *Rosenkavalier*, der 1935 eine gefeierte Uraufführung erlebt). Auch als **Komödiendichter** (*Der Schwierige, Der Bürger als Edelmann* u. a. m.) tritt er hervor, obwohl ihn selbst, nach wie vor, nicht gerade der Frohsinn plagt. Komödien sind seiner Meinung nach aber ein bewusstes Gegengift gegen die fatalen Tendenzen der Zeit; sie führen eine Art ernsthafte Heiterkeit vor, die »das Einsame und das Soziale« zusammenbringt und auf einen neuen Erkenntnisstand hebt. Hofmannsthal bekennt sich zur »konservativen Revolution«, die allerdings, bis auf den heutigen Tag, ein schwieriges Feld ist: Gesellschaften nämlich folgen noch immer einer schwer durchschaubaren Eigengesetzlichkeit, in der beide, das Bewahrenswerte und das Überholte, so aneinander geraten, dass sie sich, nahezu unbemerkt, bis zur Unkenntlichkeit verändern.

Das **meistgespielte Stück** des Dichters ist der *Jedermann*, das berühmt wurde, obwohl es eigentlich nur während der Salzburger Festspiele gegeben wird, deren Mitbegründer Hofmannsthal war (1917). Der *Jedermann*, obwohl in pathetischer Sprache geschrieben, die nicht jedermanns Sache ist, hat eine Botschaft, die jedermann verstehen kann: Wir alle müssen sterben, da macht, erfreulicherweise, auch der Reiche keine Ausnahme. Das lässt den Tod, mit dem wir ja deutliches Unbehagen verbinden, letztlich sogar gerecht erscheinen; er rafft, solange ihm keiner das Handwerk legt, alle dahin.

Im Leben hat Hofmannsthal einen wiederkehrenden Traum gehabt; er spielt eine Versöhnung ein, die, gerade weil sie nicht zu erzielen ist, »allen Lebens großen Gang« durchwebt: »Er fühlte traumhaft aller Menschen Los, / So wie er seine eignen Glieder fühlte. / Ihm war nichts nah und fern, nichts klein und groß. / ... So ahnte mir, da ich den Traum da fand – / Und redet mit den Feuern jener Ferne / Und lebt in mir wie ich in meiner Hand.«

WW: *Brief des Lord Chandos – Die Frau ohne Schatten – Das Märchen der 672. Nacht – Das Salzburger Große Welttheater – Der Schwierige – Buch der Freunde*
A: *Hugo von Hofmannsthal, Gesammelte Werke in Einzelbänden. Hg. v. Bernd Schoeller in Beratung mit Rudolf Hirsch. S. Fischer Verlag, Frankfurt a. M. 1979 ff.*
L: *Mathias Meyer, Hugo von Hofmannsthal. J. B. Metzlersche Verlagsbuchhandlung, Stuttgart 1993*

■ KARL KRAUS

Geb. am 28. April 1874 in Jicin (Böhmen)
Gest. am 12. Juni 1936 in Wien

»ÖFFENTLICH ESSEN UND HEIMLICH VERDAUEN«

Auf den Bildnissen, die von ihm vorliegen, guckt er meist streng, ja grimmig; das Lachen scheint seine Sache nicht gewesen zu sein, obwohl oder gerade weil er andere gern mit Hohn und mit Spott überzog. Karl Kraus war der **Sprachrichter** unter den Dichtern; wen er gelten ließ, konnte seiner Unterstützung sicher sein, wen er verabscheute, hatte sich auf lebenslange Gefechte einzurichten. Dass Worte wie Waffen sein können, wurde dann vor Gericht ausgetragen; es setzte Beleidigungs- und Verleumdungsklagen, die darauf folgenden Prozesse hat Kraus in der Mehrzahl gewonnen.

Sein Werdegang ist unspektakulär: Der Sohn eines jüdischen Papierfabrikanten geht in Wien zur Schule, macht dort Abitur, studiert erst Jura, dann Germanistik und Philosophie, was ihm alles nicht zusagt. Für die Wissenschaft ist er nicht geboren, aber wozu dann? Er sagt sich vom Judentum los, wird katholisch, auch das keine dauerhafte Lösung, denn nach dem Ersten Weltkrieg tritt er wieder aus der Kirche aus. 1899 findet Kraus zu seiner eigentlichen Berufung, er **gründet** die **Zeitschrift** *Die Fackel*, die schon bald zu einem weit verbreiteten Meinungsorgan wird, in der der Herausgeber als unerbittlicher Alleinunterhalter auftritt: Fast alle Beiträge schreibt er selbst und lässt damit ein voluminöses Gesamtwerk entstehen, das aus streitbarem Bekennermut erwächst (»Ich will die Trockenlegung des Phrasensumpfes«); es umfasst schließlich 37 Jahrgänge und mehr als 18000 Druckseiten. Kraus hat sich ein Ingenieurprogramm der Sprache vorgenommen; sie kann, denn sie soll das zu Sagende so genau sagen, dass Sinn und Form eine überzeugende Einheit bilden (»Das geschriebene Wort sei die naturnotwendige Verkörperung eines Gedankens und nicht die gesellschaftsfähige Hülle einer Meinung«). Dass dieses Programm aller Ehren wert ist, aber auch feine Sollbruchstellen hat, wurde ihm im täglichen Abnützungskampf vorgeführt; er blieb der Sprache treu, selbst wenn er Zeuge ihrer Seitensprünge sein musste.

Die Wertschätzung seiner eigenen Person war beträchtlich (»Meine Sätze leben nur in der Luft meiner Sätze; so haben sie keinen Atem. Denn es kommt auf die Luft an, in der ein Wort atmet, und in schlechter krepiert selbst eines von Shakespeare«); am stärksten sah sich der Schriftsteller Kraus als **Lyriker** (*Worte in Versen,* 1916 ff.), da gehörte er seiner Meinung nach zu den ganz Großen. Die Nachwelt hat diese Wertschätzung nur noch bedingt geteilt; weniger der Lyriker Kraus ist im Gedächtnis geblieben als der **Aphoristiker**. Die pointierte Einsicht, die knappe Form macht seine Stärke aus; wenn er zu viel sagt, sagt er zu wenig, seine Wahrheiten legt er wie Köder auf gepachteten Grundstücken aus, sie sind vermintes Gelände: »Wer die Menschenverachtung an der Quelle studieren will, setze sich in ein Restaurant, das in der Nähe eines Theaters ist, und betrachte die Gesichter der einströmenden Scharen. Wie die Spannung, die noch auf den Zügen der Dummheit liegt, allmählich nachläßt und die Flucht vor dem Geiste ein neues Ziel findet. Sie schmatzen schon: das ist der Beifall zum Essen ... Wo beginnt denn eigentlich die Unappetitlichkeit und wo hört sie auf? Warum gibt es keine Eßklosetts? Öffentlich essen und heimlich verdauen, das paßt so den Herrschaften!«

WW: *Die Fackel.* – Gedichte *(Worte in Versen 1916–1930).* – Theaterstücke *(Die letzten Tage der Menschheit)*
A: *Karl Kraus, Schriften. Hg. v. Christian Wagenknecht. Suhrkamp Taschenbuch Verlag, Frankfurt a. M. 1989 ff.*
L: *Jens Malte Fischer, Karl Kraus. J. B. Metzlersche Verlagsbuchhandlung, Stuttgart 1974*

■ THOMAS MANN

Geb. am 6. Juni 1875 in Lübeck
Gest. am 12. August 1955 in Zürich

»WO ICH BIN, IST DEUTSCHLAND«

Der Dichter Thomas Mann, der sich in der deutschen Literatur im Stile eines Großmeisters bewegte, für den, wollte man Vergleichbare nennen, allenfalls noch → *Goethe* oder → *Schiller* in Frage kamen, machte sich am liebsten über bedeutende Themen Gedanken; daher beschäftigte er sich auch gern mit sich selbst. Er füllte **unzählige Tagebuchseiten**, sezierte sein Befinden wie ein Pathologe, der den Selbstversuch bevorzugt. Dass er Schriftsteller werden sollte, davon bekam er schon früh eine Ahnung: »Nach meinem Werden als Künstler … gefragt, frage ich mich nach seiner Wurzel, seinen frühesten Keimen und Regungen, und ich finde sie in meinen Kindheitsspielen. Das mag Sie wundern und Ihnen zweifelhaft scheinen. Das Spiel des Kindes, werden Sie sagen, ist etwas Allgemeines; jedes Kind spielt, und das braucht kein Vorspiel des Künstlertums und keine Vorbereitung darauf zu bedeuten. Natürlich nicht. In den meisten Fällen wird das Infantil-Spielerische durch den organischen Reifeprozeß überwunden. Ein gewisser lichtloser Ernst gewinnt die Oberhand, und der Mensch wird dann zum ausgewachsenen Philister. In anderen einzelnen Fällen aber bewahrt das reifende Leben das Infantile – nicht in der pathologischen Form, die eigentlicher Infantilismus wäre, als geistiges Zurückbleiben auf einer primitiven Stufe – sondern das bewahrte Kindliche, der **Spieltrieb** verbindet sich mit geistiger Reife, ja mit den höchsten Antrieben des Menschen, dem Streben zum Wahren und Guten, dem Drang nach Vollkommenheit, und wird zu dem, was man mit dem Namen der Kunst und des Künstlertums ehrt. Kurz, das Spiel kommt zu Würden …«

Kinderspiele verlangen Fantasie, und das umso mehr, wenn das Kind, in Ermangelung von Mitspielern, auf sich allein gestellt bleibt. Im Spiel bringt sich Thomas Mann bei, wie man seine eigene Welt einrichtet: »Ich erwachte zum Beispiel eines Morgens mit dem Entschluß, heute ein achtzehnjähriger Prinz namens Karl zu sein. Ich kleidete mich in eine gewisse liebenswürdige Hoheit, hielt angeregte Zwiesprache mit einem Gouverneur oder Adjutanten, den ich mir einbildungsweise beigab, und ging umher, stolz und glücklich in dem Geheimnis meiner Würde. Man konnte Unterricht haben, spazieren geführt werden oder sich Märchen vorlesen lassen, ohne daß dieses Spiel einen Augenblick unterbrochen zu werden brauchte, und das war das Praktische daran.« Im Kinderspiel, so sieht er es rückblickend, gelang ihm die zwanglose Einübung in eine später sehr bewusst eingesetzte Dichtkunst, zu der er den passenden Lebensstil entwickelte. Wichtigstes, weil vielseitigstes Spiel war das **Puppentheater**: »Es ist merkwürdig, welche Rolle das Puppentheater im Leben angehender Dichter, und zwar durchaus nicht gerade dramatischer Dichter, spielt: man denke an die Bekenntnisse und Erinnerungen Goethes im ›Wilhelm Meister‹ und Gottfried Kellers im ›Grünen Heinrich‹. Ich liebte dieses Spiel so sehr, daß mir der Gedanke, ihm jemals entwachsen zu können, unmöglich schien. Ich freute mich darauf, wenn ich die Stimme gewechselt haben würde, meinen Baß in den Dienst der sonderbaren Musikdramen zu stellen, die ich bei verschlossenen Türen zur Aufführung brachte, und ich war empört, wenn mein Bruder mir vorhielt, wie lächerlich es sein würde, wenn ich als Baß singender Mann noch vor dem Puppentheater sitzen wollte. Und doch, sitze ich in einem gewissen Sinne nicht noch heute davor? Zwischen Kinderspiel und Kunstausübung ist in meiner Erinnerung kein Bruch, keine scharfe Grenze.«

Thomas Mann wird als zweiter Sohn des Kaufmanns und Senators Johann Heinrich Mann und der »außerordentlich schönen«, aus Brasilien stammenden Julia da Silva-Bruhns geboren. Nach dem Tod des Vaters (1891) muss die elterliche Firma aufgelöst werden, da der Senator, wie das Testament enthüllt, seinen Söhnen nicht zutraut, unternehmerisch tätig zu sein. Die Firmenschließung ist mit finanziellem Zugewinn verbunden; der Familie Mann geht es, zumindest was ihre wirtschaftliche Existenzgrundlage betrifft, ein Leben lang gut. Zu seinem älteren **Bruder** → *Heinrich Mann*, der sich noch vor ihm für eine Künstlerlaufbahn entscheidet, baut Thomas ein besonderes **Spannungs- und Konkurrenzverhältnis** auf: Zunächst ist Heinrich erfolgreicher, dann holt der Jüngere, der in der zehnten Klasse das Gymnasium verlässt, nach München zieht und keinen ordentlichen Studienabschluss zu Stande bringt, zügig auf und zieht am älteren Bruder vorbei. Bereits mit seinem **Erstlingsroman** *Buddenbrooks,* der 1901 in zwei Bänden erscheint und ihm den **Literaturnobelpreis** (1929) einbringt, avanciert er zum berühmten Autor. Thomas Manns literarische Selbstfindung, vom Kinderspiel auf den Weg gebracht, findet 1897 in Italien, »in Palestrina in den Sabinerbergen«, statt. Dort schreibt er die Erzählung *Der kleine Herr Friedemann,* die ein Thema behandelt, das ihn in der Folgezeit nicht mehr loslässt: »Diese melancholische Geschichte... stellt auch insofern einen Markstein in meiner persönlichen Geschichte dar, als sie zum erstenmal ein Grundmotiv anschlägt, das im Gesamtwerk die gleiche Rolle spielt wie die Leitmotive im Einzelwerk. Die Hauptgestalt ist ein von der Natur stiefmütterlich behandelter Mensch, der sich auf eine klug-sanfte, friedlich-philosophische Art mit seinem Schicksal abzufinden weiß und sein Leben ganz auf Ruhe, Kontemplation und Frieden abgestimmt hat. Die Erscheinung einer merkwürdig schönen und dabei kalten und grausamen Frau bedeutet den Einbruch der Leidenschaft in dieses behütete Leben, die den ganzen Bau umstürzt und den stillen Helden selbst vernichtet.«

1924 erscheint Thomas Manns **sprachgewaltiger Roman** *Der Zauberberg,* »worin«, so der Autor, »ein junger Mensch sich mit der verführerischsten Macht, dem Tode, auseinanderzusetzen hat und auf komisch-schauerliche Art durch die geistigen Gegensätze von Humanität und Romantik, Fortschritt und Reaktion, Gesundheit und Krankheit geführt wird ... Der Geist des Ganzen ist humoristisch-nihilistisch ..., etwas vom Zwerg Nase«.

Keine Existenz fügt sich auf Dauer der Ordnung, die ihr auferlegt wird, sie bleibt gefährdet: diese Überzeugung gewinnt Thomas Mann schon in jungen Jahren. Er spürt die Gefährdung am eigenen Leibe, weiß um seine homosexuellen Neigungen, begegnet ihr mit künstlerischer Disziplin. Die Familie hilft ihm dabei, mehr noch eine bis ins Kuriose **durchreglementierte Berufsauffassung,** die auf seine Verächter beamtenhaft, wie Literaturdienst nach Vorschrift wirkt, ihm selbst jedoch dazu verhilft, ein gewaltiges Lebenswerk zu Stande zu bringen. Die Gefährdung, die den Menschen begleitet, begreift er als unverzichtbare Herausforderung: Wie langweilig und grundversorgt würde das Dasein abschnurren, würde ihm nicht gelegentlich der Boden entzogen und bisherige Überzeugungen infrage gestellt. In Thomas Manns vierbändigem Roman *Joseph und seine Brüder* (1933 ff.) findet sich das dazugehörige Bekenntnis: »... Geringfügig ist, verglichen mit der Zeitentiefe der Welt, der Vergangenheitsdurchblick unseres eigenen Lebens! ... So wenig wie der Mensch selbst vermögen wir bis zum Beginn unserer Tage, zu unserer Geburt, oder gar noch weiter zurückzudringen: sie liegt im Dunkel

vorm ersten Morgengrauen des Bewußtseins und der Erinnerung – im kleinen Durchblick sowie im großen. Aber beim Beginn unseres geistigen Handelns gleich, da wir in das Kulturleben eintreten, wie einst die Menschheit es tat, unseren ersten zarten Beitrag dazu formend und spendend, stoßen wir auf eine Anteilnahme und Vorliebe, die uns jene Einheit – und daß es immer dasselbe ist – zu heiterem Staunen empfinden und erkennen läßt: es ist die Idee der Heimsuchung, des Einbruchs trunken zerstörender und vernichtender Mächte in ein gefaßtes ... Leben«.

Thomas Mann entscheidet sich, der Schriftsteller zu sein, der er schon immer sein wollte. Sein Vorbild, zu dem er häufig zurücklugt, ist Goethe, der sich ähnlich sicher, manchmal auch: selbstgerecht, behauptet hat. Thomas Mann wird, nach Goethe, **der deutsche Dichter schlechthin**. Mit **Frau und fünf Kindern** kommt er, nimmt man andere Schicksale zum Vergleich, merkwürdig ungeschmälert durch politisch brisante Zeiten. Zunächst ein Konservativer mit liberalen Anwandlungen, der sich ideologisch mit seinem Bruder Heinrich überwirft, nähert er sich nach der Machtergreifung der Nazis widerstrebend der Linken an. Als man ihn 1936 in Deutschland ausbürgert und die Ehrendoktorwürde der Universität Bonn aberkennt, schreibt er ungläubig: »Ich habe es mir nicht träumen lassen ..., daß ich meine höheren Tage als **Emigrant**, zu Hause enteignet und verfemt, in tief notwendigem politischen Protest verbringen würde. Seit ich ins geistige Leben eintrat, habe ich mich in glücklichem Einvernehmen mit den seelischen Anliegen meiner Nation, in ihren geistigen Traditionen sicher gefühlt.

Ich bin weit eher **zum Repräsentanten geboren** als zum Märtyrer, weit eher dazu, ein wenig höhere Heiterkeit in die Welt zu tragen, als den Kampf, den Haß zu nähren. Höchst Falsches mußte geschehen, damit sich mein Leben so falsch, so unnatürlich gestaltete. Ich suchte es aufzuhalten nach meinen schwachen Kräften, dies grauenhaft Falsche – und eben dadurch bereitete ich mir das Los, das ich nun lernen muß, mit meiner ihm eigentlich fremden Natur zu vereinigen.«

1938 geht Thomas Mann in die USA. Auch dort ist er gefragt, bewohnt ein großzügig bemessenes Anwesen, muss nicht in eine schäbige Exilantenwohnung umziehen, und der literarische Weltgeist macht gleich wieder Station bei ihm. Wahrscheinlich hätte Goethe, wäre er in seinem Leben gezwungen gewesen, nach Amerika zu gehen, also ein leibhaftiger »Ausgewanderter« zu sein und nicht nur darüber zu schreiben, wie Thomas Mann gewohnt. Der behält seinen Lebensstil bei, egal wo er sich niederlässt; Spott und Kritik, die sich daran entzünden, durfte er ignorieren. 1944 wird er **amerikanischer Staatsbürger**, aber eigentlich sieht er sich mehr als Bürger der Welt: »Alles Nationale ist längst Provinz geworden. Man gönne mir mein Weltdeutschtum, das mir in der Seele schon natürlich, als ich noch zu Hause war, und den vorgeschobenen Posten deutscher Kultur, den ich noch einige Lebensjahre mit Anstand zu halten suchen werde.«

1947 erscheint der Roman *Doktor Faustus*, den er so charakterisiert: »Der Held des Romans, Leverkühn, ist ein außerordentlich stolzer, kühler und kluger Geist, zu klug eigentlich für die Kunst, der aber dennoch vom Drang nach dem Kreativen erfüllt ist und dazu Enthemmungen braucht, die ihm in dem ideellen Rahmen des Buches nur der Böse verschaffen kann. Mit seinem Sündenfall ist auch – gewissermaßen – auf der politischen Ebene des Buches auf die faschistische Intoxikation der Völker angespielt.«

Nach Kriegsende braucht Mann seine Zeit, bis er Deutschland wieder einen Besuch abstatten mag; zu tief sind die Wunden, die man ihm, dem äußerlich Unantastbaren, in der Heimat geschlagen hat. 1952 lässt er sich in der **Schweiz** nieder; das letzte Haus, das er sich auf Erden zulegt, ist wiederum geräumig und ansehnlich und steht in Kilchberg bei Zürich. Als er dort einzieht, ist er längst zur Institution geworden. Preise und Ehrungen nimmt er wie selbstverständlich entgegen, weiß, dass er sie verdient hat und gibt sich gerade deswegen **generös und bescheiden**. Der wahre Dichter, darin ist er sich mit seinem Vorbild Goethe einig, erfüllt einen Auftrag, er tut, was er tun muss. Dabei kann auch aus eher nichtigem Anlass ein Werk entstehen, das sich sein Autor, möglicherweise, ganz anders vorgestellt hat: »Nicht immer sind es die größten Werke, die mit den größten Absichten geschrieben werden. Im Gegenteil halte ich es für die Regel, daß die großen Werke das Ergebnis bescheidener Absichten waren. Der Ehrgeiz darf nicht am Anfang stehen, nicht vor dem Werk. Er muß mit dem Werk heranwachsen und diesem mehr angehören als dem Ich des Künstlers. Es ist nichts falscher ... als der bleiche Ehrgeiz des Ich.« Das Werk bricht sich Bahn und findet seine Entsprechung »in der eigentümlich ahnenden Seelenverfassung des werdenden Autors, aller werdenden Autoren: dieses geheime Wissen um das Vorhandensein von Kräften, die wohl ihre Zeit brauchen mögen, aber unerschütterlich vorhanden sind«. Dennoch sollte der Künstler sein Genie nicht überschätzen: Jeder Mensch ist einzigartig, aber er verliert seine Einzigartigkeit an der des anderen; seine Individualität wird abgeschliffen: »Alles Leben ist Wiederkehr und Wiederholung, und der sogenannte Charakter des Individuums eine mythische Rolle, die in der **Illusion origineller Einmaligkeit** gespielt wird, gleichsam nach eigenster Erfindung und auf eigene Hand ... Wie wir uns bei bestimmten Anlässen bewegen und benehmen, in welche Formen wir unsere Gefühle und Gedanken kleiden – das ist nicht erstmalige Improvisation, sondern – mehr oder weniger dunkle – Erinnerung, Rückbeugung in die unendliche Abfolge von Vergangenheiten, in die Zeitkulissen, die dem grübelnden Blick immer weiter zurückweichen, ohne daß er ihnen jemals ›auf den Grund zu kommen‹ vermöchte.«

Was andere beklagen, das unerbittliche Abschmelzen des Zeitvorrats, den jeder Mensch mitbekommt, ist für Thomas Mann eine Voraussetzung produktiver Arbeit; er liefert ein »**Lob der Vergänglichkeit**«: »Zeit muß man haben«, lässt er seinen Goethe im Roman *Lotte in Weimar* (1939) sagen, »Zeit ist Gnade, unheroisch und gütig, wenn man sie nur ehrt und emsig erfüllt; sie besorgt es im Stillen ...« Und in einer *Selbstauskunft* fügt er hinzu: »Vergänglichkeit ist ... die Seele des Seins, ist das, was allem Leben Wert, Würde und Interesse verleiht, denn sie schafft *Zeit*, – und **Zeit** ist, wenigstens potentiell, die **höchste, nutzbarste Gabe**, in ihrem Wesen verwandt, ja identisch mit allem Schöpferischen und Tätigen, aller Regsamkeit, allem Wollen und Streben, aller Vervollkommnung, allem Fortschritt zum Höheren und Besseren. Wo nicht Vergänglichkeit ist, nicht Anfang und Ende, Geburt und Tod, da ist keine Zeit, – und Zeitlosigkeit ist das stehende Nichts, so gut und schlecht wie dieses, das absolut Uninteressante.«

Thomas Mann stand für das andere, das bessere Deutschland; in einer Tagebuchnotiz aus dem Jahre 1938, die ein wenig unbescheiden anmutet, aber nicht falsch ist, heißt es: »Es ist ja wie immer. Ein Tisch ist da, ein Sessel mit Lampe zum Lesen, eine Bücherreihe auf der Konsole, – und ich bin allein. Was verschlägt es, daß ich ›weit weg‹ bin? Weit weg wovon? Etwa von mir? Unser Zentrum ist in uns. Ich habe die Flüchtigkeit äußerer Seßhaftigkeit erfahren. Wo wir sind, sind wir ›bei uns‹. Was ist Heimatlosigkeit? In den Arbeiten, die ich mit mir führe, ist meine Heimat. Vertieft in sie, erfahre ich alle Traulichkeit des Zuhauseseins. Sie sind Sprache, deutsche Sprache und Gedankenform, persönlich entwickeltes Überlieferungsgut meines Landes und Volkes. Wo ich bin, ist Deutschland.«

WW: Romane und Erzählungen *(Buddenbrooks – Der kleine Herr Friedemann – Tristan – Tonio Kröger – Königliche Hoheit – Der Tod in Venedig – Herr und Hund – Gesang vom Kindchen – Wälsungenblut – Der Zauberberg – Unordnung und frühes Leid – Mario und der Zauberer – Joseph und seine Brüder – Lotte in Weimar – Doktor Faustus – Das Gesetz – Der Erwählte – Die Betrogene – Bekenntnisse des Hochstaplers Felix Krull).* – Aufsätze, Reden, Essays *(Betrachtungen eines Unpolitischen – Rede und Antwort – Goethe und Tolstoi – Von deutscher Republik – Deutsche Ansprache – Goethe als Repräsentant des bürgerlichen Zeitalters – Leiden und Größe der Meister – Achtung, Europa! – Deutsche Hörer! 25 Radiosendungen nach Deutschland – Deutschland und die Deutschen – Der Künstler und die Gesellschaft – Versuch über Schiller).* – Tagebücher, Notizhefte, Briefe
A: *Thomas Mann, Große kommentierte Frankfurter Ausgabe. Werke, Briefe, Tagebücher. 58 Bde. S. Fischer Verlag, Frankfurt a. M. 2000 ff.*
(Viele Titel sind auch im Taschenbuch erhältlich)
L: *Klaus Schröter, Thomas Mann. Rowohlt Taschenbuch Verlag, Reinbek 1995*
Hermann Kurzke, Thomas Mann. Das Leben als Kunstwerk. Verlag C. H. Beck, München 1999

■ RAINER MARIA RILKE

Geb. am 4. Dezember 1875 in Prag
Gest. am 29. Dezember 1926 in Val-Mont (Wallis)

»WIR SIND NICHT IN DER ZEITWELT GEBUNDEN«

Unter deutschen Dichtern hat kaum einer so schwach begonnen und so stark aufgehört wie er; in seinem Werk lässt sich ablesen, dass es einer poetischen Begabung nicht schaden kann, wenn sie sich zu **Trainingsfleiß** und vermehrten Studien anhält. Rilkes Leben schien auf Erfüllung aus zu sein, für die er selbst etwas tun musste; als er das begriffen hatte, war es nicht zu spät, wohl aber knapp in der Zeit; von da an arbeitete er, als ginge es um sein Leben: »Kunstdinge sind ... immer Ergebnisse des In-Gefahr-Gewesen-Seins, des in einer Erfahrung Bis-ans-Ende-gegangen-Seins ... Je weiter man geht, desto eigener, desto persönlicher, desto einziger wird ein Erlebnis, und das Kunstding endlich ist die notwendige, ununterdrückbare, möglichst endgültige Aussprache dieser Einzigkeit.«

Dass Rilke zum Künstler taugte, dass er Künstler werden wollte, wusste er früh; zunächst aber hatte man anderes mit ihm vor. Er wächst in einer nicht unproblematischen Familie heran: Der Vater, beim Militär gescheitert, bringt es zum Bahnbeamten, ein Abstieg, der ihn bis zur Weinerlichkeit deprimiert. Umso stärker gibt sich die Mutter; sie stammt aus vorgeblich besseren Kreisen und hatte einmal künstlerische Ambitionen, die sie, dank ihrer unglückseligen Heirat, nicht ausleben konnte, was Ehemann und Sohn, auf unterschiedliche Weise, zu spüren bekommen. Dem Gatten zeigt sie ihre Verachtung; der Sohn aber soll es richten, er ist dazu ausersehen, all das zu erreichen, was der Mutter verwehrt blieb. Rilke, schwächlich, oft kränkelnd, sieht sich einer **Erwartungshaltung** ausgesetzt, unter der er einknicken muss. »Ganz willenlos, ganz Besitz ihrer Liebe«, konstatiert er im Blick zurück, und im Kriegsjahr 1915, als er eigentlich andere Sorgen haben müsste, bringt er, erinnerungsgeplagt, ein Gedicht zu Papier, das mit der schönen Zeile »Ach wehe, meine Mutter reißt mich ein« beginnt. Nach der

Schule soll der junge Rilke Offizier werden und damit nachholen, was der Vater, vorwiegend durch eigenes Zutun, verpasste. Aber das Militär ist nichts für ihn, unter mehr als 500 angehenden Rekruten wird ihm die »überlebensgroße Erfahrung der Einsamkeit« zuteil, die ihm auch dann erhalten bleibt, als er die soldatische Ausbildung längst abgebrochen hat. Ohnehin ist Rilke anfangs nur Abbruch-Unternehmer, auch sein Studium der Kunstgeschichte in Prag und München bricht er ab. Er entscheidet sich, ganz und gar Dichter zu sein. Ein mutiger Schritt, denn mit herausragenden Talentproben ist er bislang nicht hervorgetreten: **Zwei Gedichtsammlungen** sind erschienen, dazu der **Prosaband** *Weise von Liebe und Tod des Cornets Christoph Rilke* (1904), der, erstaunlich genug, zu Lebzeiten sein erfolgreichstes Buch wird.

Rilkes eigentlicher Weg als Dichter beginnt 1906 in Paris: Zunächst betätigt er sich als **Privatsekretär** des launischen Großbildhauers **Auguste Rodin**, der ihn eines Tages kurzerhand vor die Tür setzt, er sieht sich »fortgejagt wie ein diebischer Diener«. Der Rausschmiss erweist sich als Glücksfall (»Es mußte wohl so kommen, und es kam von selbst«); Rilke ist, einmal mehr, auf sich selbst gestellt, und dieses Mal will er das Beste daraus machen. Zuvor hatte er nur halbherzige Lösungen ausprobiert; jetzt geht er aufs Ganze, er will, ein für alle Mal, herausfinden, zu welchen Leistungen er in der Sprache fähig ist. Er verordnet sich ein privates Übungsprogramm, studiert Wörterbücher, Lexika, Romane alter Meister; er streift durch Paris, schreibt seine Eindrücke auf, verdichtet sie zu eleganten Miniaturen. Dass er auf einem fast unheimlichen Weg der Besserung ist, lässt sich zunächst aus seinen Briefen ablesen; sie werden üppiger, feiner, wachsen sich unter seinen Händen zu kleinen Mitteilungskunstwerken aus, die auch von der Andeutung, der wissenden Aussparung leben. In seinen Briefen ist Rilke, der die Erfahrung gemacht hat, dass ihm zu viel menschliche Nähe nicht bekommt, ganz bei sich selbst; er fühlt sich unbehelligt, nicht gefordert im Sinne erotischer oder familiärer Pflichten. Von seiner Frau, der **Bildhauerin Clara Westhoff**, hat er sich nach einem Jahr getrennt; nun, aus sicherer Entfernung, schreibt er ihr und der gemeinsamen Tochter Ruth die liebevollsten Briefe.

Von Paris aus geht er nach Capri; er folgt der Einladung einer reichen

Gönnerin, von denen es einige gibt. Da der Dichter Rilke ganz und gar Dichter sein will, macht es ihm nichts aus, wenn andere, vorwiegend wohlhabende Bürger und förderwillige Adelige, seinen Dichterstand absichern, indem sie ihn eine Zeitlang von schnöden Geld- und Unterkunftssorgen freihalten. Er nimmt es, im Interesse der großen Kunst, die er bedient, als Selbstverständlichkeit, schließlich kommen die Werke, die er schreibt, ja nicht ihm allein, sondern der Allgemeinheit zugute. Einige seiner Kollegen denken da anders; der Schriftsteller → *Gottfried Benn* befindet: »...Ein Gemisch von männlichem Schmutz und lyrischer Größe, ein unangenehmes Gemisch. Auch diese hundert Grafen und Gräfinnen und aus 50 Schlössern –, es ist schwer, es nicht komisch zu finden.« Auf Capri spürt Rilke, dass die **Einlösung jener sprachlichen Meisterschaft**, zu der er sich in Paris anhielt, bevorsteht: »Mir geht es so: Ich bin geradezu leidenschaftlich, keine von diesen Stimmen zu versäumen, die da kommen sollen. Ich will sie jede hören, ich will mein Herz herausnehmen und es mitten in die... Worte hineinhalten, so daß es nicht nur auf einer Seite und von fern von ihnen berührt werde. Aber ich will zugleich meinen gewagten, so oft unverantwortlichen Posten nicht eher aufgeben..., bevor nicht die letzte, die äußerste, endgültige Stimme zu mir gesprochen hat; denn nur an dieser Stelle bin ich ihnen allen zugänglich und offen, nur an dieser Stelle findet mich alles, was mir an Schicksal, Zuruf oder Macht begegnen will...«

Von Capri kehrt Rilke nach **Paris** zurück; im Juli 1907 schließt er das Manuskript seiner *Neuen Gedichte* ab. Er ist erschöpft, weiß aber, dass er Großes geleistet hat – er sieht sich als Teil eines umfassenden Ganzen, einer

höheren Ordnung, die einem anderen als dem gewöhnlichen Sinn entspricht: »Wie sehr ist, was uns begegnet, aus einem Stück; in welcher Verwandtschaft steht eines zum andern, hat sich geboren und wächst heran und wird erzogen zu sich selbst, und wir haben im Grunde nur dazusein, aber schlicht, aber inständig, wie die Erde da ist, den Jahreszeiten zustimmend, hell und dunkel und ganz im Raum, nicht verlangend in anderem auszuruhen als in dem Netz von Einflüssen und Kräften, in dem die Sterne sich sicher fühlen.«

Auch Rilke fühlt sich nun sicher: 1910 erscheint sein Roman *Die Aufzeich-nungen des Malte Laurids Brigge,* der auf beeindruckende Weise deutlich macht, dass man realistisch erzählen und doch im **Zauberkreis der Poesie** bleiben kann. Er setzt sein Reiseleben fort, ist u.a. in Russland, Italien, Ägypten, Spanien; aus unterschiedlichen Landschaften formt er sich in Ge-danken einen einzigen »imaginären Raum«. Der Erste Weltkrieg wirft ihn aus der Bahn; er erkennt, dass die Kunst an einer Realität zerbricht, die kei-nen Einklang mehr will, sondern auf Feindbilder schaut. Nach Kriegsende fasst Rilke nur langsam wieder Tritt; er muss sich neu orientieren. Aber dann kehren sie noch einmal zurück, die Stimmen, die er hören soll, und es ist sogar die erhoffte, »die letzte, die äußerste, die endgültige Stimme«, die nun zu ihm spricht. In Muzot (Wallis) hat er einen idyllischen Rückzugsort gefunden, ein Schlösschen mit Einsiedlerturm und Rosengarten. Hier schreibt er die *Duineser Elegien,* sein **eigentliches Meisterwerk**, das er bereits 1912 auf Schloss Duino an der Adria begonnen, dann aber liegen gelassen hatte; er schreibt, weil es über ihn kommt und er gar nicht anders kann: »Al-les in ein paar Tagen, es war ein namenloser Sturm, ein Orkan im Geist ..., alles, was Faser in mir ist und Geweb, hat gekracht, – an Essen war nie zu denken. Gott weiß, wer mich genährt hat.«

Schon in der »Ersten Elegie« klingt ein Ton an, den man in der deutschen Lyrik zuvor kaum vernommen hatte: »Wer, wenn ich schriee, hörte mich denn aus der Engel / Ordnungen? und gesetzt selbst, es nähme / einer mich plötzlich ans Herz: ich verginge von seinem / stärkeren Dasein.« In den *Duineser Elegien* schimmert Rilkes Glaubensbekenntnis auf, das kein ge-schlossenes Welt- und Gottesbild meint, sondern einen innigen, untilgbaren Zusammenhang von Sichtbarem und Unsichtbarem, von Vergangenem und erfüllter Gegenwart: »Wir, diese Hiesigen und Heutigen, sind nicht einen Augenblick in der Zeitwelt ... gebunden; wir gehen immerfort über und über zu den Früheren, zu unserer Herkunft und zu denen, die scheinbar nach uns kommen ... Unsere Aufgabe ist, diese vorläufige, hinfällige Erde uns so tief, so leidend und leidenschaftlich einzuprägen, daß ihr Wesen in uns ›unsichtbar‹ wieder aufersteht. *Wir sind die Bienen des Unsichtbaren ...*«

Seinen Verächtern bot Rilke genug Angriffsflächen, um sich über ihn lustig zu machen; »sein Ästhetizismus, sein adliges Getu', seine frömmelnde Geziertheit waren mir immer peinlich«, befand ausgerechnet → *Thomas Mann*, der einen Lebensstil pflegte, wie man sich ihn erkünstelter kaum vorstellen konnte. Nur im Werk ließ Rilke seinen **Lebenstraum** hoch hinauf fliegen, ansonsten hielt er ihn lieber klein: »O was für ein glückliches Schicksal, in der stillen Stube eines ererbten Hauses zu sitzen unter lauter ruhigen, seßhaften Dingen und draußen im leichten, lichtgrünen Garten die ersten Meisen zu hören, die sich versuchen, und in der Ferne die Dorfuhr. Zu sitzen und auf einen warmen Streifen Mittagssonne zu sehen und … ein Dichter zu sein … Da hätte ich drinnen gelebt mit meinen alten Dingen, den Familienbildern, den Büchern. Und einen Lehnstuhl hätte ich gehabt und Blumen und Hunde und einen starken Stock für die steinigen Wege. Und nichts sonst. Nur ein Buch in gelbliches, elfenbeinfarbiges Leder gebunden, mit einem alten blumigen Muster als Vorsatz; dahinein hätte ich geschrieben. Ich hätte viel geschrieben, denn ich hätte viele Gedanken gehabt und Erinnerungen von vielen …«

WW: Gedichtbände *(Erste Gedichte – Ausgesetzt auf den Bergen des Herzens – Das Buch der Bilder – Das Stundenbuch – Neue Gedichte – Sonette an Orpheus – Duineser Elegien)*. – Romane *(Die Aufzeichnungen des Malte Laurids Brigge)*. – Erzählungen *(Am Leben hin – Wladimir der Wolkenmaler – Geschichten vom lieben Gott)*. – Briefe
A: *Rainer Maria Rilke, Sämtliche Werke in sechs Bänden. Insel Verlag, Frankfurt a. M. 1987*
Rainer Maria Rilke, Briefe in drei Bänden. Insel Taschenbuch Verlag, Frankfurt a. M. 1987
(Viele Titel sind auch als Einzelausgaben im Taschenbuch erhältlich)
L: *Wolfgang Leppmann, Rilke. Sein Leben, seine Welt, sein Werk. Scherz Verlag, München 1981*
Lou Andreas-Salomé, Rainer Maria Rilke. Insel Taschenbuch Verlag, Frankfurt a. M. 1988

■ HERMANN HESSE

Geb. am 2. Juli 1877 in Calw

Gest. am 9. August 1962 in Montagnola (Tessin)

»DES LEBENS RUF AN UNS WIRD NIEMALS ENDEN«

Er ist der weltweit erfolgreichste deutsche Schriftsteller, seine Werke werden in den USA gelesen, in El Salvador, Usbekistan, Neuseeland und China. Zudem hat er, meist unfreiwillig, verschiedene gesellschaftliche Strömungen mit bekennender Literatur versorgt, allen voran die Hippies der 60er und 70er Jahre, die sich speziell um seinen Roman *Der Steppenwolf* (1927) scharten, der wiederum einer (damals) erfolgreichen Rockband zu ihrem Namen und einem Song verhalf, in dem sich das **Lebensgefühl der Aussteigergeneration** widerspiegelte (*Born to be wild*). Die hiesigen, eher zahmen Hesse-Puristen hielten das für ein Missverständnis, aber das war es nicht: Ihr Dichter nämlich verstand sich durchaus aufs Aussteigen, er probte die **Selbstfindung**, die unzählige Varianten kennt und doch an kein Ziel kommt, das über jeden Zweifel erhaben wäre. Vom »unfruchtbar einsamen Virtuosentum des Künstlertums« hielt Hesse wenig: Zwar lobte er den »Eigensinn«, wusste aber auch um die Notwendigkeit, »das persönliche Leben und Tun einem überpersönlichen Ganzen, einer Idee . . ., einer Gemeinschaft einzuordnen«.

Hermann Hesse stammt aus kleinbürgerlichen Verhältnissen; die Eltern sind unangenehm fromm und wollen den Sohn zum Theologen ausbilden lassen. Er wird ins **Klosterseminar Maulbronn** gegeben, wo es ihm anfangs ganz gut gefällt; sein anfänglicher Elan lässt jedoch nach. Er reißt aus, irrt »23 Stunden in Württemberg, Baden und Hessen herum«, schläft »auf freiem Feld bei 7 Grad minus«; dann wird er von Landjägern aufgegriffen und zurückgebracht. Die Lehrer gehen vergleichsweise milde mit ihm um, er bekommt »wegen unerlaubten Entweichens aus der Anstalt« nur acht Stunden Karzer. Danach fühlt er sich noch schlechter: »Ich bin so müde, so kraft- und willenlos . . . Meine Füße sind immer eiskalt, während es ganz innen im Kopf brennt . . . Ich möchte hingehn wie das Abendrot.« Es lässt sich nicht verbergen: Hesse hat **Depressionen**. Die nächste Zeit gleicht einer Irr-fahrt: Er verlässt Maulbronn, besucht drei weitere Anstalten, bricht eine Buchhändlerlehre ab. Dann wird er Praktikant einer Werkstatt für Turmuh-ren in Calw. Diese Arbeit macht ihm erstaunlichen Spaß, er findet langsam wieder zu sich selbst, wozu auch die Lesewut beiträgt, die sich in ihm ange-staut hat; wann immer es seine Zeit erlaubt, liest er, was ihm an Büchern in die Finger fällt. Im Mai 1895 meint er seine Krise überwunden zu haben: »Die böse Zeit voll Zorn und Haß und Selbstmordgedanken liegt hinter mir, immerhin hat sie mein dichterisches Ich ausgebildet; die tollste Sturm-und-Drang-Zeit ist glücklich überwunden.«

Hesse weiß seit dem 13. Lebensjahr, dass er »Dichter werden will und sonst gar nichts«. Von 1895 bis 1903 betätigt er sich als **Buchhändler** in Tü-bingen und Basel. Er veröffentlicht **Gedichte und Kurzprosa**. 1904 erscheint sein erster Roman *Peter Camenzind* und macht ihn bekannt. Obwohl der Erfolg in seinem Ausmaß überraschend kommt, hat Hesse ihn doch insge-heim erwartet; nun kann er ganz und gar Schriftsteller sein. Er heiratet, zieht nach Gaienhofen am Bodensee. Obwohl er ein »Gefühl von Seßhaftig-keit« hat und dem »hübschen Traum« anhängt, »mir ... etwas wie Heimat schaffen zu können«, ist eine merkwürdige Unruhe in ihm. Er reist nach Ita-lien (1904 ff.) und Indien (1911), dessen Geisteswelt ihn beeindruckt. Hesse bleibt ein **Einzelgänger mit Familienanschluss**; er ist dreimal verheiratet, hat drei Kinder, reißt sich aber immer wieder los, wenn er Einengung spürt: »In meinem Leben haben stets Perioden einer hochgespannten Sublimierung, einer auf Vergeistigung zielenden Askese abgewechselt mit Zeiten der Hin-gabe an das naiv Sinnliche, ans Kindliche, Törichte, auch ans Verrückte und Gefährliche. Jeder Mensch hat das in sich.« Auch seine Bücher, deren Titel manchmal nur den Namen der Hauptperson tragen, erzählen gern von den Vorzügen und Gefährdungen des Einzelgängers: »Beinahe alle Prosadich-tungen, die ich geschrieben habe, sind **Seelenbiographien**, in allen handelt es sich nicht um Geschichten, Verwicklungen und Spannungen, sondern sie sind im Grunde Monologe, in denen eine einzige Person – wie *Peter Camen-zind, Knulp, Demian, Siddharta*, Harry Haller« (der *Steppenwolf*) »in ihren Beziehungen zur Welt und zum eigenen Ich betrachtet werden.« Was Hesse im Alter über seinen Romanhelden *Peter Camenzind* sagt, der ihn in die Erfolgsspur brachte, gilt, mit Abstrichen, auch für ihn selbst: »Er strebt von der Welt und Gesellschaft zur Natur zurück; er wiederholt im kleinen die halb tapfere, halb sentimentale Revolte Rousseaus, er wird auf diesem Wege zum Dichter.«

Zu Beginn des Ersten Weltkriegs meldet sich Hesse als Freiwilliger; man will ihn aber nicht haben, denn er ist schwer kurzsichtig. Der Dichter Hesse wird immer pazifistischer; er betätigt sich in der Kriegsgefangenenfürsorge und nervt seine Landsleute mit mahnenden Texten, worauf er als »vaterlandsloser Geselle« beschimpft wird. Die versteckte Aufforderung, die darin enthalten ist, nimmt Hesse wörtlich: Er kehrt Deutschland den Rücken; 1923 erhält er die **Schweizer Staatsbürgerschaft**. Zwischen den beiden Weltkriegen nutzt er seine wachsende Berühmtheit, um politisch Einfluss zu nehmen; er tut dies auf seine persönliche Art, indem er unzählige Briefe an junge Deutsche schreibt, denen er ins Gewissen redet. Das an sich ist schon eine Fleißleistung; hinzu kommen die Bücher, die er veröffentlicht, u. a. den **Indien-Roman** *Siddharta* (1922), *Sinclairs Notizbuch* (1923), *Kurgast* (1925), *Betrachtungen, Krisis* (1928), *Narziß und Goldmund* (1930). Im Mai 1919 zieht Hesse nach Montagnola im Tessin, ein »kleines, verschlafenes Dorf inmitten von Rebbergen und Kastanienwäldern«, das zu seiner eigentlichen Heimat wird. Der Sommer, der auf den Mai folgt, ist ein heißer, rauschhafter Sommer, der ihm neuen Lebensmut gibt: »Ich bin nicht gestorben ... Also nochmals dreht sich Erde und Sonne für mich ..., und noch lange spiegelt sich Blau und Wolke, See und Wald in meinem lebendigen Blick, nochmals gehört mir die Welt, nochmals spielt sie auf meinem Herzen ihre vielstimmige Zaubermusik.« Die Bildermacht dieses Sommers, den er später die »vollste, üppigste, fleißigste und glühendste Zeit« seines Lebens nennt, gibt er an einen Romanhelden weiter, den Maler Klingsor. Hesse hat inzwischen selbst angefangen zu malen; zur Sprache seines Sommers gehören Lichtspiel und Farben: »Die glühenden Tage wanderte ich durch die Dörfer und Kastanienwälder, saß auf dem Klappstühlchen und versuchte, mit Wasserfarben etwas von dem flutenden Zauber aufzubewahren, die warmen Nächte saß ich bis zu später Stunde, bei offenen Türen und Fenstern in Klingsors

Schlösschen und versuchte, etwas erfahrener und besonnener, als ich es mit dem Pinsel konnte, mit Worten das Lied dieses unerhörten Sommers zu singen.«

1942, mitten im Krieg, beendet Hesse seinen Roman *Das Glasperlenspiel*, vielleicht sein reichhaltigstes Werk, das »den Widerstand des Geistes gegen die barbarischen Mächte zum Ausdruck ... bringen« und die »Freunde drüben in Deutschland im Widerstand und Ausharren ... stärken« will. Nach dem Krieg wird Hesse mit hohen Ehren bedacht, der einstige »Drückeberger« erhält im gleichen Jahr den Goethe-Preis und den **Nobelpreis für Literatur** (1946). Seinen Ruhm, der ja zuvor schon nicht gering war, hat das noch einmal befördert, bis hin zur fortgesetzten Belästigung: Am Eingang zu seinem Haus, der Casa Camuzzi, brachte er ein Schild an: Bitte keine Besuche!; genützt hat es nicht viel.

Größere Prosaschriften veröffentlicht Hesse zuletzt nicht mehr, seine Augen lassen nach, er erkrankt an Leukämie. Was er noch schreibt, sind vor allem **Gedichte, die vom Bleibenden sprechen**, von altehrwürdigen Gewissheiten, Hoffnungen, von der Antwort des Lebens auf den Tod. In seinem bekanntesten Gedicht *Stufen*, das altgediente Hesse-Fans Wort für Wort und mit leuchtendem Blick hersagen können, heißt es: »... Wir sollen heiter Raum um Raum durchschreiten, / An keinem wie an einer Heimat hängen, / Der Weltgeist will nicht fesseln uns und engen, / Er will uns Stuf' um Stufe heben, weiten. / Kaum sind wir heimisch einem Lebenskreise / Und traulich eingewohnt, so droht Erschlaffen; / Nur wer bereit zu Aufbruch ist und Reise, / Mag lähmender Gewöhnung sich entraffen. / – Es wird vielleicht auch noch die Todesstunde / Uns neuen Räumen jung entgegen senden, / Des Lebens Ruf an uns wird niemals enden ... / Wohlan denn, Herz, nimm Abschied und gesunde!«

Hesse war der Dichter »des gegenbürgerlichen Mutes« (Alfred Wolkenstein); er besaß ein »erlesenes Gefühl für das Angemessene, für Zurückhaltung, für Harmonie und ... den inneren Zusammenhang der Dinge« (André Gide). Seine Leser wissen das noch immer zu schätzen; sie mögen einen Autor, der es ehrlich mit ihnen meint und dafür in Kauf nahm, von selbstgefälligen Kritikern abgestraft zu werden.

WW: Gedichtbände *(Unterwegs – Musik des Einsamen – Krisis – Trost der Nacht – Jahreszeiten – Vom Baum des Lebens – Stufen). –* Romane *(Peter Camenzind – Unterm Rad – Demian – Siddharta – Der Steppenwolf – Das Glasperlenspiel). –* Erzählungen *(Aus Indien – Schön ist die Jugend – Klingsors letzter Sommer – Kurgast – Narziß und Goldmund – Die Morgenlandfahrt – Traumfährte – Freunde – Geheimnisse). –* Essays, Aufsätze, Briefe

A: *Hermann Hesse, Sämtliche Werke in 20 Bänden. Hg. v. Volker Michels. Suhrkamp Verlag, Frankfurt a. M. 2001ff.*

Hermann Hesse, Gesammelte Werke. 12 Bde. Suhrkamp Taschenbuch Verlag, Frankfurt a. M. 1970

(Die meisten Titel Hesses sind auch als Einzelausgaben im Taschenbuch erhältlich)

L: *Bernhard Zeller, Hermann Hesse. Rowohlt Taschenbuch Verlag, Reinbek 1993*

■ ROBERT WALSER

Geb. am 15. April 1878 in Biel (Kanton Bern)
Gest. am 25. Dezember 1956 in Herisau (Aargau)

»WAS NICHT ANWESEND IST, IST ES MANCHMAL DADURCH GERADE SEHR«

Ein Merkmal des guten, des wachsamen Dichters ist, dass er sich nicht am Vordergründigen verhakt, sondern das Hintergründige sucht. Die Dinge sind nämlich oft anders, als sie erscheinen; bei genauerem Hinsehen bekommt die Oberfläche Risse, Fassaden werden brüchig, die Wahrheit hat nicht nur ein Vorzeigegesicht. Das **Aufspüren tieferer Zusammenhänge** gehört zum dichterischen Geschäft, man muss allerdings aufpassen, dass man sich selber dabei nicht in Mitleidenschaft zieht, denn dann kann es eng werden: der Boden, auf dem man steht, wird einem ständig entzogen. Der Dichter Robert Walser ist dieser Gefahr erlegen; man kann auch sagen, er hat sich ihr, als jeder Widerstand zwecklos erschien, bereitwillig ergeben.

Walser kommt aus einer großen Familie, er ist das siebte von acht Kindern und fühlt sich beizeiten vernachlässigt. Die Mutter scheint ihren Anforderungen nicht gewachsen zu sein; sie neigt zu Depressionen, die auch

dem Ehemann gelten, einem resoluten Buchbinder, der alles, was ihm zugemutet wird, problemlos wegsteckt. Walser arbeitet in diversen Jobs, ist **Büro-
angestellter, Diener, Bote**, sogar **Assistent eines kauzigen Erfinders**. Am
liebsten möchte er Schauspieler werden; das versucht er in Stuttgart, wo sein
Bruder Karl Maler ist. Es wird nichts mit der Schauspielerei, dafür bekommt
er Geschmack an einem »wirklichen freien Leben«. Ungebunden sein, sich
in der geschenkten Existenz neugierig zeigen und wie ein Zwangloser bewegen, wird nun sein Traum. Dafür beginnt er zu schreiben, und die Helden
seiner kleinen versponnenen Romane (darunter *Geschwister Tanner*, 1906,
Der Gehülfe und *Jakob van Gunten*, 1908) sind alle ein bisschen wie er, un-
scheinbar, zurückgenommen »in einen ruhigen, bescheidenheitsreichen
Hintergrund«, »um von hier aus in das helle Leuchten ... hinein- und hi-
naufzuschauen«.

1905 geht Walser mit großen Hoffnungen nach Berlin. In der großen
Stadt will er als kleiner Mann zu sich selbst kommen; er lernt wichtige Leute
kennen, schreibt in aberwitzigem Tempo **sechs Romane**, die allesamt **erfolglos** bleiben; sein Verleger Cassirer verliert die Geduld mit ihm und geht
auf Distanz. 1913 kehrt Walser in die Schweiz zurück, er ist enttäuscht und
gealtert. Mühsam findet er ins Leben zurück, das zwischenzeitlich nicht
freundlicher geworden ist. Die einzige Frau an seiner Seite ist seine unver-
heiratete Schwester Lisa. Walser wird zum besessenen Spazier- und Müßig-
gänger, er baut sich ein Vertrauensverhältnis zur Natur auf. Nach heutigen
Begriffen lebt er wie ein Nichtsesshafter; er hat keinen Besitz, ständig wechselt er die Wohnungen. Das lässt ihn manchmal ein unglaubliches Gefühl
der Freiheit spüren, macht ihn jedoch auch mürbe und verwundbar. Rea-
litäten und Träume vermischen sich; Walser sieht die Gefahr, dass er sich in
sich selbst verliert, was die innigste Form des Realitätsverlustes ist. Um sich
in Sicherheit zu wiegen, begibt er sich 1929 in eine **Nervenheilanstalt**. Dort
wird er mehr bewacht, als er sich selbst bewachen kann. Das, glaubt er, tut
ihm gut. Sein Schreiben hat er fast völlig eingestellt, er ist ein harmloser
Insasse.

So hätte er denn schnell in Vergessenheit geraten können, aber er wurde,
dank seines Vormunds, Herausgebers und Gesprächsfreundes Carl Seelig,

wieder entdeckt, ein Autor, der **das heitere Erzählen** zur bodenlosen Kunst erhebt. Wenn es um ihn selbst geht, setzt er devot unten an: »Alltagsvertiefungsversuche« betreibe er, sagt er von sich, eine unscheinbare »Kette von Erlebtheitserscheinungen«; er habe nichts »anderes in der Poesie getan, als alles, was mir ins Auge fiel, wortreich darzustellen, verwundert zu bereden und angenehme Gedanken und Empfindungen damit zu verknüpfen«. Das tönt bescheiden, ist es auch, aber dahinter verbergen sich Einsichten, auf die nicht jeder kommt: »Was nicht anwesend ist, ist es manchmal dadurch gerade sehr«, weiß Walser, womit er nicht nur das Unsichtbare jeder Präsenz, sondern auch den doppelten Besitzstand des Menschen meint, der sich selbst hat und doch begehrlich wird auf alles, was erreichbar oder, noch reizvoller, unerreichbar erscheint. Was ihn jedoch wirklich reich macht, auch wenn er äußerlich arm sein mag, lässt sich nicht als bloße Eigentumsfrage behandeln; **das wahre Schöne** zeigt sich inwendig, es kommt und es geht, es rührt die Seele an und bleibt, obwohl so oft schon gesichtet, ein unbekanntes Flugobjekt: »Ich denke, daß nur der Arme fähig sei, vom engen Selbst geringschätzig wegzugehen, um sich an etwas Besseres zu verlieren, an das Schwebende, das uns selig macht, an die Bewegung, die nicht stockt, an ein Hohes, das immer wächst, an das schwingende Allgemeine, an das nie erlöschende Gemeinsame, das uns trägt, bis es uns in Frieden begraben mag.«

WW: *Fritz Kochers Aufsätze – Der Spaziergang – Seeland – Geschwister Tanner – Der Gehülfe – Jakob van Gunten – Bedenkliche Geschichten – Zarte Zeilen – Für die Katz*
A: *Robert Walser, Sämtliche Werke in Einzelausgaben. Hg. v. Jochen Greven. Suhrkamp Taschenbuch Verlag, Frankfurt a. M. 1985*
Robert Walser, Lektüre für Minuten. Hg. v. Volker Michels. Suhrkamp Verlag, Frankfurt a. M. 1978
L: *Catherine Sauvat, Vergessene Weiten. Eine Robert-Walser-Biographie. Suhrkamp Taschenbuch Verlag, Frankfurt a. M. 1995*

■ ALFRED DÖBLIN

Geb. am 10. August 1878 in Stettin

Gest. am 28. Juni 1957 in Emmendingen

»ES PHANTASIERT, QUÄLT SICH, ERREICHT NICHTS«

Dass Schriftsteller oft ein ganzes Leben brauchen, um zu suchen und zu finden und dann doch wieder nur zu suchen, hat
Döblin vorgemacht; er war ein **Autor im Unruhestand**, der
die Sehnsucht nach Heimat und Geborgenheit allerdings sehr
wohl kannte.

Döblin stammt aus einer Familie, die nicht so zusammenhält, wie es
Kinder gern haben; der Vater, ein nervöser, künstlerisch veranlagter Schnei-
dermeister, verlässt seine Frau und fünf Kinder. Döblin ist da gerade mal
zehn Jahre alt; er erlebt, wie er später notiert, seine »Vertreibung aus dem
Paradies«. Trotzdem hat er sich so weit im Griff, dass er in Berlin das Gymnasium besuchen und das Abitur machen kann. Er studiert Medizin, seine
Fachgebiete sind Neurologie und Psychiatrie. Zunächst ist er **Assistenzarzt
in einer Regensburger Irrenanstalt**, kein Ort, um heiteren Sinnes zu werden.
Danach besetzt er verschiedene Arztstellen in Berlin, den Ersten Weltkrieg
macht er als Militärarzt mit. Erste dichterische Arbeiten erfolgen, die deutlich machen, dass er durch die Schwerkraft der Verhältnisse politisiert worden ist. 1921 tritt er in die SPD ein, die er 1929 wieder verlässt, weil sie sich
dem aufkommenden Nationalsozialismus nicht entschlossen genug in den
Weg stellt. 1933 werden seine Schriften von den Nazis verboten. Er emigriert
nach Frankreich, wird 1936 französischer Staatsbürger, flieht in die USA, als
die Deutschen in Paris einmarschieren.

Sein Weltbild, das anfangs fortschrittsgläubig, dann anarchistisch und,
mit Abstrichen, sozialistisch war, gerät ins Wanken; Döblin sucht nach einer
»**geistigen Ordnungsmacht**«, die er schließlich im katholischen Glauben zu
finden meint (»Der Mensch ist ein Gemeinschaftswesen und zugleich einsam Gott gegenüber«). Nach dem Krieg kehrt er in eine fremd gewordene
Heimat zurück; in Baden-Baden arbeitet er für die französische Militär-

regierung, die ihn (u. a.) mit Zensurmaßnahmen betraut, eine etwas seltsame Tätigkeit für einen Autor, der schon von Berufs wegen die freie Meinungsäußerung schätzen muss. Döblin aber geht seine Aufgabe forsch an: »Gejätet wird, was den Militarismus und den Nazigeist fördern will«; seine Absicht ist es, »den Realitätssinn im Lande zu stärken«. Damit macht man sich nicht nur Freunde, zumal wenn ein leiser Zug von Rechthaberei mit im Spiel ist: Der Schriftsteller Döblin hat es schwer im Nachkriegsdeutschland, er fühlt sich unverstanden, seine literarischen Arbeiten finden nicht mehr die Aufmerksamkeit, die er für sie vorgesehen hatte. Auch die Kollegen machen es ihm nicht leicht, obwohl er sich Mühe gibt und an der Neuordnung des literarischen Lebens mitwirkt (die ehrwürdige Mainzer »Akademie der Wissenschaften und der Literatur« z. B. wird auf seine Initiative hin begründet). Es scheint so, als ob er sich mit dem **Übertritt zum Katholizismus** und der **Betätigung als Zensor** endgültig zum Unzeitgemäßen befördert hat; er gerät in Vergessenheit, stirbt nach langer, zermürbender Krankheit. Am Ende sieht er sich mit einem »Boykott des Schweigens« bedacht; die neue Welt, so lange aus Trümmern wiederaufgebaut, bis sie zum Wirtschaftswunder taugt, erscheint ihm nicht besser als die alte, sie bleibt ihm ein »abscheulicher Schutthaufen«.

Alfred Döblin ist vorwiegend **mit einem** (mehrfach verfilmten) **Roman erfolgreich** gewesen: *Berlin Alexanderplatz. Die Geschichte vom Franz Biberkopf* (1929). Er erzählt, allerdings nicht im herkömmlichen Erzählsinn, sondern splitterhaft, gebrochen, fragmentarisch, durchsetzt mit Fremdmaterialien wie Zeitungsschlagzeilen, Wetterberichten, Werbetexten, Schlagerrefrains, »wie ... es einem guten Menschen« in unguten Zeiten ergeht. Eine feindselige Wirklichkeit stürmt auf den Helden des Romans, den aus dem Gefängnis entlassenen Transportarbeiter Franz Biberkopf, ein; er müht sich, begreift nichts, hat keine Wahl: Entweder lässt er sich vom kapitalistischen Räderwerk vereinnahmen, funktioniert, wie er funktionieren soll, oder er zieht sich zurück, was aber den Ausschluss vom Leben und das Absterben bei lebendigem Leibe bedeutet. Biberkopf widerfährt, ungewollt, eine etwas andere Bestätigung des bekannten Rosa-Luxemburg-Zitates, dass Freiheit immer die Freiheit des Andersdenkenden sei; das große Ganze, das System an sich, denkt bereits anders: an seiner Freiheit, die freie, unerbittliche Notwendigkeit ist, zerbricht der Einzelne.

Weitere Romane Döblins, darunter *Die drei Sprünge des Wang-lun* (1915), *Berge, Meere und Giganten* (1924), *Pardon wird nicht gegeben* (1935), *November 1918* (1937 ff.) und *Hamlet oder die lange Nacht nimmt ein Ende* (1956), sind nicht annähernd so erfolgreich gewesen wie *Berlin Alexanderplatz*. Döblin gilt letztlich als zu **schwierig und experimentierwütig**; dabei hat er den eigenen Anspruch hoch gehalten und eher bescheiden formuliert: »Ich will nicht vergessen: ich stamme von jüdischen Eltern. Und zweitens: Ich habe meine literarischen Werke nie als Kunstwerke im heutigen Fachsinn betrachtet und sie so geschrieben, sondern als geistige Werke, die dem Leben dienen, welches geistiger Art ist.« Die Geistseite des Lebens aber ist schwierig zu bedienen; sie entzieht sich, macht sich undurchdringlich, das Tagesgeschäft wird vom Vordergründigen bestimmt. Döblin versuchte beiden Seiten gerecht zu werden, erkannte jedoch, dass ihn das überfordert: »Ich führe immer zwei Leben. Das eine schlägt sich mit den Dingen herum, will hier ändern und da ändern. Es phantasiert, quält sich, erreicht nichts. Es ist wie das Feuer am feuchten Holz, qualmig und gibt kein Licht. Das andere ist wenig sichtbar. Ich gebe mich ihm wenig hin, obwohl ich weiß, es ist das wahre. Es ist merkwürdig: ich weiß das und möchte mich ihm ... widmen. Aber ich werde immer daran gehindert. Der Qualm hüllt mich ein.«

WW: *Die drei Sprünge des Wang-lun – Berge, Meere und Giganten – Berlin Alexanderplatz – Amazonas* (Romantrilogie) *– November 1918 – Pardon wird nicht gegeben – Karl und Rosa – Hamlet oder die lange Nacht nimmt ein Ende*
A: *Alfred Döblin, Werke in Einzelausgaben. Deutscher Taschenbuch Verlag, München 1991 ff.*
L: *Matthias Prangel, Alfred Döblin. J. B. Metzlersche Verlagsbuchhandlung, Stuttgart 1987*

■ ROBERT MUSIL

Geb. am 6. November 1880 in Klagenfurt
Gest. am 15. April 1942 in Genf

»DEN INNEREN MENSCHEN ERFINDEN«

Er war ein Mann der Strenge, streng zu sich selbst, streng zu
den anderen, von deren Werken er sich selten in Begeisterung
versetzen ließ. Vielleicht hatte das mit seiner Herkunft zu tun:
Robert Musil stammt aus einer betont nüchtern denkenden
Familie: Der Vater ist Ingenieur, der es zum Professor für Maschinenbau bringt und, bevor es mit der Donaumonarchie zu Ende geht,
sogar noch geadelt wird. Die Mutter verkörpert den entgegengesetzten Typ,
man kennt das: Gegensätze ziehen sich an. Sie neigt zu heftigen Gefühls-
reaktionen, die sich oft am ungeeigneten Objekt entzünden, dann sind alle
in der Familie ratlos. Musil hat sie mit einem Satz eindringlich beschrieben:
»Meine Mutter war eigentümlich verwirrt, wie verschlafenes Haar auf einem
verwirrten Gesicht.« Das Verwirrte macht sich gelegentlich auch in ihm
bemerkbar, es entgeht ihm nicht, obwohl er sich den Wünschen des Vaters
fügt, **Offizier** wird und Maschinenbau studiert. Das »blinkende Vergleiten
aller Empfindungen« nennt er den Zustand, in dem er sich befindet; wie im
Wachtraum verharrt er dann, schaut, ohne etwas zu sehen, und »eine dunkle
Masse, eine langsam bewegte, atmende Masse, etwas Dunkles breitete sich
über sein Inneres«.

Musil geht gegen den inneren Bann an, indem er sich mit Technik beschäftigt, mit praktischen Dingen; auch sein Studium der Philosophie und
Psychologie, das er nach seinem Ingenieursexamen in Berlin beginnt und
1908 mit der Promotion abschließt, dient der wachsamen Ablenkung. 1906
ist sein **erster Roman** *Die Verwirrungen des Zöglings Törleß* erschienen, eine
anspielungsreiche Geschichte um Selbstfindung und Unterdrückung in
einer Kadettenanstalt; die Literaturkritik zeigt sich wohlwollend bis begeistert. Kritikerlob beim ersten Buch aber heißt nicht, dass es beim zweiten
Buch genauso freundlich weitergeht, im Gegenteil: Man wird gern erziehe-

risch am Autor tätig, verweist ihn auf seine Mängel und lässt die Befürchtung anklingen, dass er womöglich nicht lernfähig sein könne. So ergeht es Musil mit dem **Erzählungsband** *Vereinigungen,* der 1911 herauskommt. Man bespricht ihn herablassend oder gar nicht, der **Misserfolg** ist da. Viel wird sich daran nicht mehr ändern: Musil gilt als schwierig, als kompliziert, man sieht in ihm einen Autor, der sich und anderen das Leben unnötig schwer macht. Das mag auch daran liegen, dass er seine Ansprüche unverblümt äußert, und dies umso mehr, nachdem er sich entschlossen hat, ganz und gar Schriftsteller zu sein. »Der Mensch ist nicht komplett und kann es nicht sein«, schreibt er. »Gallertartig nimmt er alle Formen an, ohne das Gefühl der Zufälligkeit seiner Existenz zu verlieren ... Dichtung hat nicht die Aufgabe zu schildern, was ist, sondern das, was sein soll; oder das, was sein könnte, als Teillösung dessen, was sein soll ... Zur Dichtung gehört wesentlich das, was man nicht weiß; die Ehrfurcht davor. Eine fertige Weltanschauung verträgt keine Dichtung.« Daraus folgt, dass es im »Heimatgebiet des Dichters«, im »Herrschaftsgebiet seiner Vernunft« der »Unbekannten, der Gleichungen und der Lösungsmöglichkeiten kein Ende« gibt. »Die Aufgabe ist: **immer neue Lösungen**, Zusammenhänge, Konstellationen, Variable zu entdecken, Prototypen von Geschehensabläufen hinzustellen, lockende Vorbilder, wie man Mensch sein kann, den inneren Menschen erfinden.«

Sprache hat für Musil die Aufgabe, dem Unfertigen mit Fertigkeit zu begegnen, sie ist zur Genauigkeit verpflichtet, trägt Verantwortung für den »anderen Zustand«, den es, und sei es nur in kreisenden, wirklichkeitsnahen Entwürfen, herzustellen gilt. Ein solches Sprachprogramm zielt auf Sorgfalt ab, auf den **gewissenhaften Umgang mit jedem Satz** und jedem Wort. Zügiges Arbeitstempo lässt sich damit nicht einschlagen, entsprechend schleppend kommt Musil voran: Den Rest seines Lebens, das mühselig und entwürdigend wird, verbringt er mit der Arbeit an seinem großen Roman *Der Mann ohne Eigenschaften,* der 1930 und 1932 in zwei Bänden erscheint und an die 2000 Seiten Umfang hat. Verdienen kann Musil damit kaum etwas; er gerät in anhaltende Geldsorgen, denen auch zwei bedeutende Literaturpreise, die ihm verliehen werden (Kleist-Preis, 1923, und Gerhart-Hauptmann-Preis, 1929) nicht beikommen können. Bis 1933 bleibt er mit seiner Frau Martha in Berlin, dann geht er nach Wien und emigriert schließlich in die Schweiz. 1936 erleidet er einen **Schlaganfall**, von dem er sich nicht mehr richtig erholt. Krieg und Faschismus lassen ihm, der sich bis dahin als unpolitisch begriffen hat, keine Wahl, er muss sich bekennen. Ein wesentlicher Teil seiner Weltanschauung ist allerdings schon vorher beerdigt worden: »Eine Hauptidee oder -Illusion meines Lebens ist es gewesen, daß der Geist seine eigene Geschichte habe und sich unbeschadet alles, was praktisch geschehe, schrittweise erhöhe. Ich habe geglaubt, daß die Zeit seiner Katastrophen vorbei sei.« Da irrt Musil, die Zeit der Katastrophen hat erst begonnen, und der Geist, der eben noch für die mögliche Freiheit des Menschen einstand, wird mitschuldig gesprochen.

Während des Kriegs ist Musil fast nur noch auf private Unterstützung angewiesen, eine erzwungene Wohlfahrt, die ihn zutiefst deprimiert. Der Tod machte dem ein Ende; danach konnte es nur noch besser werden, obwohl er sich Gott als reizbaren alten Herrn dachte: »Es ist ihm lästig, dass sich alle Menschen auf ihn verlassen.« Nach dem Krieg wird der Dichter Musil, der sich nicht mehr wehren kann, langsam berühmt; man spricht ihm die Anerkennung aus, leistet Abbitte für **mangelnde Anerkenntnis zu Lebzeiten**. *Der Mann ohne Eigenschaften* erscheint in einer Neuausgabe, danach seine anderen Schriften. Auf einmal entdeckt man einen Autor, der mindestens so sehr Denker wie Dichter war und dem dennoch das Kunststück gelang, seine Literatur sinnennah und anschaulich zu halten. Besonders sein *Mann ohne Eigenschaften* lässt sich als Versuch lesen, dem modernen Menschen, der in randvoller Gegenstandswelt von selbst ausgelösten Fliehkräften verschoben wird, zu festerem Stand zu verhelfen; er will sich begreifen, seine Möglichkeiten ausnutzen, zugleich soll sich die neue Vielfalt den alten Anforderungen fügen. Das erweist sich als schwierig: »Das Bewußtsein vermag nicht das Wimmelnde, Leuchtende der Welt in Ordnung zu bringen, denn je schärfer es ist, desto grenzenloser wird, wenigstens vorläufig, die Welt; das Selbstbewußtsein aber tritt hinein wie ein Regisseur und macht eine künstliche Einheit des Glücks daraus.« Was Ulrich, die Hauptperson von Musils Roman, an sich erfährt, ist die mal selbstbewusste, mal verdunkelte Hinfälligkeit vor der Masse; er kann seine Eigenheit behaupten, unter Beweis stellen kann er sie nicht: »Seine Entwicklung hatte sich ... in zwei Bahnen zerlegt, eine am Tag liegende und eine dunkel abgesperrte, und der ihn umlagernde Zustand eines moralischen Stillstands ... konnte von nichts anderem kommen, daß es ihm niemals gelungen war, diese beiden Bahnen zu vereinen.« Am Ende wird jedes Begreifen unbegreiflich, Einsamkeit breitet sich aus: »Sie schritt durch die Wände, sie wuchs in die Stadt, ohne sich eigentlich auszudehnen, sie wuchs in die Welt. ›Welche Welt?‹ dachte er. ›Es gibt ja gar keine!‹«

WW: *Die Verwirrungen des Zöglings Törleß – Drei Frauen – Der Mann ohne Eigenschaften – Nachlaß zu Lebzeiten*

A: *Robert Musil, Gesammelte Werke. Hg. v. Adolf Frisé. Rowohlt Verlag, Reinbek 1978*

Robert Musil, Tagebücher. Hg. v. Adolf Frisé. Rowohlt Verlag, Reinbek 1983

L: *Wilfried Berghahn, Robert Musil. Rowohlt Taschenbuch Verlag, Reinbek 1963*

Karl Corino, Robert Musil. Eine Biografie. Rowohlt Verlag, Reinbek 2003

■ FRANZ KAFKA

Geb. am 3. Juli 1883 in Prag

Gest. am 3. Juni 1924 in Kierling (bei Wien)

»EIN BUCH MUSS DIE AXT SEIN FÜR DAS GEFRORENE MEER IN UNS«

Wer Fragen hat, möchte Antworten bekommen; sie fallen nicht immer befriedigend aus, manchmal gehen sie an der Sache vorbei. Wenn dies zum Regelfall wird, wenn die Antworten nicht zu den Fragen passen oder die Fragen schon falsch gestellt sind, dann hat man ein Problem, das zu denken gibt, hartnäckig, schmerzlich; ihm ist auf dem Normalweg nicht beizukommen. Dem Dichter Franz Kafka ging es so: In das gewöhnliche Wirklichkeitsverständnis kam er nicht hinein; aus den Antworten, die er erhielt, gewann er, anders als seine Mitmenschen, keine soliden Gewissheiten, sondern bestenfalls neue Fragen. Entsprechend vorsichtig, scheu trat er auf, seine Existenz glich einem einsturzgefährdeten Haus, das er, der letzte Bewohner, nicht räumen wollte. Kafka war ein **Virtuose des Fragwürdigen**; darin verstrickte er sich und kam nicht mehr frei. Er staunte »über die Festigkeit, mit der die Menschen«, denen »schon ein kleines Schnapsglas auf dem Tisch fest wie ein Denkmal steht«, »das Leben zu ertragen wissen«, während ihm selbst »die Dinge ... wie ein Schneefall versinken«. Das Leben, das er wahrnimmt, hat zwei Seiten, die er nicht zusammenbringt: Es ist »ein natürliches schweres Steigen und Fallen«, zugleich aber erscheint es »mit nicht minderer Deutlichkeit ... als ein Nichts, als ein Traum, als ein Schweben«.

Kafka kommt als Sohn eines jüdischen Kaufmannes zur Welt, der seine eigenen Ordnungsvorstellungen auf den Sohn überträgt. Er soll erfolgreich sein und in die deutschsprachige Oberschicht aufsteigen. Kafka ist einer, der sich seine Zweifel nicht anmerken lässt, er folgt aufs Wort. In der Schule ist er **unauffällig und freundlich**; ein Mitschüler schreibt: »Wir hatten ihn alle sehr gern und schätzten ihn, aber niemals konnten wir mit ihm ganz intim werden, immer umgab ihn irgendwie eine gläserne Wand. Mit seinem stillen, liebenswürdigen Lächeln öffnete er sich die Welt, aber er verschloß sich vor ihr…« Nach dem Abitur studiert er Jura. Er macht Examen, promoviert, absolviert ein Praktikum in einer Prager Rechtsanwaltskanzlei. 1908 tritt er als **Hausjurist** in die »Arbeiter-Unfall-Versicherungsanstalt für das Königreich Böhmen« ein, der er bis zu seiner Frühpensionierung im Jahr 1922 angehört. Er gilt als pflichtbewusster Mitarbeiter, wird zum Beamten ernannt und befördert. Kafka weiß da längst, dass er Schriftsteller sein will; im Schreiben sieht er die innere Rettung für eine Existenz, die ihre bürgerliche Fassade wie einen äußeren Schutzring um sich legt. An sich aber sind weder der Schriftsteller noch der Versicherungsjurist K. zu retten; sie werden gehalten »nur durch die verfließenden Tage«.

Kafka ist ein untypischer Schriftsteller, es drängt ihn nicht zur Veröffentlichung; was er macht, möchte er am liebsten nur mit sich selbst ausmachen. Im Testament legt er sogar fest, dass sein literarischer Nachlass vernichtet werden soll, aber da hat er die Rechnung ohne den Nachlassverwalter, seinen Freund Max Brod gemacht, der sich, dankenswerterweise, nicht daran hält.

1912 erscheint Kafkas **erste längere Erzählung** *Das Urteil,* sie hat ihn förmlich überrollt, er konnte nicht anders: »Nur so kann geschrieben werden, nur in einem solchen Zusammenhang, mit … Öffnung des Leibes und der Seele …, wie eine regelrechte Geburt mit Schmutz und Schleim.« Kafka weiß, dass sein **Schreiben keine Befriedungsmaßnahme** sein kann; mit ihm rettet er sich aus der Verzweiflung, indem er sie annimmt und vertieft: »Wir brauchen … Bücher, die auf uns wirken wie ein Unglück, das uns sehr schmerzt, wie der Tod eines, den wir lieber hatten als uns, wie wenn wir in Wälder verstoßen würden, von allen Menschen weg, wie ein Selbstmord, ein Buch muss die Axt sein für das gefrorene Meer in uns.« Da solche Bücher schwer zu finden sind, muss er sie sich selbst schreiben. In Kafkas Erzählung *Die Verwandlung* (1916) wacht ein Handlungsreisender auf und stellt fest, dass er über Nacht zu einem »ungeheuren Ungeziefer« geworden ist; der Roman *Das Schloß* (1922) berichtet vom Landvermesser K., der einen mysteriösen Auftrag erhält, aber zu seinen Auftraggebern im Schloss gar nicht vorgelassen wird. So sehr verliert er sich daraufhin in einem ominösen Geschehen, dass er auch den letzten Rest von Selbstgewissheit aufgibt und stirbt. Was Kafka beschreibt, sind »kafkaeske«, d. h. bedrohliche, absurde, aus der gewohnten Realität herausfallende Situationen, die (nicht nur) in der Literatur inzwischen zum festen Begriff geworden sind. In einer kafkaesken Welt erfährt sich der Mensch als Gefangener: »...Ihm ist zu eng, die Trauer, die Schwäche, die Krankheiten, die Wahnvorstellungen der 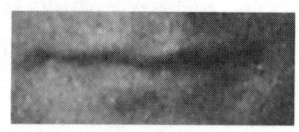 Gefangenen brechen bei ihm aus, kein Trost kann ihn trösten, weil es eben nur Trost ist, zarter kopfschmerzender Trost gegenüber der großen **Tatsache des Gefangenseins**. Fragt man ihn aber, was er eigentlich haben will, kann er nicht antworten, denn er hat – das ist einer seiner stärksten Beweise – keine Vorstellung von Freiheit.« Das Fazit fällt düster aus: »Dieses Leben scheint unerträglich, ein anderes unerreichbar.«

Abgesehen von einigen wenigen Reisen bleibt Kafka in Prag, einer Stadt, die er liebt und verflucht wie keine andere; auch sein Junggesellendasein will er verändern und gegen ein Liebesglück eintauschen, wie es ihm andere, oft mehr schlecht als recht, vorspielen. Zweimal hat er sich verlobt und wieder entlobt; für die Liebe, für Frau und Kind, ist einer wie er nicht geschaffen, meint er, sodass ihm anscheinend nichts anderes übrig bleibt, als sich im vorauseilenden Gehorsam zum Unglücklichsein anzuhalten. Einer seiner Freundinnen, der 13 Jahre jüngeren, freudlos verheirateten **Milena Jesenská-Pollak**, mit der er, wären beide entschlussfreudiger gewesen, vielleicht hätte (halbwegs) glücklich werden können, verdanken wir eine einfühlsame Charakterisierung Kafkas: »Er ist ohne die geringste Zuflucht, ohne Obdach. Darum ist er allem ausgesetzt, wovor wir geschützt sind. Er ist wie ein Nackter unter Angekleideten..., ein Mensch, der durch seine schreckliche Hellsichtigkeit, Reinheit und Unfähigkeit zum Kompromiß zur Askese gezwungen ist...«

Geschützt kommt sich Kafka nur an seinem Schreibtisch vor; ihn baut er sich zum offenen Bunker, zum Unterstand vor der Welt aus, deren Gewährleistungen ihn, nach wie vor, nicht zu überzeugen vermögen: »Das Dasein eines Schriftstellers ist... vom Schreibtisch abhängig, er darf sich eigentlich, wenn er dem Irrsinn entgehen will, niemals vom Schreibtisch entfernen, mit den Zähnen muß er sich festhalten.« Kafka hat seinen Schreibtisch verteidigt, auch wenn keine Angreifer in Sicht waren. Dabei ist ihm manches entgangen, was anderen, den leichter Gestimmten, erwähnenswert erschien; er hat allerdings auch viel mehr gesehen als sie, ohne dass er dafür auf Welttournee gehen musste. Nach seinem Tod wurde Kafka zum »heimlichen **Meister und König** der deutschen Sprache« (→ *Hermann Hesse*), ja zum weltberühmten Dichter ausgerufen; eine postume Ehrung, die zu Recht erfolgte. In der Zwielichtzone, der Halbschattenwelt des Menschen, die von anderen großzügig überblendet wurde, sah er, was zu sehen war; ihm selbst machte es Angst, sein *Schreiben* aber ließ sich nicht ängstigen: »Als ich alles ... hin- und hergehn ließ zwischen den schmerzenden Schläfen, wurde mir wieder ... bewußt, auf was für einem schwachen oder gar nicht vorhandenen Boden ich lebe, über einem Dunkel, aus dem die dunkle Gewalt nach ihrem Willen herkommt und, ohne sich an mein Stottern zu kehren, mein Leben zerstört. Das Schreiben erhält mich, aber ist es nicht richtiger zu sagen, daß es diese Art Leben erhält? ... Das Schreiben ist ein süßer, wunderbarer Lohn, aber wofür? In der Nacht war es mir mit der Deutlichkeit kindlichen Anschauungsunterrichts klar, daß es der Teufelsdienst ist. Dieses Hinabgehen zu den dunklen Mächten, diese Entfesselung von Natur aus gebundener Geister, fragwürdige Umarmungen und was alles noch unten vor sich gehen mag, von dem man oben nichts mehr weiß, wenn man im Sonnenlicht Geschichten schreibt. Vielleicht gibt es auch anderes Schreiben, ich kenne nur dieses ...«

WW: Romane *(Der Prozeß – Das Schloß – Amerika)*. – Erzählungen *(Das Urteil – Die Verwandlung – Ein Landarzt – In der Strafkolonie – Ein Hungerkünstler – Beschreibung eines Kampfes)*. – Prosa *(Hochzeitsvorbereitungen auf dem Lande – Brief an den Vater – Fragmente)*. – Tagebücher – Briefe
A: *Franz Kafka, Gesammelte Schriften. Hg. v. Max Brod. S. Fischer Verlag, Frankfurt a. M. 1983*
L: *Klaus Wagenbach, Kafka. Rowohlt Taschenbuch Verlag, Reinbek 1992*

■ JOACHIM RINGELNATZ

Geb. am 7. August 1883 in Wurzen (Sachsen)
Gest. am 17. November 1934 in Berlin

»EIN UNGEHEURER APPETIT / NACH FRÜHSTÜCK UND NACH LEBEN«

Er hieß eigentlich Hans Bötticher und nannte sich Ringelnatz, weil das der Kosename für das Seepferdchen ist, das den Seeleuten als Glücksbringer gilt. Viel Glück hat ihm dieser Glücksbringer nicht gebracht, sein Leben war unruhig, hielt ihn auf Trab; er kannte das Scheitern besser als das Gelingen.

Die gute Laune, auf die er frühzeitig festgelegt wurde, ließ er sich dadurch nicht verderben. Ringelnatz war wohl der **Schriftsteller mit den meisten Nebenjobs**: In mehr als dreißig Berufen trat er auf, darunter als Matrose, Schlangenbeschwörer, Zeitungsverkäufer, Bürohilfe, Ladenschwengel, Speditionskaufmann, Tabakladenbesitzer, Fremdenführer, Schaufensterdekorateur und Bibliothekar zweier schrulliger reicher Herren. Da lag es nahe, dass er selber schrullig wurde und diese Schrulligkeit pflegte. Ringelnatz ist erblich vorbelastet, sein Vater Georg Bötticher betätigt sich als Kinderbuchautor und Illustrator.

Das Abitur legt Bötticher junior auf einer sächsischen Privatschule ab; zuvor ist er an einem staatlichen Gymnasium von der Schule geflogen. Er fährt einige Jahre zur See, die sein prägendes Element wird. Der See gehört auch die bekannteste Figur an, die er sich ausdenkt und zu einem Markenzeichen seiner **versponnenen Lyrik** macht, der Seemann *Kuttel Daddeldu*. Der ist trinkfest und hat in jedem Hafen eine Braut, weswegen ihm auch immer wieder der eigene Nachwuchs über den Weg läuft: »Wie Daddeldu so durch die Welten schifft, / Geschieht es wohl, dass er hie und da / Eins oder das andre von seinen Kindern trifft, / Die begrüßen dann ihren Europapa: / ›Gud morning! – Sdrastwuide! – Bong Jur, Daddeldü! / Bon tscherno! Ok phosophor! Tsching – tschung! Bablabü!‹ / Und Daddeldu denkt erstaunt und gerührt / Und senkt die Hand in die Hosentasche / Und schenkt ihnen, was er so bei sich führt, / – Whiskyflasche, / Zündhölzer, Opium, türkischen Knaster, / Revolverpatronen und Schweinsbeulenpflaster, / Gibt jedem zwei Dollar und lächelt: ›Ei, ei!‹ / Und nochmals: ›Ei, Ei!‹ – Und verschwindet dabei.«

Den Ersten Weltkrieg macht Ringelnatz als **Marineoffizier** mit, ist zunächst »bis an den Rand mit Begeisterung und Abenteuerlust gefüllt«, was jedoch nicht lange vorhält: »Kriegsromantik und Heldentod« sind nämlich nicht so schön, wie man es sich als kleiner Junge ausmalt. Er erkennt, dass »die wahre Kunst und die wahre Religion ... nichts mit Politik und Krieg zu tun haben«, sie stehen »erhaben und unverletzbar darüber«. Er verlegt sich aufs Leben, gibt sich als **Vagabund mit festen Grundsätzen**: »Wenn ich allein bin, pups ich lauten Wind. / Und bete laut. Und bin ein uralt Kind.« Ringelnatz' Gedichte haben einen unverwechselbaren Ton, sie konservieren den höheren Blödsinn und halten die Weisheit flach, was, im gelungenen Fall, einen Zugewinn an spontaner Einsicht bedeutet. Das Programm, mit dem er seine Tage füllt, setzt er so an: »Aus meiner tiefsten Seele zieht / Mit Nasenflügelbeben / Ein ungeheurer Appetit / Nach Frühstück und nach Leben.« Dennoch konnte er auch anders und wusste er mehr: »Träume deine Träume in Ruh. / Wenn du niemandem mehr traust, / Schließe die Türen zu, / Auch deine Fenster, / Damit du nichts mehr schaust. / Sei still in deiner Stille, / Wie wenn dich niemand sieht, / Auch was dann geschieht, / Ist nicht dein Wille. / Und im dunkelsten Schatten / Lies das Buch ohne Worte ...«

WW: Gedichtbände (*Die Schnupftabaksdose – Turngedichte – Kuttel Daddeldu – Wenn ich allein bin – Geheimes Kinder-Spiel-Buch – Reisebriefe eines Artisten – Allerdings – Flugzeuggedanken – Kinder-Verwirr-Buch – Gedichte dreier Jahre*)
A: *Joachim Ringelnatz, Das Gesamtwerk in sieben Bänden. Hg. v. Walter Pape. Diogenes Verlag, Zürich 1994*
Joachim Ringelnatz, Gedichte. Hg. v. Walter Pape. Reclam Verlag, Stuttgart 1998
L: *Herbert Günther, Joachim Ringelnatz. Rowohlt Taschenbuch Verlag, Reinbek 1964*

■ GOTTFRIED BENN

Geb. am 2. Mai 1886 in Mansfeld (Brandenburg)
Gest. am 7. Juli 1956 in Berlin

»DIE SONNE STEHT, DIE SPHÄREN SCHWEIGEN«

Er war der geborene Einzelgänger, der sein Einzelgängertum auch zum Bestandteil der eigenen Weltsicht machte. Die war entsprechend: Er versuchte, den Individualismus zu retten, obwohl er nicht an die Haltbarkeit des Ichs glaubte. Bockig stand er an gegen die Ismen der Zeit, gegen Sozialismus, Kommunismus, bürgerlichen Liberalismus; zum Nationalsozialismus ging er etwas spät auf Distanz, sodass die Vergangenheit des Dr. Gottfried Benn im Wiederaufbaudeutschland der Nachkriegszeit eine umstrittene Sache blieb. Dass er es, letztlich, keinem recht machen konnte, darauf war er ein bisschen stolz: »Fünfzehn Jahre lang von den Nazis als Schwein, von den Kommunisten als Trottel, von den Demokraten als geistig Prostituierter, von den Emigranten als Renegat, von den Religiösen als **pathologischer Nihilist** bezeichnet.«

Benns Vater (»streng, hager«) ist Pastor, seine Mutter (»alpin untersetzt; mit dem realen Sein voll Lächeln und Tränen«) eine ehemalige französische Gouvernante. Eine auf feste Glaubenssätze ausgerichtete Ordnung herrscht bei den Benns, es ging insgesamt wohl einigermaßen freudlos zu. Dennoch behält er die Kindheit in bester Erinnerung; über seinen Vater schreibt er: »Es ging von ihm eine Stärke aus, wie ich sie nie wieder an irgendeinem Menschen erlebt habe: wenn er neben Ihnen stand, konnte Ihnen nichts passieren, und Sie konnten nicht sterben – ein seltsamer Mann.« Nach dem Abitur studiert Benn Theologie und Philosophie in Marburg und Berlin, mit wenig Freude. Er wechselt zur Medizin, eine Entscheidung, die er nicht bereut: »Kälte des Denkens, Nüchternheit ..., tiefe Skepsis, die Stil schafft, wuchs hier.« 1912 wird er zum Dr. med. promoviert. Den Ersten Weltkrieg macht er als Militärarzt in Belgien mit. Danach lässt er sich als **Facharzt für Haut- und Geschlechtskrankheiten** in Berlin nieder. Vielleicht hat der

Zynismus, die kurz angebundene **Illusionslosigkeit**, die er entwickelt, auch mit seinem Job zu tun: Haut- und Geschlechtskrankheiten sehen nicht sehr appetitlich aus – »die Krone der Schöpfung, das Schwein, der Mensch«, heißt es in einem seiner bekanntesten Gedichte. Nicht nur als Arzt hat Benn es mit Krankheit und Tod zu tun: Die Mutter war unter erbärmlichen Umständen an Krebs »eingegangen«, seine erste Frau Edith stirbt 1917, eine befreundete Schauspielerin begeht 1929 Selbstmord, seine zweite Frau Herta nimmt sich 1945 das Leben; all das dient nicht zur Aufhellung des Gemüts.

Die Machtübernahme der Nazis, die namhafte Dichterkollegen erst in Schrecken versetzt und dann ins Exil treibt, wird von Benn begrüßt; er sieht die Chance »einer völkischen Erneuerung«, die den abgestumpften Menschen aus dumpfer Lethargie reißen soll. Seine Begeisterung legt sich schnell; er muss erleben, dass man ihn **als »entartet« bezeichnet**, aus Ärztebund und Reichsschrifttumskammer wirft. Benn praktiziert von nun an eine Art inneren Widerstand, »die aristokratische Form der Emigration«. Im Zweiten Weltkrieg betätigt er sich wieder als Militärarzt. Nach 1945 betreibt er eine Arztpraxis in Westberlin. Sein eigentlicher Ruhm beginnt erst jetzt: Man lobt den »kalten Sprachartisten«, den »Worterneuerer« Benn, der mit seiner Lyrik den **Nerv einer zerrütteten Zeit** trifft. Andere sind anderer Meinung, sie nennen ihn einen »Leichen- und Darm-Poeten«, von dessen Werk »Fäulnisgeruch« und »Wurmstichigkeit« ausgehe. Dennoch erhält er 1951 den **Büchner-Preis**. Der Ruhm ist ihm lästig; er pflegt lieber den Groll gegen die »Klammeraffen« der Kultur, die ihn eben noch als Mitläufer der Diktatur schmähten, nun aber ungeniert am Glanz teilhaben wollen, der von »dem schwierigen Alten« ausgeht. Das Altwerden macht dem Alten keinen Spaß, er bleibt aber gern schwierig: »Das Altwerden, ich empfinde es als eines der größten Rätsel und nicht leicht zu ertragen, die inneren und äußeren Müdigkeiten, die unerklärlichen Mißstimmungen, die Fremdheit, die man plötzlich in sich selber spürt, auch die Hoffnungslosigkeit des Ganzen ... Ich stehe mit keinem der früheren Kollegen mehr in Verbindung, sie haben sich alle so hundsföttisch gegen mich benommen, als es mir politisch schlecht ging ... Als Fazit meiner Existenz sage ich, daß es nichts Besseres für einen potenten Kopf gibt, als immer wieder und das ganze Leben als anrüchig zu gelten und unterdrückt zu werden, wer sich diesem Gesetz beugt, kommt durch . . .«

Das Werk des Arztes und Dichters Gottfried Benn gibt noch immer zu denken, es ist rätselhaft und klar, lakonisch und gewunden, es beschwört die Abenddämmerung des Ich mit all seinem unverstandenen Kulturballast; die endgültige Nacht nach dieser Abenddämmerung ist jedoch noch immer nicht gekommen. Benn tat zu seiner Zeit etwas sehr Modernes: Er bediente sich in der Fülle der Texte und Zeichen, destillierte daraus **eigene Formge-bilde**, die lyrisch, prosaisch, verknappt, ja sogar ausschweifend und rausch-haft sein konnten und einer Illusionslosigkeit Wort geben, denen nur noch sehr leise Hoffnungsschübe zusetzten. Das Fazit, das er zog, können auch heutige Schriftsteller ziehen: »Wir lebten etwas anderes, als wir waren, wir schrieben etwas anderes, als wir dachten, wir dachten etwas anderes, als wir erwarteten, und was übrigbleibt, ist etwas anderes, als wir vorhatten.« Zu-letzt lässt sich nur auf eine wacklige Gewissheit verweisen: »Es gibt Dinge, die verdienen, dass man niemanden von ihnen überzeugt.« Und doch kann das nicht alles sein, denn dann könnten wir, ob Schriftsteller oder nicht, den Laden zumachen. Was uns hochhält, ist eine Ahnung, eine aufblitzende Wahrheit, die alsbald wieder verschwindet. Vielleicht ist es ja nur *Ein Wort*, und Benn hat das dazugehörige Gedicht geschrieben: »Ein Wort, ein Satz –: aus Chiffren steigen / erkanntes Leben, jäher Sinn, / die Sonne steht, die Sphären schweigen / und alles ballt sich zu ihm hin. // Ein Wort – ein Glanz, ein Flug, ein Feuer, / ein Flammenwurf, ein Sternenstrich – / und wieder Dunkel, ungeheuer, / im leeren Raum um Welt und Ich.«

WW: Gedichtbände *(Fleisch – Schutt – Spaltung – Statische Gedichte – Trunkene Flut – Fragmente – Destillationen – Aprèslude – Primäre Tage)*. – Erzählungen *(Nocturno – Gehirne – Die Eroberung – Die Reise – Diesterweg – Querschnitt – Der Garten von Arles – Das letzte Ich – Roman des Phänotyp – Der Ptolemäer – Der Radardenker)*. – Prosa *(Kunst und Macht – Nach dem Nihilismus – Goethe und die Naturwissenschaften – Drei alte Männer – Doppelleben – Über mich selbst – Soll die Dich-tung das Leben bessern?)* – Briefe

A: *Gottfried Benn, Gesammelte Werke in der Fassung der Erstdrucke. Vier Bände mit zwei Zusatz-bänden. Hg. v. Bruno Hillebrand. S. Fischer Taschenbuch Verlag, Frankfurt a. M. 1987ff.*

L: *Walter Lennig, Benn. Rowohlt Taschenbuch Verlag, Reinbek 1962*

■ GEORG TRAKL

Geb. am 3. Februar 1887 in Salzburg

Gest. am 4. November 1914 in Krakau

»IM NÄCHTLICHEN HAUS DER SCHMERZEN«

Er verkörperte das Bild vom Dichter als Welt-Leidendem wie kaum ein anderer, wobei er selbst die Welt war, die er in düsteren, oft verrätselten Gedichten beschrieb. Trakl sei »gleichsam auf seine Pausen aufgebaut, ein paar Einfriedungen um das grenzenlos Wortlose: so stehen seine Zeilen da«, schrieb sein Kollege → *Rilke*, der es wissen musste, führte er doch selber eine Dichter-Existenz vor, die auf feinnerviges Hinhören und edlen Stimmenfang ausgelegt war.

Obwohl oder gerade weil er aus bürgerlichen Kreisen stammte (der Vater ist Eisenwarenhändler), scheitert Trakl im bürgerlichen Leben: Er schmeißt die Schule, wird **Apotheker**, übt den Beruf aber nur aus, wenn ihm danach ist, also: selten. Seine ganze äußere Erscheinung wird als fahrig beschrieben, sein Blick ist unstet; auch literarisch unbewanderte Zeitgenossen erkennen, dass dieser junge Mann auf der Suche ist, aber kaum mehr zu erkennen vermag, was er denn wohl suchen könnte. Am Ersten Weltkrieg nimmt er als Sanitätsleutnant teil, danach sind seine Geisteskräfte noch angespannter und zerrütteter als zuvor. Er riskiert einen ersten **Selbstmordversuch**; als der misslingt, verlegt er sich auf regelmäßigen Drogen- und Alkoholkonsum. Sein wichtigster Förderer wird ein verdienstvoller Publizist mit dem heiklen Namen Ludwig von Ficker, der ihn über gelegentliche Geldzuwendungen unterstützt und in seiner Zeitschrift *Der Brenner* zum Stammautor macht.

Georg Trakl stirbt an einer Überdosis Kokain. – Gerade weil er im Leben keine Erfolge, wenig Freunde und womöglich nur eine Liebe, seine Schwester Margarethe, gehabt hat, kann Trakl seine schwindenden Kräfte zusammennehmen und in die Dichtkunst legen. Dabei ist er, der fast nur als **Lyriker** auftritt, weniger Protokollant der eigenen, zumeist kläglichen Befindlichkeit, sondern Empfangender: Ein letztlich nicht greifbares Leidwesen verschafft sich in seinen Gedichten Stimme und Ausdruck. »Es ist ein **namenloses Unglück**, wenn einem die Welt entzweibricht«, notiert er, und tatsächlich braucht es für die Wiedergabe des Weltenbruchs keinen Namensnennungen; das Unglück spricht aus dem Dichter Trakl ohne Ansehen der Person, es genügt sich selbst und kann von keiner Zeit mehr aufgewertet oder widerlegt werden. Wiederkehrende Bilder, die elementarer Trauer nachempfunden sind, suchen ihn heim; sie lassen eine Nachlebewelt, eine Totenheimstatt anklingen, in der als wiederkehrendes Motiv allerdings die Schwester herumgeistert, die für eine irdische Sinnlichkeit steht, gegen die Trakl anzukämpfen hat. Sein Bruder im Geiste ist der ebenfalls Frühvollendete → *Novalis* gewesen, dem Trakl einige Gedichte gewidmet hat; eines davon lautet: »In dunkler Erde ruht der heilige Fremdling. / Es nahm von sanftem Munde ihm die Klage der Gott, / Da er in seiner Blüte hinsank. / Eine blaue Blume / Fortlebt sein Lied im nächtlichen Haus der Schmerzen.«

WW: Gedichtbände *(Der jüngste Tag – Sebastian im Traum)*. – Dramenfragmente – Prosa *(Offenbarung und Untergang)*
A: *Georg Trakl, Dichtungen und Briefe. Hg. v. Walther Killy u. Hans Szklenar. Otto Müller Verlag, Salzburg 1969 f.*
Georg Trakl, Die Dichtungen. Insel Taschenbuch Verlag, Frankfurt a. M. 1989
L: *Christa Saas, Georg Trakl. J. B. Metzlersche Verlagsbuchhandlung, Stuttgart 1984*

■ KURT TUCHOLSKY

Geb. am 9. Januar 1890 in Berlin

Gest. am 21. Dezember 1935 in Hindas bei Göteborg (Schweden)

»DANN LIEGTS AN EUCH. KÖNNT IHR WAS?«

Hätte die Weimarer Republik, jenes ungeliebte Staatsgebilde, das den Deutschen nach dem Ersten Weltkrieg ihr Deutsches Reich ersetzte, mehr streitbare Verteidiger wie den Schriftsteller Tucholsky gehabt, sie wäre widerstandsfähiger gewesen und nicht so schmählich an die Nationalsozialisten übergegangen. Streitbar war Tucholsky, streitlustig, er konnte austeilen und einstecken. Dabei behauptete er von sich, dass er »vom Jahre 1913 bis zum Jahre 1930« nur »ein **Pazifist schärfster Prägung**« gewesen sei; als solcher allerdings hatte er viele, zu viele Kämpfe zu bestehen, die ihn, da die anderen nicht recht mitkämpfen wollten, zermürbten.

Tucholsky kommt aus bürgerlichem Elternhaus; sein Vater ist Direktor einer Handelsgesellschaft. Der Sohn macht ihm die Freude, in Genf und Jena Rechte zu studieren und das Studium sogar mit der Promotion (1914) abzuschließen. Danach ist es mit der Freude vorbei, denn Tucholsky wird politisch. Der Erste Weltkrieg hat seine Weltsicht verändert; als **Journalist** schreibt er nun für die namhaften Blätter der Republik, *Weltbühne, Simplicissimus, Vossische Zeitung, Berliner Zeitung, Das andere Deutschland, Die Literarische Welt* u. a. m. Im Laufe eines rührigen, aber nicht langen Lebens bringt er es auf über 2500 Kritiken, Satiren, Porträts, Gedichte, Feuilletons. Daneben schreibt er **Chansons und Gedichte, Reisereportagen und Glossen**. Das alles verlangt mehr, als ein einzelner aufrechter Mann dem Namen nach leisten kann, weswegen Tucholsky auch unter Pseudonym veröffentlicht und sich Kaspar Hauser, Peter Panter, Theobald Tiger oder Ignaz Wrobel nennt. Im Ausland fühlt er sich wohler als daheim; er reist (u. a.) nach Frankreich und Spanien, seine Wahlheimat wird Schweden. Dorthin zieht er, als sich die Lage in Deutschland zuspitzt. Tucholsky, der auch Parteimitglied war (USPD und SPD), was für einen Schriftsteller, damals wie heute, eher die Ausnahme ist, kommt mit seiner Übersiedlung nach Schweden der Zwangsexilierung zuvor: 1933 wird er von den Nationalsozialisten ausgebürgert, seine Bücher werden verbrannt und verboten. All das macht ihn verzweifelt; hinzu kommt, dass er krank ist und es keine Aussicht auf Genesung gibt. 1935 begeht er **Selbstmord.**

Seine größten Erfolge hat er mit zwei kleinen **Liebesgeschichten** gehabt: *Rheinsberg* (1912) und *Schloß Gripsholm* (1931), die auch verfilmt wurden. In ihnen kommt eine Sehnsucht zum Tragen, die dem Schönen, dem Unscheinbaren, dem Herzerwärmenden gilt, das man erst dann wehmütig zu schätzen weiß, wenn es nicht mehr ist. Das Schöne – das kann auch das eigene, selbstbestimmte, in sich zurückgenommene Leben sein, fern vom »lächerlich lauten Getriebe«. »Ich komme immer mehr dahinter, daß es falsch ist, nicht *sein* Leben zu leben«, schrieb Tucholsky 1924, als er, eingedeckt vom politischen Tagesgeschäft, lieber Lebenskünstler als zweifelhafter Experte sein wollte: »Lass dir von keinem Fachmann imponieren, der dir erzählt: ›Lieber Freund, das mache ich schon seit zwanzig Jahren so!‹ – Man kann eine Sache auch zwanzig Jahre lang falsch machen.« Wenn man hingegen nichts oder zumindest nicht viel falsch macht, dann hat man Glück gehabt, und das Glück sollte man festhalten. Es ist nicht an Ort und Zeit gebunden; seine Botschaft lässt sich aus einer Liebeserklärung herauslesen, die Tucholsky sieben Jahre vor seinem Tod dem Nachbarland Frankreich widmete: »Lieben kann man überall, Geld gewinnen kann man überall, das äußere Wohlsein erreichen kann man überall. Aber um nichts glücklich sein, durch die Straßen streichen und die Häuser mit dem Blick umfangen: Gott sei Dank, daß ihr alle da seid! zum Nachbar Ja sagen, immer nur runde Ecken vorfinden, betrunken sein, weil man diese Luft einatmet: das kann man nur bei dir ... Nichts ist es und alles zusammen – du bist es.« Tucholsky gehört zu jenen Autoren, die dem Volk aufs Maul schauten, ohne ihm nach dem Maul zu reden. Er ist ein **Meister der kleinen Form**, der gedrängten Einsicht; auf der nach oben offenen Befindlichkeitsskala des Menschen hielt er sich lieber in den unteren Bereichen als im oberen Drittel auf, wo man gern hehre Worte findet und ins Stammeln gerät. Dass seine Leser ihn heute noch so gern lesen wie damals, ist das größte Kompliment, das man ihm machen kann; viele Autoren, ja die meisten bekommen so etwas nicht zu hören. Der Verlagsbranche, die sich aufs Klagen versteht und immer dann, wenn die Lage ernst wird, ihre Hoffnungen auf den literarischen Nachwuchs setzt, schrieb er ins Stammbuch: »Es gibt alte Esel und junge Talente – / Geburtsscheine sind keine Argumente. / Und wenns nicht klappt: es liegt nicht am Paß. / Dann liegts an euch. Könnt ihr was?«

WW: Gedichte – Prosa *(Rheinsberg. Ein Bilderbuch für Verliebte – Der Zeitsparer – Fromme Gesänge – Träumereien an preußischen Kaminen – Ein Pyrenäenbuch – Mit 5 PS – Das Lächeln der Mona Lisa – Deutschland, Deutschland über alles – Sudelbuch – Schloß Gripsholm – Lerne lachen ohne zu weinen)*
A: *Kurt Tucholsky, Gesammelte Werke. Hg. v. Fritz J. Raddatz u. a. Rowohlt Taschenbuch Verlag, Reinbek 1975*
(Viele Titel sind auch als Einzelausgaben im Taschenbuch erhältlich)
L: *Klaus-Peter Schulz, Tucholsky. Rowohlt Taschenbuch Verlag, Reinbek 1962*

■ WALTER BENJAMIN

Geb. am 15. Juli 1892 in Berlin
Gest. am 27. September 1940 in Port-Bou (Pyrenäen)

»SO WILL ES DER TRÄUMER«

Literaturkritiker sind bei den Schriftstellern nie sehr beliebt gewesen; nur wenn sie sich dem Dichter in demütiger Verehrung nähern und nicht müde werden, sein Genie zu preisen, lässt man sie gelten; ansonsten hält man sich an → *Brecht*, der die Kritiker »Esser mit verdorbenen Mägen« nannte: »Sie beschränken sich auf das Schlürfen von Details.« Auch mit seinesgleichen geht der Kritiker nicht sehr freundschaftlich um; die Ausführungen der Kollegen gelten als geschmäcklerisch, die eigene Betrachtungsweise jedoch setzt beeindruckende Maßstäbe. Aus der Arbeitsplatzbeschreibung eines Literaturkritikers steigt daher immer ein wenig Freudlosigkeit auf; er kauert in eingebildeter Habachtstellung zu den Dichtern, ohne deren Werke er arbeitslos würde. Aus diesem Dilemma haben begabte Literaturkritiker, die auch begabte Autoren waren, eine Konsequenz gezogen, die auf gebietserweiternde Versöhnung hinausläuft: Literaturkritik ist, ohne dass ihr Informationsgehalt preiszugeben wäre, als Literatur zu begreifen, sie schreibt die Werke, von denen sie handelt, mit anderen Mitteln fort und führt sie zu trefflicher Ergänzung.

Der **Schriftsteller und Literaturkritiker** Walter Benjamin hat seinen Beruf so begriffen, er widmet ihn der Verfeinerung der schönen Lesekunst. Als Sohn eines wohlhabenden jüdischen Kaufmanns muss er sich zunächst keine Sorgen machen; die beginnen, nachdem er Literaturwissenschaft und Philosophie studiert hat und diese Fächer auch noch zu seinem Beruf machen will. Er promoviert und wird **Privatgelehrter**, was in der Regel wenig einträglich ist. Benjamins Lage verschlechtert sich zusehends, als er sich 1930 von seiner Frau scheiden lässt und ihr die Mitgift zurückzahlen muss. Von nun an ist er arm und bleibt es auch. 1933 geht er ins Exil nach Paris, er fristet ein Dasein am Rande des Existenzminimums. 1940 begeht er, müde geworden und herzkrank, **Selbstmord** auf der Flucht vor den Nazis.

In seinen Arbeiten, die von einem freizügig verstandenen Marxismus inspiriert sind und sich fast immer zu Literaturkunstwerken auswachsen, spürt er dem Verborgenen, den Nebenpfaden der offiziellen Verlaufslinien nach. Er horcht auf Zwischentöne, sieht das Wesen hinter der Erscheinung. Dabei entdeckt er »die Aura« für sich, das schimmernde Unverwechselbare und Besondere an den Dingen, »die einmalige Erscheinung einer Ferne, so nah sie sein mag«. Wer sie, die Aura, spürt, wer sie annimmt und fortträgt wie ein unverhofftes Geschenk, wird zum realistischen Träumer, der in innige, in selbstvergessene Abhängigkeit zu den Bildern gerät, die ihn von überall her ansprechen können, aus den Menschen, einer Landschaft, einem Buch: »So will es der Träumer! . . . Er muss vergessen, um sich den Bildern zu überlassen. An ihnen hat er Ruhe, Ewigkeit. Jede Vogelschwinge, die ihn streift, jeder Windstoß, der ihn durchschauert, jede Nähe, die ihn trifft, straft ihn Lügen. Aber jede Ferne baut seinen Traum wieder auf, an jede

Wolkenwand steht er gelehnt, an jedem erleuchteten Fenster erglimmt er von neuem ...«

WW: *Goethes Wahlverwandtschaften – Das Kunstwerk im Zeitalter seiner technischen Reproduzierbarkeit – Über einige Motive bei Baudelaire – Denkbilder – Berliner Kindheit um Neunzehnhundert – Das Passagen-Werk*
A: *Walter Benjamin, Gesammelte Schriften. Hg. v. Rolf Tiedemann und Hermann Schweppenhäuser. Suhrkamp Verlag, Frankfurt a. M. 1972 ff.*
Walter Benjamin, Ausgewählte Schriften. Suhrkamp Taschenbuch Verlag, Frankfurt a. M. 1977
L: *Bernd Witte, Walter Benjamin. Rowohlt Taschenbuch Verlag, Reinbek 1985*

■ HEIMITO VON DODERER

Geb. am 5. September 1896 in Weidlingau (bei Wien)
Gest. am 23. Dezember 1966 in Wien

»WAS TROTZ GESCHICHTE GESCHIEHT«

Wenn die Gegenwart nicht viel hergibt, widmet man sich der Vergangenheit und hofft auf die Zukunft. Dabei sitzt man allerdings in der Zeitfalle, denn eigentlich ist Zeit immer nur Gegenwart; nur in der Gegenwart geben sich erinnerte Vergangenheit und vorgestellte Zukunft auf sehr eigenwillige Weise zu erkennen. Während die Zukunft, trotz unserer Zuwendungen an Fantasie, ein leeres, flatterndes Blatt bleibt, lässt sich die Vergangenheit ausschmücken, umschreiben, verdichten; für die Erinnerung erzählt sie ihre eigene Geschichte.

Der Schriftsteller Heimito von Doderer war ein **Artist der Erinnerung**, der lange Arbeitsgänge nicht scheute; das hatte er mit seinem französischen Kollegen Marcel Proust (1871–1922) gemein, dessen berühmtestes Werk ein mehr als 4000 Seiten starker Roman mit dem programmatischen Titel *Auf der Suche nach der verlorenen Zeit* ist. Doderer war der Sohn eines Architekten; im Ersten Weltkrieg gerät er in russische Kriegsgefangenschaft. Nach seiner Entlassung kehrt er nach Wien zurück, studiert Geschichte und promoviert 1925 zum Dr. phil. Erste Veröffentlichungen, darunter sein erster und **einziger Gedichtband** *Gassen und Landschaft,* werden kaum zur Kenntnis genommen. 1938 kommt sein Roman *Ein Mord, den jeder begeht* heraus. Den Zweiten Weltkrieg macht der Schriftsteller Doderer als **Hauptmann der Luftwaffe** mit. Nach Kriegsende erscheinen seine eigentlichen **Hauptwerke** *Die Strudlhofstiege oder Melzer und die Tiefe der Jahre* (1951), *Die Dämonen* (1956), *Die Merowinger oder Die totale Familie* (1962). Von seinem Alterswerk, einem auf vier Bände angelegten **Romanzyklus** mit dem agentenhaften Titel *Nr.7,* wird nur der erste Teil *Die Wasserfälle von Slunj* (1963) fertig gestellt; ein zweiter Band *Der Grenzwald* erscheint 1967 aus dem Nachlass.

Doderer erzählt in seinen breit angelegten Gesellschaftsromanen, »was trotz Geschichte geschieht«. Diese nämlich zieht nur vordergründige Konturen auf, ein Netz, das leicht zu zerreißen ist, wenn man an jenes untergründige Terrain gelangt, an dem sich, undurchschaut zumeist, »die Macht des Schicksals« formiert, das gern den entscheidenden »Umweg« nimmt. Das hört sich gewichtig an, ist auch so gemeint, denn der Autor **misstraut jeder zeitgenössischen Politik,** sie gilt ihm, eine nicht ganz ungefährliche Sentenz, als »die äußerste Verflachung des Menschen«. Doderers Bücher sind wohl auch deshalb recht umfangreich geraten, weil es ihm jeweils um eine Mehrzahl von Perspektiven geht (»So viele Menschen uns kennen, so vielmal verschieden existieren wir«). Aus der Vielfalt soll reine, interesselose Wiedergabe werden, ein »lebensgemäßes Denken«, das jedoch auf wiederkehrende Sperrvermerke stößt; der Mensch wird durch das Unheimliche seiner heimlichen Welt und verrätselte Gefühle beständig unterwandert: »Der Tag war herauf; das Grau des Morgens verkroch sich in den Boden, sank nach rückwärts, talab, ins tiefer gelegene Land, woher man gefahren kam. Es legte sich auch in irgendwelche Winkel der Seele nieder, zusammen mit den Resten eines verdunstenden Rausches, die da oder dort noch hängen geblieben waren ... darüber stand ein leerer Raum, zwischen Zwerchfell und Herz etwa, er stand sozusagen klaffend bereit, eine ungewisse Zukunft aufzunehmen.«

WW: Romane *(Ein Mord, den jeder begeht – Die Strudlhofstiege oder Melzer und die Tiefe der Jahre – Die Dämonen – Die Wasserfälle von Slunj – Die Merowinger oder Die totale Familie).* – Tagebücher
A: *Heimito von Doderer, Das erzählerische Werk. Verlag C. H. Beck, München 1995*
L: *Heimito von Doderer, Selbstzeugnisse zu Leben und Werk. Hg. v. Martin Loew-Cadonna u. Wendelin Schmidt-Dengler. Verlag C. H. Beck, München 1996*

■ CARL ZUCKMAYER

Geb. am 27. Dezember 1896 in Nackenheim (bei Mainz)
Gest. am 18. Januar 1977 in Visp (Schweiz)

»DIE STIMMEN, DIE WEITERSPRECHEN«

Als er auf sein eigenes Leben zurückblickte und seine Memoiren zu schreiben begann, kam's ihm so vor, »als wär's ein Stück von mir«, was an sich eine Liedzeile von → *Ludwig Uhland* ist, aber gut auf jedes Leben passt, das von seinem Ich zum abschließenden Bilanzgespräch gebeten wird. Sein eigenes Ich hat Zuckmayer erfreulich unernst genommen; er hielt die Umstände, unter denen er zu leben hatte, für wichtiger als sich selbst. Überhaupt hatte dieser Autor einen Zugang zur Heiterkeit, der ihm viele Freunde bescherte; er war trinkfest und gesellig, die einsamen Zweifel nahm man ihm nicht so recht ab.

Zuckmayer stammt aus einer Mainzer Fabrikantenfamilie. Nach dem Abitur studiert er alles, was ihn auch nur ansatzweise interessieren könnte: Literatur, Kunstgeschichte, Volkswirtschaft, Jura, Biologie, Philosophie. Viel Geduld vermag er dabei nicht aufzubringen, er gibt den Fächern keine Gelegenheit, sich ihm wärmstens zu empfehlen. Lieber entdeckt er seine Liebe zum Theater; 1920 wird sein **erstes Stück** *Kreuzweg* veröffentlicht. Bei dem bekannten Regisseur Max Reinhardt arbeitet er als **Dramaturgie-Assistent** und freundet sich dabei mit einem anderen Theatermann an, dem angehenden Dichter → *Bertolt Brecht.* 1931 entsteht Zuckmayers **berühmtestes Stück**

Der Hauptmann von Köpenick, eine Komödie mit ernstem Unterton, in der die Militär- und Titelgläubigkeit der Deutschen aufs Korn genommen wird. Als Zuckmayer ein paar Unfreundlichkeiten über Hitlers Propagandaminister Goebbels geäußert haben soll, belegt man ihn 1933 mit einem **Aufführungsverbot** seiner Stücke. Zusammen mit seiner Frau Alice setzt er sich ins Ausland ab; er lebt in Henndorf (Österreich), in der Schweiz, schließlich auf einer Farm im US-Bundesstaat Vermont. Nach Kriegsende will er nicht mehr dauerhaft in Deutschland wohnen, obwohl man ihm dort wohlgesinnt ist und einige Ehrungen zukommen lässt. Sein letzter Wohnsitz wird der Schweizer Wintersportort Saas-Fee, in dem er seine **Lebenserinnerungen** aufschreibt, die (»sehr überraschend«) sein erfolgreichstes Buch werden.

Als wär's ein Stück von mir ist eine Bestandsaufnahme, die versöhnlich endet: Der Autor, der immerhin zwei Weltkriege mitgemacht hat, weiß, dass nichts bleibt, wie es war. Die Ordnung des Lebens ist eine geheime Kommandosache; für jeden Menschen, der stirbt, machen die andern weiter: »Ich schaue ins Tal, dort laufen die Wege zusammen, die vielfach verschlungenen, die ich gegangen bin, und ich hebe meine Augen auf zu den Bergen: dahinter ist die Unendlichkeit, welche durch alle Welt- und Kernforschung nie ganz ergründbar sein wird, so wie der Tod, der Austritt aus dem bewußten Leben, der große Übergang, durch alle Findung der Biologie und der Genetik nie seines letzten Geheimnisses entkleidet. Ich schaue aus dem Fenster meines Arbeitszimmers, unter dem Giebel, in die Mondnacht ... Ich werfe meinen Schatten, Mondschatten, über den Hang ... – und was mein Schatten bedeckt, ist mein. Dieses Haus ist nicht so alt wie die Wiesmühl in Henndorf ..., nicht so alt wie die Farm in Vermont, die von den ersten Siedlern gebaut wurde. Es stammt aus diesem Jahrhundert, doch ist es betagt genug, um seine Stimmen zu haben. Ich höre sie sprechen, in den Winternächten, wenn das Holz knackt und seufzt, ruft und flüstert. Es sind die Stimmen, die weitersprechen, wenn die unseren verstummt sind ...«

WW: Theaterstücke *(Der fröhliche Weinberg – Schinderhannes – Katharina Knie – Der Hauptmann von Köpenick – Des Teufels General – Der Gesang im Feuerofen). –* Erzählungen *(Eine Liebesge-schichte – Der Seelenbräu – Engele von Loewen – Die Fasnachtsbeichte). –* Prosa *(Als wär's ein Stück von mir)*

A: *Carl Zuckmayer, Werkausgabe in zehn Bänden. S. Fischer Taschenbuch Verlag, Frankfurt a.M. 1976*

L: *Hans Wagner, Carl Zuckmayer. Piper Verlag, München 1983*

■ BERTOLT BRECHT

Geb. am 10. Februar 1898 in Augsburg

Gest. am 14. August 1956 in Berlin

»IN MIR HABT IHR EINEN, AUF DEN KÖNNT IHR NICHT BAUEN«

»Wahrheit besteht nicht in Beweisen, sie besteht im Zurück-führen auf die letzte Einfachheit«, befand der französische Schriftsteller Antoine de Saint-Exupéry (1900–1944) und sprach damit eine Erkenntnis aus, die auch sein deutscher Kollege Bertolt Brecht befolgte. Der nämlich war ein **Meister der Einfachheit**; wie kaum ein anderer verstand er sich darauf, komplizierte Zusammenhänge in einer schlagenden Einsicht zusammenzufassen. Bei empfindlichen Nachfolgern löste das Missvergnügen aus: → *Peter Handke* etwa zeigte sich von Brechts »chinoiden Teekannen-Sprüchen« genervt und fand es wichtiger, »sich über sich selber klar zu werden«.

Bertolt Brecht, der eigentlich Eugen Berthold Friedrich B. hieß, stammt aus bürgerlichem Milieu. Der Vater steigt vom kaufmännischen Angestell-ten zum Direktor einer Augsburger Papierfabrik auf. Wenn man in begüter-ten Verhältnissen lebt, wird man nicht automatisch zum Konservativen, im Gegenteil: Man findet Zeit und Muße, kritisch zu sein, sich der eigenen Pri-vilegien auf privilegierte Weise ein wenig zu schämen. Im Rückblick hat Brecht seine Jugend so zusammengefasst: »Ich bin aufgewachsen als Sohn /

Wohlhabender Leute. Meine Eltern haben mir / Einen Kragen umgebunden und mich erzogen / In den Gewohnheiten des Bedientwerdens / Und unterrichtet in der Kunst des Befehlens. Aber / Als ich erwachsen war und um mich sah / Gefielen mir die Leute meiner Klasse nicht / Nicht das Befehlen und nicht das Bedientwerden / Und ich verließ meine Klasse und gesellte mich / Zu den geringen Leuten.«

Nachdem er die Schule absolviert hat (»mein 9jähriges Eingewecktsein an einem Augsburger Realgymnasium«), schreibt er sich an der Universität München ein und beginnt ein Medizinstudium. Das letzte Kriegsjahr, als man nur noch »die Siebzehnjährigen und die Greise einziehen« konnte, macht er als **Sanitäter** mit. 1918 schreibt er sein **erstes Stück** *Baal*, ein Jahr später *Trommeln in der Nacht*, für das er den Kleist-Preis erhält. »Bertolt Brecht hat das dichterische Antlitz Deutschlands verändert«, notiert ein begeisterter Kritiker. 1924 zieht er nach Berlin. Brecht ist kein Kind von Traurigkeit; in seinem Selbstporträt *Vom armen B. B.* heißt es treffend: »... In der Asphaltstadt bin ich daheim. Von allem Anfang / Versehen mit jedem Sterbesakrament: / Mit Zeitungen. Und Tabak. Und Branntwein. / ... In meine leeren Schaukelstühle vormittags / Setze ich mir mitunter ein paar Frauen / Und ich betrachte sie sorglos und sage ihnen: / In mir habt ihr einen, auf den könnt ihr nicht bauen.«

Brecht setzt sich die Frauen nicht nur in Schaukelstühle: Mit 26 hat er bereits **drei Kinder** von **drei verschiedenen Frauen**; »lasst sie wachsen, die kleinen Brechts«, ist seine Devise. 1926 erfährt er eine entscheidende Umdeutung seines Weltbildes: Er liest Marx, der ihm die Widersprüche der bürgerlichen Gesellschaft, an denen er sich zuvor noch als Individualist gerieben hat, objektivistisch erklärt. Der Kapitalismus, lernt er von Marx, ist zum Absterben verurteilt, er weiß es nur noch nicht so recht. Damit das Absterben etwas schneller geht, müssen auch die Schriftsteller mit anpacken; sie haben sich vom mal angestrengten, mal lustvollen Betrachten ihrer kleinen Selbstbefindlichkeit zu verabschieden. Kunst und Literatur stehen unter der Vorgabe, dass die Welt zum eindeutig Besseren verändert werden kann: »Über literarische Formen muß man die Realität befragen, nicht die Ästhetik«. Realität aber ist frag- und kritikwürdig; wer »realistisch« schreibt, steht in der Pflicht, »die Wahrheit herauszugraben unter dem Schutt des Selbstverständlichen, das Einzelne auffällig zu verknüpfen mit dem Allgemeinen, im großen Prozeß das Besondere festzuhalten«.

1928 hat Brecht einen **triumphalen Erfolg** mit der *Dreigroschenoper,* die den Kapitalismus als Spielwiese für Gangster und Geldleute vorführt. Die Moral des Stücks ist, dass es, eigentlich, keine Moral mehr gibt; die Geschäfte gehen vor. Zum Erfolg des Stücks trägt die Musik des Komponisten Kurt Weill bei, mit dem Brecht noch öfter zusammenarbeitet. **Plagiatsvorwürfe**, die sein Lieblingsfeind, der Theaterkritiker Alfred Kerr, nicht ganz unberechtigt erhebt, können ihn nicht erschüttern, er erklärt, dass er nun mal eine »grundsätzliche Laxheit in Fragen geistigen Eigentums« habe, damit müsse man sich abfinden. Überhaupt sei »der romantische Gedanke individueller Schöpfung heute ein Irrtum«: »Die moderne Arbeitsteilung hat auf vielen wichtigen Gebieten das Schöpferische umgeformt. Der Schöpfungsakt ist ein kollektiver Schöpfungsprozeß geworden, ein Kontinuum dialektischer Art, so daß die isolierte ursprüngliche Erfindung an Bedeutung verloren hat«. Die sensiblen Dichter, diese »stillen, feinen, verträumten Menschen« sind Auslaufmodelle, »empfindsamer Teil einer verbrauchten Bourgeoisie, mit der ich nichts zu tun haben will«. Literatur »muß … etwas sein, was man … auf den Gebrauchswert untersucht«. Das gilt auch fürs **Theater**, das Brecht zu einer **Art kommunikativer Anstalt** erklärt: Gewohnte Sichtweisen sollen aufgebrochen, das Publikum mit einbezogen werden; Wirklichkeit, künstlich verfremdet (»V-Effekt«), wird zum Spielraum für die Erprobung des Neuen. Vor einem Sich-Ergeben ins Gegebene ist abzuraten: »Selbst die kleinste Handlung, scheinbar einfach / Betrachtet mit Mißtrauen! Untersucht, ob es nötig ist / Besonders das Übliche! / Wir bitten ausdrücklich, findet / Das immerfort Vorkommende nicht natürlich!«

Die Machtübernahme der Nazis bedeutet für Brecht keine Überraschung, er hat sie befürchtet und kommen gesehen. Er emigriert; über Prag, Wien und Paris gelangt er nach Dänemark, wo er mit seiner Familie bei Svendborg auf Fünen einen kleinen Bauernhof bewohnt. Die feindliche Welt ist fern; Brecht gerät in eine Idylle wider Willen, die ihn wehmütig stimmt: »Ein Ruder liegt auf dem Dach. Ein mittlerer Wind / Wird das Stroh nicht wegtragen. / Im Hof für die Schaukel der Kinder sind / Pfähle eingeschlagen. / Die Post kommt zweimal hin / Wo die Briefe willkommen wären. / Den Sund herunter kommen die Fähren. / Das Haus hat vier Türen, daraus zu fliehn.« Von 1933 bis 1938 schreibt er **wichtige Stücke** (*Das Leben des Galilei; Mutter Courage; Der gute Mensch von Sezuan*), Essays (*Weite und Vielfalt der realistischen Schreibweise*); in seinen *Svendborger Gedichten* wird die pointierte Verknappung noch einmal gesteigert: »Auf der Mauer stand mit Kreide: / Sie wollen den Krieg. / Der es geschrieben hat / Ist schon gefallen.« Brecht hält Kontakt zu den Antifaschisten, die untereinander zerstritten sind; er bemüht sich um eine einheitliche Linie, ohne von seiner Überzeugung abzuweichen. Dem Kritiker → *Karl Kraus*, der den Niedergang der Sprache in verwilderten Zeiten beklagt, hält er entgegen: »Dem, der gewürgt wird / Bleibt das Wort im Halse stecken.« Über Schweden und Finnland reist Brecht nach Moskau; der Kommunismus dort hat ein menschenverachtendes Gesicht. Unter dem Eindruck der Stalin'schen Schauprozesse notiert er: »literatur und kunst scheinen beschissen, die politische theorie auf den hund, es gibt so etwas wie einen beamtenmäßig propagierten dünnen blutlosen proletarischen humanismus.«

Im Sommer 1941 lässt er sich in der Filmmetropole Hollywood nieder. Er versucht sich als **Drehbuchautor**, aber es geht ihm nicht besser als → *Heinrich Mann*; seine Vorschläge werden fast alle verworfen. Trotz finanzieller Einschränkungen führt er ein Leben, das auf bewährte Konstanten setzt; der Filmregisseur Joseph Losey schreibt: »Er aß wenig, trank wenig und fickte viel.«

1948 kehrt Brecht auf dem Umweg über Zürich nach Deutschland zurück. Er entscheidet sich für die DDR, wohnt in Ost-Berlin. Dort hat er seine **eigene Bühne**, das großzügig subventionierte **Theater am Schiffbauerdamm**. Brecht ist nun das, was er schon immer sein wollte: eine Berühmtheit mit Ecken und Kanten. Er kann es sich erlauben, der verordneten Einheitsmeinung im Arbeiter- und Bauernstaat ein Loblied des Zweifels entgegenzusetzen: »Da sind die Unbedenklichen, die niemals zweifeln. /

Ihre Verdauung ist glänzend, ihre Urteile unfehlbar. / Sie glauben nicht den Fakten, sie glauben nur sich. Im Notfall / müssen die Fakten dran glauben. Ihre Geduld mit sich selber / Ist unbegrenzt. Auf Argumente / Hören sie mit dem Ohr eines Spitzels.« Brecht mag vieles bezweifeln, den **Sieg des Sozialismus** bezweifelt er nicht; für ihn ist der Kapitalismus »abbruchreif, faul und ohne Idee«. 1953, als die DDR im Aufstand vom 17. Juni selbst abbruchreif erscheint, schreibt er ein Gedicht (*Die Lösung*), das auch deswegen berühmt geworden ist, weil es auf fast alle Regierungsverhältnisse passt: »Nach dem Aufstand des 17. Juni / Ließ der Sekretär des Schriftstellerverbands / In der Stalinallee Flugblätter verteilen / Auf denen zu lesen war, daß das Volk / Das Vertrauen der Regierung verscherzt habe / Und es nur durch verdoppelte Arbeit / Zurückerobern könne. Wäre es da / Nicht doch einfacher, die Regierung / Löste das Volk auf und / Wählte ein anderes?«

Als es ans Sterben ging, ist Brecht auf ein gutes Schlusswort gekommen: »Schreiben Sie, daß ich unbequem war und es auch nach meinem Tod zu bleiben gedenke. Es gibt auch dann noch gewisse Möglichkeiten.«

WW: Gedichte *(Die gute Nacht – Vom Schwimmen in Seen und Flüssen – Ballade vom Weib und dem Soldaten – Vom armen B. B. – Solidaritätslied – Fragen eines lesenden Arbeiters – Die Literatur wird durchforscht werden – An die Nachgeborenen – Schlechte Zeiten für Lyrik – Deutschland – Vom Sprengen des Gartens – Der Blumengarten – Die Lösung – Der Rauch – Tannen – Beim Lesen des Horaz – Vergnügungen – Ich benötige keinen Grabstein). –* Theaterstücke *(Baal – Trommeln in der Nacht – Die Dreigroschenoper – Aufstieg und Fall der Stadt Mahagonny – Der gute Mensch von Sezuan – Die heilige Johanna der Schlachthöfe – Der aufhaltsame Aufstieg des Arturo Ui – Mutter Courage – Leben des Galilei – Herr Puntila und sein Knecht Matti). –* Prosa *(Kalendergeschichten – Flüchtlingsgespräche – Geschichten vom Herrn Keuner – Dreigroschenroman – Me-ti. Buch der Wendungen – Der Tui-Roman). –* Essays *(Schriften zum Theater – Schriften zur Literatur – Über alte und neue Kunst – Über Kritik – Über Film – Schriften zur Politik und Gesellschaft – Bemerkungen zur Bildenden Kunst – Notizen über die Zeit)*
A: *Bertolt Brecht, Gesammelte Werke. Werkausgabe in 20 Bde. Suhrkamp Verlag, Frankfurt a. M. 1990*
Bertolt Brecht, Ausgewählte Werke in sechs Bänden. Suhrkamp Verlag, Frankfurt a. M. 1997
(Zahlreiche Titel sind auch als Einzelausgaben im Taschenbuch erhältlich)
L: *Marianne Kesting, Brecht. Rowohlt Taschenbuch Verlag, Reinbek 1959*
Hans Mayer, Brecht. Suhrkamp Verlag, Frankfurt a. M. 1996

■ ERICH KÄSTNER

Geb. am 23. Februar 1899 in Dresden
Gest. am 29. Juli 1974 in München

»ICH SÄGE AN DEM AST, AUF DEM WIR SITZEN«

Er war ein Mann für das Eingängige; wäre er statt in der Literatur in der Musikbranche gelandet, hätte er vermutlich Hits geschrieben und wäre Dauergast in den Charts gewesen. Mit einer solchen Beurteilung tut man ihm nicht unrecht, im Gegenteil; sie ist als Kompliment gemeint und reicht bis zur Bewunderung. Wie seine Vorbilder → *Lessing* und → *Tucholsky* verstand Kästner sich darauf, das Komplizierte über die Sprache einfacher zu machen, ohne es zu versimpeln; er war ein **Mann der pointierten Einsicht**, des geschliffenen Wortspiels.

Kästner wächst in Dresden auf, er hat eine innige Beziehung zu seiner Mutter; der Vater, ein wortkarger Handwerksmeister, kommt gegen die Dominanz und Mutterliebe seiner Frau nicht an. Erst später erfährt Kästner, dass sein Vater gar nicht sein Vater ist; in Wahrheit stammt er vom freundlichen Dr. Zimmermann, dem Hausarzt der Kästners, ab, der seine Patientin Ida K. eines Tages wohl etwas zu genau untersucht hat. Erich Kästner ist und bleibt der Mustersohn seiner Mutter; für sie tut er alles. Auch als er später seine Frauengeschichten hat, kommt an die Mutter keine heran. Das macht es für seine Freundinnen nicht leicht; Kästner möchte die Liebe am liebsten unverbindlich haben, Fluchtwege sind erwünscht. Zunächst will er Lehrer werden, das hätte die Mutter auch gerne gesehen. Er studiert in Leipzig, Rostock und Dresden, promoviert (1925); dann zieht es ihn zu den Journalisten. Schon früh hat man nämlich entdeckt, dass der junge Kästner ein Schreibtalent ist; er verfasst **Theaterkritiken, Glossen, Gedichte**. Alles wirkt wie mit leichter Hand hingeworfen; zudem hat der Mann Witz, was in schweren Zeiten erleichternd und ablenkend wirkt. Kästner geht nach Berlin, dort beginnt seine eigentliche Karriere: **Erste Gedichtbände** erscheinen, darunter *Herz auf Taille* (1928), *Ein Mann gibt Auskunft* (1930) und *Gesang* *zwischen den Stühlen* (1932). »Ich setze mich sehr gern zwischen Stühle«, schreibt er. »Ich säge an dem Ast, auf dem wir sitzen. / Ich gehe durch die Gärten der Gefühle, die tot sind, und bepflanze sie mit Witzen...« – 1929 schreibt Kästner, eher zufällig, sein **erstes Kinderbuch** *Emil und die Detektive,* das ebenso zu einem großen Erfolg wird wie *Pünktchen und Anton* (1931) und *Das fliegende Klassenzimmer* (1933).

Es scheint so, als ob dem Kinderbuch noch eine Schonfrist eingeräumt würde, die in der Erwachsenenliteratur nicht mehr gilt: Die Weimarer Republik ist, dank unterlassener Hilfeleistung, gescheitert, nun übernehmen die Nazis die Macht. Kästner gehört zu den verbotenen Autoren; trotzdem entscheidet er sich zu bleiben: »Ich bin ein Deutscher aus Dresden in Sachsen. / Mich läßt die Heimat nicht fort. / Ich bin wie ein Baum, der, in Deutschland gewachsen, / wenn's sein muß, in Deutschland verdorrt.« 1931 hat er den Roman *Fabian* herausgebracht, sein **ambitioniertestes Werk**, das die Geschichte eines »Moralisten« erzählt, der sich mit dem ehrenwerten Versuch übernimmt, die Menschen »anständig und vernünftig« zu machen. Während des Dritten Reiches kann sich Kästner über Wasser halten, weil er sich, bei Bedarf, noch eines besonderen Talents zu bedienen weiß: Er schreibt **Unterhaltungsliteratur**, in der die Kritik an den Zuständen allenfalls zwischen den Zeilen steht; dennoch sind diese Bücher, die, mit Einschränkungen, nur im deutschsprachigen Ausland erscheinen können, noch immer lesenswert: der merkwürdig heitere Roman *Drei Männer im Schnee* etwa (1934) oder *Der kleine Grenzverkehr* (1938/1949).

Kästner spricht sich für sein Aushalten in Deutschland selber Mut zu; vielleicht kann er ja, wenn der Spuk vorüber ist, über die Schreckensherrschaft in Deutschland berichten – einer, der dabei gewesen ist, aber nicht mitgemacht hat: »Ein Schriftsteller will und muß erleben, wie das Volk, zu dem er gehört, in schlimmen Zeiten sein Schicksal erträgt. Gerade dann ins Ausland zu gehen, rechtfertigt sich nur durch akute Lebensgefahr. Im übrigen ist es seine Berufspflicht, in jedes Risiko zu laufen, wenn er dadurch Augenzeuge bleiben und eines Tages Zeugnis ablegen kann.« Von den Deutschen, seinem Volk, weiß er aber: »Wir nehmen die Bibelzeile ›Seid untertan der Obrigkeit, die Gewalt über euch hat!‹ wörtlicher als andere Völker. Wir bleiben untertänige Untertanen, auch wenn uns größenwahnsinnige Massenmörder regieren. Und was uns an der Empörung hindert, sind nicht nur die Fesseln. Was uns lähmt, ist nicht nur die nackte Furcht. Wir sind bereit, zu Hunderttausenden zu sterben, sogar für eine schlechte Sache, doch immer auf höheren Befehl.«

Nach dem Krieg kann Kästner, trotz einiger Startschwierigkeiten, an seine früheren Erfolge anknüpfen; mit dem Kinderbuch *Das doppelte Lottchen* (1949), das mehrfach verfilmt wird, gelingt ihm ein weiterer **Klassiker**. Der eher halbherzigen Vergangenheitsbewältigung seiner Landsleute, die sich lieber am Wirtschaftswunder versuchen, steht er kritisch gegenüber; seiner Meinung nach hat man nicht viel dazugelernt: »Es ist immer das alte Lied: Entweder wollen wir die Welt erobern oder zwischen Garmisch und Partenkirchen Grenzpfähle errichten. Uns auf normale Weise als Volk zu empfinden, liegt uns nicht besonders. Es wäre zu natürlich. Der gesunde Menschenverstand war noch nie unsere Stärke.« Solche und andere Äußerungen nimmt man ihm im boomenden Nachkriegsdeutschland übel, er gilt als Besserwisser. Zwar erhält er 1957 den **Büchner-Preis**, aber die Erwachsenen sind nachtragender als die Kinder, die seinen Kinderbüchern zu Millionenauflagen und Übersetzungen in viele Sprachen verhelfen. Kästner, der auch wieder **Kabarett- und Chanson-Texte** schreibt, bleibt ein Unangepasster; mit den bestehenden Verhältnissen, die ihm dank solider Honorareinkünfte ein sorgenfreies Dasein ermöglichen, hat er sich dennoch arrangiert: »Die große Freiheit ist es nicht geworden. / Es hat beim besten Willen nicht gereicht. / Aus Traum und Sehnsucht ist Verzicht geworden. / Die Angst ist erste Bürgerpflicht geworden. / Die große Freiheit ist es nicht geworden, / die kleine Freiheit – vielleicht.«

Im Alter von 66 Jahren (1965) bekam Kästner noch einmal handgreiflich vorgeführt, dass **Fanatismus und Dummheit** nicht aussterben, sondern fleißig Nachwuchs zeugen: Einige Aktivisten des sog. Evangelischen Jugendbundes entschiedener Christen verbrennen seine Bücher am Düsseldorfer Rheinufer. Nicht nur deswegen wird Kästner mit den Jahren müde und krank; sein Lebenswandel, dem Zigaretten und Whisky die unverzichtbaren

Glanzlichter aufsetzen, war zudem nicht gerade gesundheitsförderlich. Am Ende überwiegt, wie bei den meisten Autoren, der Alterspessimismus; der Mensch ist, wie er ist, er hat die Welt bekommen, die er verdient: »Man altert nicht von ungefähr. Man rennt nicht ungestraft ein Leben lang mit demselben Kopf gegen die dieselben Wände. Immer wieder kommen Staatsmänner mit großen Farbtöpfen des Wegs und erklären, sie seien die neuen Baumeister. Und immer wieder sind es nur Anstreicher. Die Farben wechseln, und die Wände bleiben.«

WW: Gedichtbände *(Herz auf Taille – Lärm im Spiegel – Ein Mann gibt Auskunft – Kurz und bündig – Die kleine Freiheit – Die dreizehn Monate).* – Kinderbücher *(Emil und die Detektive – Pünktchen und Anton – Das fliegende Klassenzimmer – Die Konferenz der Tiere – Das doppelte Lottchen).* – Romane *(Fabian – Drei Männer im Schnee – Die verschwundene Miniatur – Der kleine Grenzverkehr).* – Theaterstücke/Drehbücher *(Die Schule der Diktatoren – Münchhausen – Liebe will gelernt sein)*

A: *Erich Kästner, Gesammelte Schriften. Droemer Verlag, München 1969*
Erich Kästner, Gedichte und Chansons. Carl Hanser Verlag, München 2003
(Viele Titel sind auch als Einzelausgaben im Taschenbuch erhältlich)

L: *Klaus Kordon, Die Zeit ist kaputt. Die Lebensgeschichte des Erich Kästner. Beltz & Gelberg, Weinheim 1995*

■ MARIE LUISE KASCHNITZ

Geb. am 31. Januar 1901 in Karlsruhe
Gest. am 10. Oktober 1974 in Rom

»WOHIN DENN ICH?«

Was sie schrieb, wurde von einigen wenigen Verächtern als »Damenliteratur« bezeichnet; ihre Verehrer, und von denen gab es mehr, sahen in der Kaschnitz eine Dichterin, der es in ihren besten Gedichten und Prosastücken gelang, Moment-aufnahmen des Lebens zum innigen, zeitfernen Konzentrat werden zu lassen. Geboren als Marie Luise von Holzing-Berstett stammt die Kaschnitz, deren Namen man später wie ein Qualitätskürzel verwendet, aus badisch-elsässischem Adel; ihre Jugend ist wohl behütet, wird von ihr aber als problematisch beschrieben. Sie macht eine Buchhändlerlehre und lernt 1924 den jungen **Archäologen Guido von Kaschnitz-Weinberg** kennen, den sie ein Jahr später heiratet. Eine Tochter wird geboren; der weitere Lebensweg richtet sich nach den Dienst- und Ortsplänen ihres Mannes, der als Professor in Königsberg, Marburg, Frankfurt a. M. und in Rom amtiert. Zahlreiche Auslandsreisen kommen hinzu; die Kaschnitz ist die Frau an seiner Seite, womit sie nicht unglücklich zu sein scheint. Ihr Schreiben, eher zögerlich begonnen, gewinnt an Schärfe und Umfang, nachdem Guido von Kaschnitz 1958 gestorben ist. Zuvor hat seine Frau allerdings schon manche Ehrung erfahren, darunter auch die höchstrangige Auszeichnung, die der Literaturbetrieb in Deutschland vergibt: den **Büchner-Preis** (1955). In ihrer Dankesrede spricht die Dichterin vom »Ausdruck des Heimwehs nach einer alten Unschuld oder der Sehnsucht nach einem aus dem Geist und der Liebe neu geordneten Dasein«, die sie zu ihrem Schreiben angehalten hätten. Geist und Liebe waren es auch, die ihre Ehe bestimmten; nun, da die Kaschnitz allein ist (sie glaubt jedoch an ein Wiedersehen: »Berg-und-Tal-Fahrt / Und deine Hand / Wieder in meiner«), soll die Literatur auch im praktischen Leben zu einem »neu geordneten Dasein« mit beitragen. Ihre **stärksten Bücher** erscheinen erst jetzt: die **Prosabände** *Wohin denn ich* (1963),

Tage, Tage, Jahre (1968) und *Steht noch dahin* (1970). Das vielleicht schönste Werk der Kaschnitz, *Beschreibung eines Dorfes* (1966), ist dem Ort Bollschweil im Markgräflerland gewidmet, wo die Familie Holzing-Berstett ein kleines Familiengut hat. Bollschweil ist Wahlheimat und Rückzugsort; hier kennt die Kaschnitz jeden Pfad, jede Anhöhe, jeden Winkel. Die *Beschreibung eines Dorfes* lässt noch einmal die **Sprachkraft** dieser Dichterin aufblitzen, die auch den flüchtigen Augenblick aushorchen und zum Bleiben überreden kann: »... wenn ich wiederkehre in der Zeit der heiligen-unheiligen Nächte, der Stürme, des Nebels und Rauhreifs, des steigenden Lichts / wenn ich das Rad drehe und sehe, wie die Häuser des Dorfes sich auftun und die Kinder wankend unter der Last ihrer Schultüten sich ins Schulhaus begeben, ein neuer Jahrgang gehorsam / und drehe und sehe ... wie die Äxte im Wald und die letzten Schmetterlinge nur noch von den urältesten Leuten erinnert werden / wie der Himmel nachts hell ist von kreisrunden Raumschiffen, eine furchtbare Helligkeit / wie, was aber nicht geschehen wird, nicht geschehen wird, nicht geschehen wird / nach einer möglichen Katastrophe nahezu alles Leben erlischt und über der Einöde des Tales die Wälder wieder zusammenwachsen, neue Urwälder mitten im Tal ...«

WW: Gedichte *(Ein Wort weiter)*. – Romane und Prosa *(Liebe beginnt – Wohin denn ich – Tage, Tage, Jahre – Beschreibung eines Dorfes – Steht noch dahin)*
A: *Marie Luise Kaschnitz, Gesammelte Werke. Hg. v. Christian Büttrich u. Norbert Miller. Insel Verlag, Frankfurt a. M. 1981 ff.*
(Zahlreiche Titel sind auch als insel taschenbücher erhältlich)
L: *Dagmar von Gersdorff, Marie Luise Kaschnitz. Eine Biographie. Insel Verlag, Frankfurt a. M. 1992*

■ REINHOLD SCHNEIDER

Geb. am 13. Mai 1903 in Baden-Baden
Gest. am 6. April 1958 in Freiburg im Breisgau

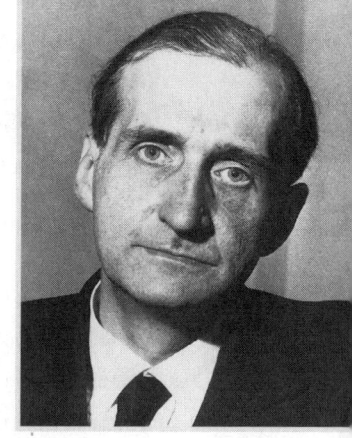

»VON HAUS AUS SCHWERMÜTIG«

Zeit seines Lebens, das nicht sehr freudvoll erschien, wozu auch die Schwermutsgaben beitrugen, die der Autor mit sich herumschleppte, ist er ein Umstrittener gewesen, **ein Unbequemer**, der die Diffamierungen geradezu herausforderte. Reinhold Schneider gehört zu den wenigen Schriftstellern, die sich ausdrücklich zur Kirche bekannten und dort eine Heimat suchten, die auf Erden gar nicht gewährt werden kann. Besonders fromm oder frömmelnd war Schneider deswegen nicht; er rieb sich im politischen Tagesgeschäft auf, litt an den moralischen Defiziten und Unterlassungssünden der Welt, als seien sie seine persönliche Krankheit. Der katholischen Kirche wurde er deswegen auch unheimlich; sie sah in ihm einen Querulanten, der zwar über eine lautere Gesinnung verfügte, im Umgang mit den Mächtigen aber leider jegliches Geschick vermissen ließ.

Reinhold Schneider stammt aus einer Baden-Badener Hoteliersfamilie; als Junge sieht er manche Berühmtheit in der Kurstadt, was ihn aber nicht zu beeindrucken vermag, im Gegenteil: Er erkennt, dass er wohl »von Haus aus schwermütig« sein müsse. Nach dem Abitur absolviert er ein landwirtschaftliches Praktikum auf Schloss Langenstein bei Stockach; danach versucht er sich in Dresden als **Bürokaufmann und Wirtschaftsübersetzer**. Er wagt einen **Selbstmordversuch** und entdeckt, passend zu seiner dauerhaften Stimmungslage, die Geschichte als tragenden, vor allem aber: tragischen Grund des Menschseins; in der Geschichte, meint er, waltet ein ureigenes Untergangsprinzip. Auch im Erfolg ist schon das nachfolgende Scheitern enthalten, das der Einzelne als Schicksal wahrnimmt. Schneider schreibt **historische Erzählungen und Essays** (darunter *Philipp II.*, *Das Inselreich* und *Zeugen im Feuer*), die alle sehr ernst und sehr kenntnisreich sind. Im Nationalsozialismus wählt er, wie andere auch, die Mühe haben, ihre Identität zu wahren, den sog. inneren Widerstand; er lebt im Schwarzwald und in Freiburg. Je grausamer und menschenverachtender die weltlichen Regimes werden, desto mehr bedarf es eines überweltlichen Halts, den Schneider in der Kirche und im christlichen Glauben sieht. Allerdings zeigt sich, dass die Kirche zu schwach und zu angepasst ist, um den Terror zu verhindern. Nach Kriegsende wird der Dichter, der seinen Gottesglauben stark halten will, zum vehementen **Kirchenkritiker und Pazifisten**; in der bundesrepublikanischen Wiederaufbauphase, die schnell zu Wohlstand und behäbiger Selbstgefälligkeit führt, ist einer wie er ein bunter Vogel, ja, ein früher Grüner: Er polemisiert gegen Wiederbewaffnung, Aufrüstung, Antikommunismus, er schreibt für den Weltfrieden, der das gemeinsame Dach sein soll, das sich über den feindlichen Ideologien erhebt. 1956 erhält er den **Friedenspreis des Deutschen Buchhandels**, ein Akt, der wie eine von langer Hand vorbereitete Ruhigstellungsmaßnahme wirkt. Von Machthabern und Würdenträgern lässt sich Schneider jedoch nicht mehr ruhig stellen; das gelingt erst der Krankheit, der er schließlich erliegt. Seine letzten Jahre sind von zunehmender Resignation bestimmt, auch der Gottesglaube ist brüchig geworden. In diesen ausklingenden Jahren des Zweifelns und Verzweifelns gelingen ihm seine schönsten, weil persönlichsten Bücher: *Verhüllter Tag* (1954), *Der Balkon* (1957) und *Winter in Wien* (1958). Dort kann man nachlesen, wie schwierig es ist, damals wie heute, den Glauben angesichts des Sinnlosen, des Unbegreiflichen aufrechtzuerhalten: »Ich fühlte keinen wirklich tragenden Grund mehr, weder des Staates, noch der Familie, noch des Sittengesetzes, auch nicht des Glaubens … Vom Kosmos, wie ihn die moderne Wissenschaft zu erschließen sucht, wehte mich eine Versuchung an, deren ich nie Meister geworden bin. Ich sah vor den ungeheuern, sich rastlos mit Blitzesschnelle vergrößernden Räumen, dem Geflimmer der Sonnen- und Sternhaufen und den unauslotbaren Tiefen der Zeit, aus denen sie aufgestiegen waren, den Gekreuzigten. Und ich sah, wie die starren Arme sich lösten und niedersanken.«

WW: *Las Casas vor Karl V. – Verhüllter Tag – Der Balkon – Winter in Wien*

A: *Reinhold Schneider, Gesammelte Werke. Im Auftrag der Reinhold-Schneider-Gesellschaft hg. v. Edwin Maria Landau. Insel Verlag, Frankfurt a. M. 1977*
(Einige der dort enthaltenen Titel sind auch als Taschenbuch und in Einzelausgaben erhältlich)

L: *Ingo Zimmermann, Reinhold Schneider. Weg eines Schriftstellers. Union Verlag, Berlin 1982*

■ MAX FRISCH

Geb. am 15. Mai 1911 in Zürich
Gest. am 4. April 1991 in Zürich

»ES SIND NICHT DIE FRAUEN, DIE MICH HINTERS LICHT FÜHREN; DAS TUE ICH SELBER«

Irgendwann, meist recht früh, lernt der Mensch sein Ich kennen, jene rätselhafte, tief eingehauste Instanz, die ihn zur Persönlichkeit macht und, mehr oder weniger treu, ein Leben lang begleitet. An sein Ich muss er sich gewöhnen; allen neu und zusätzlich angestrengten **Selbstfindungsbemühungen** zum Trotz erweist es sich als relativ stabil und beharrlich. »So mußt du sein, dir kannst du nicht entfliehen!«, wusste schon → *Goethe*, der es für die größtmögliche Freiheit hielt, wenn man sein Ich annimmt und zu selbstbewusstem Umgang mit der Wirklichkeit anhält. Was aber, wenn das Ich nicht so stabil ist, wie es den Anschein hat, oder sich gar als Fiktion erweist, die auf Gewöhnung beruht und letztlich nicht mehr zu bieten hat als ein vertrautes Gefühl mit wechselnden Erlebnisbildern? Der Schriftsteller Max Frisch ist dieser Frage so lange nachgegangen, bis er müde wurde; sein Ich war und blieb ihm ein Rätsel, das ihm noch rätselhafter erschien, wenn er es mit Leuten zu tun bekam, die behäbig in sich selber ruhten. Frisch betrieb sein Schreiben als »Notwehr gegenüber der eigenen Existenz«, die ihm mehr Fragen aufwarf, als dass sie Antworten gewährte. Auch sein eigenes Leben lässt sich wie eine **fortwährende Existenzbefragung** lesen, in der die Ratlosigkeit überwiegt: Er wechselt den Beruf, die Wohnorte, die Frauen, mit denen er lebt; seine Zustimmung kann jederzeit widerrufen werden.

Max Frisch kommt als Sohn eines Architekten auf die Welt; nach der Schule studiert er Germanistik und arbeitet als **Journalist**. Von 1936 bis 1941 unterzieht er sich einem Zweitstudium, wird erst angestellter, dann freischaffender **Architekt**. Er beginnt zu schreiben; im Rückblick erscheinen ihm seine Anfänge als verzweifeltes Krisenmanagement: »Mit 25 Jahren war ich fertig mit der Schriftstellerei: Ich wußte, daß es mir im letzten Grund nicht reicht, und verbrannte alles Papier, das beschriebene und das leere dazu, fertig mit falschen Hoffnungen.« Das klingt jedoch nicht so verzweifelt, wie man sein muss, wenn man wirklich mit dem Schreiben aufhört. 1942 hat er sich als Architekt selbstständig gemacht; zwölf Jahre später macht er sein Büro zu, möchte nur noch Dichter sein. Dieser Entschluss wird nachträglich mit einer bemerkenswerten Erfolgsstory belohnt, die sich zunächst an den **Theaterautor** Frisch hält; seine Stücke *Nun singen sie wieder* (1945), *Die Chinesische Mauer* (1947), *Als der Krieg zu Ende war* (1949) und *Graf Öderland* (1951), die allesamt unter dem Einfluss des Kollegen → *Brecht* stehen, den Frisch 1947 kennen und schätzen gelernt hat, erregen Aufsehen. Mit den Stücken *Biedermann und die Brandstifter* (1958) und *Andorra* (1961) befördert er sich **zum modernen Klassiker**, der auch in den Schulen gelesen wird. Seine Absichten als Theaterautor formuliert er zurückhaltend: »Als Stückeschreiber hielte ich meine Aufgabe für durchaus erfüllt, wenn es einem Stück jemals gelänge, eine Frage dermaßen zu stellen, daß die Zuschauer von dieser Stunde an ohne eine Antwort nicht mehr leben können – ohne ihre Antwort, ihre eigene, die sie mit dem Leben selber geben können.«

Frisch wird ein Ausgezeichneter, man bedenkt ihn mit zahlreichen Literaturpreisen, u. a. mit dem im deutschsprachigen Raum höchstangesehenen **Büchner-Preis** (1958). Sogar für die allerhöchsten Weihen kommt er ins Gespräch: Frisch gilt jahrelang als Kandidat für den Literatur-Nobelpreis, den ihm eine geheimniskrämerische Stockholmer Jury dann aber doch nicht zuteilen will. Sein äußeres Leben bleibt unruhig: Er hat Wohnungen in Zürich, Berlin und New York; in Berzona im Tessin kauft er ein altes Bauernhaus und baut es nach eigenen Plänen um. Seine Frauen-Geschichten erfreuen sich des Interesses jener Literaturinteressierten, die nicht nur an Literatur interessiert sind; eine leidenschaftliche Beziehung, über die sich gut reden lässt, verbindet ihn z. B. mit der Schriftstellerin → *Ingeborg Bachmann.* Auch mit seinen Frauen spielt er das Identitätsspiel: »Ob es mich peinigt oder beseligt, was ich um die geliebte Frau herum erfinde, ist gleichgültig; es muss nur überzeugen. Es sind nicht die Frauen, die mich hinters Licht führen; das tue ich selber.«

1954 erscheint sein Roman *Stiller,* der mit einem Satz beginnt, den man als **Erkenntnisprogramm für den Ich-Sucher** Frisch nehmen kann: »Ich bin nicht Stiller.« Frisch ist vielleicht auch gar nicht Frisch, zumindest gibt er diesem Gedanken breiten Raum und verschanzt sich dabei, vorsichtshalber, hinter selbst ausgedachten Figuren. *Mein Name sei Gantenbein* (1964) macht da weiter, wo Stiller aufhört; dazwischen liegt der Roman *Homo faber* (1957). Seine späten Werke, etwa *Montauk* (1975), *Der Mensch erscheint im Holozän* (1979) und *Blaubart* (1982), sind nicht mehr so erfolgreich. Es wird ruhiger um Frisch, die Ehrungen sind vollzogen, er darf nun gelassen sein. Manchmal überkommt ihn ein Glücksgefühl, das sich nicht am Fertigen, sondern am Herstellen bemisst: »Es ist mir am ganzen Bauen eigentlich das Liebste: Rohbau, bevor die Dächer gedeckt sind, Backstein und Holz, lauter Räume voll Himmel, den man durch alle Stockwerke sieht ... Das Fertige wird stets etwas Trostloses sein, unheimlich; alles Fertige hört auf, Behausung unsres Geistes zu sein; aber das Werden ist köstlich, was es auch sei.«

In seinen *Tagebüchern,* die vielleicht seine **eindrucksvollste, weil zeitloseste Veröffentlichung** sind, hat Frisch den Trost beschrieben, der dem Menschen zuteil wird, auch wenn er mit Jenseitsvorstellungen und Gottesglauben nichts anfangen kann: »Erst aus dem Nichtsein, das wir ahnen, begreifen wir für Augenblicke, daß wir leben. Man freut sich seiner Muskeln, man freut sich, daß man gehen kann, man freut sich des Lichtes, das sich in unsrem dunklen Auge spiegelt ..., man freut sich und weiß mit jedem Atemzug, daß alles, was ist, eine Gnade ist. Ohne dieses spiegelnde Wachsein, das nur aus der Angst möglich ist, wären wir verloren; wir wären nie gewesen ...«

WW: Theaterstücke *(Die Chinesische Mauer – Nun singen sie wieder – Biedermann und die Brand-stifter – Andorra).* – Prosa *(Stiller – Homo faber – Mein Name sei Gantenbein – Montauk – Der Mensch erscheint im Holozän – Blaubart – Tagebücher)*
A: *Max Frisch, Gesammelte Werke in zeitlicher Folge. Hg. v. Hans Mayer u. Walter Schmitz. Suhr-kamp Taschenbuch Verlag, Frankfurt a. M. 1976*
(Die meisten Titel sind auch als Einzelausgaben im Taschenbuch erhältlich)
L: *Volker Hage, Max Frisch. Rowohlt Taschenbuch Verlag, Reinbek 1983*
Klaus Müller-Salget, Max Frisch. Reclam Verlag, Stuttgart 1996

■ HERMANN LENZ

Geb. am 26. Februar 1913 in Stuttgart
Gest. am 12. Mai 1998 in München

»DU GEHÖRST NICHT DAZU«

Die Zukunft entzog sich seiner Kenntnis, mit der Gegenwart konnte er nichts anfangen, da schrieb er sich am liebsten zurück in die Vergangenheit. Für ihn galt der Vers seines Kollegen → *Franz Grillparzer:* »Ich komme aus andren Zeiten und hoffe, in andre zu gehen.« Hermann Lenz betrieb **Vergangenheitsverklärung auf hohem Niveau**; dabei wusste er genau, dass die guten alten Zeiten nicht immer nur gut waren. Die Zeit, die er meinte, entzog sich nachträglicher Festlegung, war eine Erinnerungssumme jener »versunknen schönen Tage«, in die sich der von ihm verehrte Dichter → *Eichendorff* wie in ein poetisches Heimstättenwerk einhauste; dort darf man sich, bis auf Widerruf, sicher fühlen: »Dir aber kann es nichts anhaben, du bist in deinem eigenen Bezirk.«

Hermann Lenz stammt aus einer Stuttgarter Lehrerfamilie. Nach dem Abitur studiert er in Tübingen, Heidelberg, München u. a. Kunstgeschichte und Germanistik. Im Zweiten Weltkrieg ist er **Soldat** und gerät in amerikanische Kriegsgefangenschaft. Er kehrt nach Stuttgart zurück und versucht sich als freier Autor. Nebenbei bezieht er kargen Lohn als **Sekretär**

des süddeutschen Schriftstellerverbandes. 1946 debütiert er mit einem Gedichtband; 1947 erscheint sein **erster Roman** *Das stille Haus.* Er bleibt genauso unbeachtet wie die folgenden Bücher. Lenz erschreibt sich seine eigene Welt; sein Held Eugen Rapp, der in insgesamt neun Romanen und einer Erzählung (*Zwei Frauen*, 1994) auftritt, ist seinem Autor deutlichst nachempfunden. Wie Lenz weiß auch Rapp: »Du gehörst nicht dazu.« Das ändert sich 1973, als der junge Schriftsteller → *Peter Handke*, der nicht nur im Literaturbetrieb für Schlagzeilen sorgt, einen großen Artikel mit dem Titel *Einladung, Hermann Lenz zu lesen* veröffentlicht. Die Einladung wird von erstaunlich vielen Lesern angenommen; Hermann Lenz avanciert vom »unbekannten schwäbischen Provinzautor« zum Dichter, dem nun sogar Ehrungen nachgereicht werden. Man heftet ihm das Bundesverdienstkreuz I. Klasse an, ernennt ihn zum Professor; 1978 erhält er den **Büchner-Preis**. Er lässt es mit stillem Lächeln über sich ergehen, wusste er doch nur zu gut, dass man auch anders mit ihm umspringen konnte. An seiner Einschätzung, ein Unzeitgemäßer zu sein, ändert die verspätete Anerkennung nichts: »Als Autor mußt du an den Fortschritt glauben, und das tu' ich nicht ... Lieber allein bleiben, daneben stehen und zuschauen.« In einem seiner letzten Gedichte resümiert er: »Was die anderen so ›Leben‹ nennen, / War für dich mühsam. / Geschafft hast du es nie. / Wenn du nur durchkommst«.

Das **stets würdevolle Durchkommen** des Hermann Lenz fand seinen Halt weniger im Erkenntniszugewinn als in einem produktiven Gleichmut, der seine Stärke aus den verloren gegangenen Illusionen bezog. Ein solcher Gleichmut, der sich vor gelegentlichen Zornesanwandlungen gar nicht mal freihalten muss, kann auch anderen Schriftstellern anempfohlen werden: »Zuweilen ärgerte er sich über Kritiken, doch mit der Zeit vergaß er die. Auch wunderte es ihn, dass er niemanden brauchte, um sich bei ihm sozusagen auszuweinen. Wer publizierte, musste damit rechnen, zur Sau gemacht zu werden. Würdest du nichts mehr veröffentlichen, dann bliebest du unbeschmutzt. Und wieder fiel ihm ein, was er schon öfters gedacht hatte: Geld haben, auf die Menschen pfeifen können, das wäre das Richtige ... Fändest du einen Mäzen, der zu dir sagt: Ich drucke jedes

Ihrer Bücher in 500 Exemplaren, und die verschenke ich. Sie bekommen zwanzig Stück und lebenslang eine Rente ... Damit wärest du einverstanden.«

WW: Romane *(Neue Zeit – Spiegelhütte – Andere Tage – Der Kutscher und der Wappenmaler – Das stille Haus – Tagebuch vom Leben und Überleben – Der innere Bezirk – Erinnerung an Eduard – Freunde – Herbstlicht – Der Wanderer).* – Erzählungen *(Dame und Scharfrichter – Schwarze Kutschen – Der Tintenfisch in der Garage – Zwei Frauen).* – Gedichte *(Zeitlebens).* – Essays *(Leben und Schreiben. Frankfurter Vorlesungen)*
A: (Fast alle Titel sind im Suhrkamp und Insel Verlag erschienen und auch als Taschenbuch erhältlich)
Hermann Lenz, Zeitlebens. Gedichte 1934–1980. Münchner Edition, Schneekluth Verlag 1981
Hermann Lenz, Ein Lesebuch. Hg. v. Erhard Eppler. Suhrkamp Taschenbuch Verlag, Frankfurt a. M. 1997
L: *Rainer Moritz (Hg.), Einladung, Hermann Lenz zu lesen. Suhrkamp Taschenbuch Verlag, Frankfurt a. M. 1988*

■ HEINRICH BÖLL

Geb. am 21. Dezember 1917 in Köln

Gest. am 16. Juli 1985 in Langenbroich (Eifel)

»KENNEN SIE DENN ALLE DEN MENSCHEN NICHT?«
Manchmal muss man lange warten, bis es an der Zeit ist. Das gilt auch fürs Schreiben, das sich dem, der da schreiben will, aus Gründen, die nicht einzusehen sind, verweigert. Doch dann löst sich plötzlich die Blockade, der Bann ist gebrochen und der gestaute Mitteilungsfluss tritt über die Ufer. Dem Schriftsteller Heinrich Böll ging es so: »Schreiben wollte ich immer, versuchte es schon früh, fand aber die Worte erst später.« Dass dem so war, lag allerdings weniger an ihm selbst, sondern an der **Ungunst der Verhältnisse**: Böll kommt nicht zum Schreiben, weil er erst schwierige Zeiten und dann einen Krieg zu durchstehen hat; für ihn wie für andere gilt

ein Wort des Dichters → *Rilke*: »Wer spricht von Siegen – Überstehn ist alles!«

Böll stammt aus einer Handwerkerfamilie, der Vater ist Tischler, der sich zunächst durch Geschick und Geschäftstüchtigkeit hervortut. Die Familie wohnt in einer Kölner Villa, die sie aufgeben muss, als in der **Weltwirtschaftskrise** alle Geld- und Vermögenswerte dramatisch verfallen. Böll erfährt, »daß Wohl und Wehe nicht nur von meinen Eltern abhingen..., sondern daß außerhalb der Familie ökonomische und politische Ereignisse stattfanden..., die einen auslieferten.« Dennoch hat er gute Erinnerungen an seine Kindheit, sie sei kein → »*Kafka*«-Erlebnis gewesen, sondern »sehr frei und verspielt«. Er geht aufs Gymnasium, macht Abitur (1937), beginnt mit einer Buchhändlerlehre, die er jedoch abbricht. Er studiert an der Universität Köln Germanistik und klassische Philologie; 1939 wird er zur Wehrmacht eingezogen, den Krieg macht er als Infanterist in Polen, Frankreich, Russland, Rumänien mit. Er gerät in **Gefangenschaft**; im September 1945 wird er entlassen.

Bölls Anfänge als Schriftsteller sind schwierig, der Krieg hat seelische und körperliche Wunden hinterlassen: »Wir waren doch alle müde, wir waren krank, wir waren kaputt, jahrelang im Gefangenenlager, nicht als Entschuldigung ist das zu verstehen, sondern als realistische Einschätzung der Situation.« Eine Zeitlang sorgt seine Frau Annemarie für den Lebensunterhalt der Familie. 1949 erscheint seine **erste Erzählung** *Der Zug war pünktlich*. Geradezu pünktlich, nämlich beim Erscheinen fast jedes weiteren Buches, stellt sich nun auch der Erfolg des Schriftstellers Böll ein: **Zehn Romane** schreibt er, mehr als **100 Erzählungen**, an die **20 Hörspiele, zahlreiche Essays, Vorträge, Rezensionen, Nachworte**; sein Nachlass, aufbewahrt in der *Heinrich-Böll-Forschungsstelle*, birgt zudem noch unveröffentlichte Materialien. Böll ist »ein moralischer Schriftsteller«, und er bleibt es auch, als das sog. Wirtschaftswunder in der Bundesrepublik zu greifen beginnt; mit Moral hat man jetzt nicht mehr viel im Sinn, der verlorene Krieg, Fragen von Schuld und Sühne, rücken in den Hintergrund. Wer dennoch daran rührt, wird für unbequem gehalten, geht den Veranstaltern der öffentlichen Meinung auf die Nerven. Böll ist ein solcher Unbequemer: Gerechtigkeit, findet er, darf nicht als gesellschaftspolitische Schönwetterpflanze behandelt werden, der Mensch muss seine Freiheit bewahren, gegen die Unterdrücker, gegen die Sachen und Zwänge (»Was wird denn aus unserer Freiheit, wenn die Sachzwänge immer mehr und der Zwang, den sie ausüben, immer würgender wird? Wenn ein Sachzwang den nächsten gebiert? Ein merkwürdiges Wort, Sachzwang ..., ein Würgewort.«)

Überdies gibt es, was die Frage nach dem richtigen Leben angeht, keine literarisch-ästhetischen Sonderrechte: »**Moral und Ästhetik** erweisen sich als kongruent, untrennbar auch, ganz gleich, wie trotzig oder gelassen, wie milde oder wütend, mit welchem Stil, aus welcher Optik, ein Autor sich an die Beschreibung oder bloße Schilderung des Humanen begeben mag: zerstörte Nachbarschaft, vergiftetes Gelände machen es ihm unmöglich, Vertrauen zu stiften oder Trost zu spenden.« Nein, Trost will Böll nicht spenden, aber für seine Leser haben seine Bücher schon etwas Tröstliches, was womöglich mit der Aura zu tun hat, die den Schriftsteller B. umgibt. Bei seinen öffentlichen Auftritten spricht er **freundlich und unaufgeregt**; mag er auch unangenehme Wahrheiten verbreiten, so hält man ihn doch eher für einen guten Nachbarn als für einen Eiferer. So kommen letztlich auch die Ehrungen nicht überraschend, die Böll zuteil werden: Er enthält (u. a.) den Kritikerpreis für Literatur, den Großen Kunst-Preis von Nordrhein-Westfalen, den Charles-Veillon-Preis, den Premio Calabria, 1967 schließlich den Georg-Büchner-Preis, der in Deutschland nicht, wohl aber international zu übertrumpfen ist: 1972 bekommt Heinrich Böll den **Literatur-Nobelpreis** zugesprochen.

Nun hätte er langsam abheben und seine Schriften auf die Ewigkeit einstimmen können; stattdessen stürzt er sich wieder ins politische Geschehen. Der Lieblingsfeind des Nobelpreisträgers wird die Springer-Presse, im Besonderen die *Bild*-Zeitung, die seine Abneigung auf das Herzlichste erwidert. Böll wirft ihr menschenverachtende Berichterstattung vor; sein **vielleicht bekanntester Roman** *Die verlorene Ehre der Katharina Blum* (1974) erzählt davon, wie eine junge Frau in die Mühlen von Vorverurteilung, Verfolgung und Meinungsmache gerät und schließlich, in einer Art Notwehr, zu der wird, für die skrupellose Journalisten sie von Anfang an gehalten haben: eine Gewalttäterin.

Böll hat sich von seiner **moralischen Integrität** nichts abhandeln lassen; er stand die Konflikte durch, wie sie kamen, vor keinem Widersacher knickte er ein. Nach seinem Tod geschah Seltsames: Nicht der politische Gegner, der ihn zu Lebzeiten geschmäht hatte, äußerte sich negativ über ihn, sondern Schriftsteller, die sich für etwas Besseres hielten. Glücklicherweise bekam er das nicht mehr mit, es hätte ihn, der sich Kollegen gegenüber immer hilfsbereit und solidarisch zeigte, deprimiert. Mag einiges von dem, was Böll schrieb, überholt sein; das Beispiel, das er selbst gab, ist es nicht. Er hat die Literatur geliebt, obwohl er wusste, dass Literatur nicht alles ist; es gibt nämlich nicht nur ein Leben vor dem Tod, sondern auch vor der Literatur: »Kennen sie denn alle den Menschen nicht, suchen sie ihn auf dem Umweg über die Literatur, oder holen sie versäumte Wahrnehmungen nach? Es wäre ein bodenloses Unternehmen, den Menschen nur in dem zu suchen, was die Literatur an ihm bewirkt, zu hoffen, er wäre so zu finden ... Wer Grund unter den Füßen haben will, muß viel mehr haben, als Literatur und Kunst ihm je werden bieten können.«

WW: Romane *(Wo warst du, Adam? – Und sagte kein einziges Wort – Billard um halbzehn – Ansichten eines Clowns – Gruppenbild mit Dame – Die verlorene Ehre der Katharina Blum).* – Erzählungen *(Der Zug war pünktlich – Wanderer, kommst du nach Spa ... – Das Brot der frühen Jahre – Als der Krieg zu Ende war – Ende einer Dienstfahrt).* – Satiren *(Dr. Murkes gesammeltes Schweigen).* – Essays *(Wie Kunst entsteht – Frankfurter Vorlesungen – Über die Vernunft der Poesie – Einmischung erwünscht)*
A: *Heinrich Böll, Werke. Romane und Erzählungen. 5 Bde. Verlag Kiepenheuer & Witsch, Köln 1977*
Heinrich Böll, Schriften und Reden. 9 Bde. Deutscher Taschenbuch Verlag, München 1985
L: *Viktor Böll/Jochen Schubert, Heinrich Böll. Deutscher Taschenbuch Verlag, München 2000*
Helmut Bernsmeier, Heinrich Böll. Reclam Verlag, Stuttgart 1997

■ PAUL CELAN

Geb. am 23. November 1920 in Czernowitz (Bukowina)
Gest. am 20. April 1970 in Paris

»DER TOD IST EIN MEISTER AUS DEUTSCHLAND«

Von dem Philosophen Theodor W. Adorno stammt der Satz, dass »nach Auschwitz ein Gedicht zu schreiben barbarisch« sei. Das ließ auf Betroffenheit schließen, hat aber den Widerspruch gerade jener Künstler herausgefordert, die dem Terror mehr entgegensetzen wollten als ein wissendes Verstummen. So sind denn nach Auschwitz sehr wohl noch Gedichte geschrieben worden, am eindringlichsten vielleicht von Paul Celan, der eigentlich Paul Antschel (Ancel) heißt und seinen Namen 1947 durch ein Anagramm in Celan ändert. Er stammt aus dem »Buchenland«, der Bukowina, einer historischen Landschaft am Rande der Nordkarpaten, die bis 1918 zur Donaumonarchie gehörte und dann an Rumänien und die Ukraine fällt. Celans traumatisches Erlebnis, das sich ihm unauslöschlich einbrennt, ist die **Judenvernichtung im Dritten Reich.** Seine Eltern werden 1942 im Konzentrationslager Michailowka ermordet; er selbst kann sich vor den Nazischergen verstecken und hat deshalb ein schlechtes Gewissen, das sich nicht beschwichtigen lässt.

Celan studiert erst Medizin, dann Romanistik, Anglistik und Sprachwissenschaft. Von Bukarest geht er nach Wien; 1948 lässt er sich in Paris nieder, wo er als **Lektor für deutsche Sprache und Literatur** arbeitet. Zweiundzwanzig Jahre lebt er in Paris, eine äußerlich ruhige Zeit, unterbrochen von Auslandsreisen, die ihn wiederholt auch nach Deutschland führen, das für ihn nicht mehr das Land der Dichter und Denker, sondern Mörderland ist. Celans Gedichte, die anfänglich noch konkret anmuten und das Grauen beim Namen nennen wollen, werden mit den Jahren immer knapper, sie sagen das Unsagbare, übergeben das Wort an das Entsetzliche, das schließlich nur noch im zeitlosen Zeichen steht. Der **Lyriker** Celan gilt deshalb als **hermetisch und rätselhaft**; in der restaurativen Bundesrepublik, die mit ihrer jüngsten unrühmlichen Geschichte möglichst nichts mehr zu tun haben will, hat man Mitleid mit seinem persönlichen Schicksal, erwartet aber von einem Dichter, dem hohe Auszeichnungen zuteil werden (Bremer Literaturpreis 1958, **Büchner-Preis** 1960 u. a. m.), ein wenig mehr Nachsicht und Entgegenkommen. Dennoch oder gerade deswegen sind Celans Gedichtbände, die einprägsame, gleichsam in Wort-Stein gehauene Titel tragen (*Von Schwelle zu Schwelle, Sprachgitter, Die Niemandsrose, Atemwende, Fadensonnen, Lichtzwang, Zeitgehöft*), literarische Ereignisse. Celans **berühmtestes Gedicht** ist die *Todesfuge;* in ihm wird deutlich, dass die KZ-Wächter Biedermänner waren, gute Nachbarn, die ihren Frauen und Kindern rührselige Briefe schreiben, sich auf Befehlsnotstände berufen und das Wahre und Schöne schätzen: ». . . Er ruft spielt süßer den Tod der Tod ist ein Meister aus Deutschland / er ruft streicht dunkler die Geigen dann steigt ihr als Rauch in die Luft / dann habt ihr ein Grab in den Wolken da liegt man nicht eng . . .«

In seinen Pariser Jahren hat Celan äußerlich Ordnung in sein Leben gebracht, er **heiratet, bekommt einen Sohn**. Mit den Ehrungen, meinen manche, scheinen auch die Wunden zu verheilen, die seine Seele überzogen haben. Das Gegenteil ist der Fall; Celan vereinsamt, er begreift nicht, dass man das bis dahin dunkelste Kapitel der Geschichte ein für alle Mal abschließen möchte, um zur Tagesordnung überzugehen. Ihm dämmert eine Einsicht, die fast so erschreckend ist wie die vorangegangene Gewissheit, dass der Mensch zur Vernichtungsinstanz des Menschen wurde: Das Unvorstellbare bleibt vorstellbar, es ist, wenn die Umstände danach sind, jederzeit wiederholbar. Als sein Dasein für ihn immer trostloser wird, weiß Celan längst: »Ich stehe auf einer anderen Raum- und Zeitebene als mein Leser; er kann mich nur ›entfernt‹ verstehen, er kann mich nicht in den Griff bekommen, immer greift er nur die Gitterstäbe zwischen uns.«

Der Philosoph Adorno, der mit dem Dichter Celan übrigens bekannt war, hat seine Überlegungen, ob man nach Auschwitz noch Gedichte anfertigen dürfe, schließlich zu einer Professoren-Erkenntnis zusammengefasst: »Weiterleben bedarf schon der Kälte, des Grundprinzips der bürgerlichen Subjektivität, ohne das Auschwitz nicht möglich gewesen wäre; drastische

Schuld des Verschonten.« Celan, der verschont worden war und sich dadurch schuldig fühlte, geht an der Kälte des Weiterlebens zu Grunde; er wählt den **Freitod** und macht damit ein (vorläufiges?) Ende. Wer ganz verzweifelt ist, mag von den Menschen nichts mehr wissen; ein Hoffnungsschimmer rührt allenfalls noch aus einer Welt ohne Menschen: »FADEN-SONNEN / über der grauschwarzen Ödnis. Ein baum- / hoher Gedanke / greift sich den Lichtton: es sind / noch Lieder zu singen / jenseits / der Menschen.«

WW: Gedichtbände *(Mohn und Gedächtnis – Von Schwelle zu Schwelle – Sprachgitter – Die Niemandsrose – Atemwende – Fadensonnen – Lichtzwang – Schneepart – Zeitgehöft)*
A: *Paul Celan, Gesammelte Werke. Hg. v. B. Allemann u. a. Suhrkamp Verlag, Frankfurt a. M. 1983*
L: *Wolfgang Emmerich, Paul Celan. Rowohlt Taschenbuch Verlag, Reinbek 1999*
Gerhart Baumann, Erinnerungen an Paul Celan. Suhrkamp Verlag, Frankfurt a. M. 1986

■ FRIEDRICH DÜRRENMATT

Geb. am 5. Januar 1921 in Konolfingen (Kanton Bern)
Gest. am 14. Dezember 1990 in Neuchâtel

»WAS ALLE ANGEHT, KÖNNEN NUR ALLE LÖSEN«

Vom Äußeren hätte er als Erfinder der Gemütlichkeit durchgehen können, aber er wurde ganz gern ein wenig böse. Essen und Trinken liebte er, und die Frauen; als höchste der Künste wertete er die Kochkunst; die Menschen im Allgemeinen schätzte er nicht sonderlich. Leben ist Zufall, glaubte er, das Leben auf der Erde ein noch größerer Zufall, und dass dem vielleicht doch ein großartig verborgener Sinn innewohnen könnte, weigerte er sich, ernsthaft in Erwägung zu ziehen. Dürrenmatt, der sich auch als **Maler** und **Philosoph** betätigte, bezog seine pessimistische Weltsicht (u. a.) von Schopenhauer, einem Philosophen, der sich prächtig aufs **Desillusionie-**

ren und aufs **Schimpfen** verstand. Auch darin, im Schimpfen, zog Dürrenmatt nach, wobei ihm nicht nur die gewohnten Sündenböcke, also etwa korrupte Politiker und unfähige Wirtschaftsführer (Nieten in Nadelstreifen), unangenehm auffielen, sondern auch die Kollegen in der Literatenzunft; mit denen ging er nicht unbedingt solidarisch um. Den Schriftsteller Hans Habe, der heute weitgehend vergessen ist, nannte er einen »Faschisten«, worauf der sich einen Anwalt nahm; was → *Carl Zuckmayer* schrieb, war »Scheiße«, → *Max Frisch* produzierte für ihn »Fehlleistungen über Fehlleistungen«, und vom Nobelpreisträger → *Günter Grass* soll er gesagt haben, dass »er einfach nicht intelligent genug« sei, »um solch dicke Bücher zu schreiben«.

Dürrenmatt kommt als Sohn eines protestantischen Pfarrers auf diese zufällig vorhandene Welt, er geht in Bern aufs Gymnasium, studiert Theologie und Philosophie ohne akademischen Abschluss, versucht sich als **Grafiker**. 1942, in schwieriger Zeit, beginnt er, Prosa zu schreiben. Als Autor ist er nicht zimperlich gewesen; er schreibt auch, und hat es nie beschönigt, des Geldes wegen. Geld aber kommt nur herein, wenn man Erfolg hat, und der Erfolg lässt manchmal auf sich warten. Dürrenmatts **erste Theaterstücke** (*Es steht geschrieben; Der Blinde; Romulus der Große*) gelten zwar als einigermaßen skandalös, sind aber (noch) keine Erfolge. Den **Durchbruch** schafft er 1955 mit der »Tragischen Komödie« *Der Besuch der alten Dame,* in der eine amerikanische Multimillionärin ihrem Schweizer Heimatdorf Güllen eine Milliarde Dollar verspricht, wenn es ihren früheren Liebhaber, der sie einst mit einem Kind sitzen ließ, zur Strecke bringt, also »richtet«. Der Verlockung des Geldes kann, letztlich, keiner widerstehen; die alte Dame bekommt ihr Opfer, hat sich gerächt, sie darf so böse und unglücklich bleiben, wie sie vorher schon war.

Von da an ist Dürrenmatt ein prominenter Autor, der fast alle Genres bedient; er schreibt weiterhin Theaterstücke (*Die Physiker,* 1961; *Der Meteor,* *1966,* u. a.*)*, **Hörspiele** (*Das Unternehmen der Wega,* 1955) und, am erfolgreichsten vielleicht, **Kriminalromane**, darunter *Der Richter und sein Henker* (1952) und *Es geschah am hellichten Tag* (1958), die auch verfilmt werden. Dürrenmatts **Grantigkeit** dem Literaturbetrieb gegenüber hat nicht verhindert, dass man ihn mit Literaturpreisen behängte (u. a. Schiller-Preis, Buber-Rosenzweig-Medaille, **Büchner-Preis**) und mit Ehrendoktorhüten versorgte (Universität Nizza, Jerusalem u. a.). Er registrierte es mit wachsamer Genugtuung, hielt sich damit aber nicht länger auf als unbedingt nötig. Als er 60 Jahre wird, ehrt ihn sein Verlag mit einer 30-bändigen Werkausgabe; der Geehrte zeigt sich überrascht über seinen eigenen Fleiß (»So viele Bücher!«).

Finanziell braucht er sich keine Sorgen mehr zu machen; stattdessen macht er sich, aus sicherer Distanz, Sorgen über die anhaltende Dummheit der Menschen, die auf viele kluge Leute nicht hören, am wenigsten aber wohl auf die Ratschläge der Dichter und Denker. Dürrenmatt ist das nur recht, lässt sich eine Philosophie wie die seine doch eher an der **Unbelehrbarkeit seiner Zeitgenossen** als an deren möglicher Lernfähigkeit belegen. Dabei gibt er immerhin zu, dass ein besseres Wissen zumindest in der Theorie möglich ist; es bleibt jedoch Stückwerk, da »die Wirklichkeit im Paradoxen erscheint«. »Die Welt (die Bühne somit, die diese Welt bedeutet) steht für mich als ein Ungeheures da, als ein Rätsel an Unheil, das hingenommen werden muß, vor dem es jedoch keine Kapitulation geben darf«, notiert Dürrenmatt, eine »Chance liegt allein noch beim einzelnen«. Oder doch nicht?: »Was alle angeht, können nur alle lösen. – Jeder Versuch eines einzelnen, für sich zu lösen, was alle angeht, muß scheitern.«

WW: Theaterstücke (Es steht geschrieben – Ein Engel kommt nach Babylon – Die Ehe des Herrn Mississippi – Der Besuch der alten Dame – Die Physiker). – Romane (Der Richter und sein Henker – Es geschah am hellichten Tag – Grieche sucht Griechin – Der Verdacht)
A: Friedrich Dürrenmatt, Werkausgabe in 37 Bänden (Taschenbuch). Diogenes Verlag, Zürich 1983
L: Heinrich Goertz, Friedrich Dürrenmatt. Rowohlt Taschenbuch Verlag, Reinbek 1985

■ WOLFGANG BORCHERT

Geb. am 20. Mai 1921 in Hamburg
Gest. am 20. November 1947 in Basel

»GIBT DENN KEINER, KEINER ANTWORT???«

Er ist als Frühvollendeter in Erinnerung geblieben, wobei die frühe Vollendung wie eine Zwangsmaßnahme erschien, denn sie war Krieg und Krankheit geschuldet, den Abschluss besorgte der Tod. Borchert ist die **Stimme der Weltkrieg-II-Heimkehrer**, die, verstört an Leib und Seele, in ein Land zurückkehren, das in Schutt und Asche liegt. Nun haben die Befreier, die auch Besatzer sind, das Sagen; sie sollen nachträglich Recht sprechen und die Deutschen zur Demokratie erziehen. Demokratisch hat Borchert schon vorher gedacht, aber in seiner Zeit war es gefährlich, dies offenkundig werden zu lassen.

Er stammt aus bürgerlichen Verhältnissen; der Vater ist Volksschullehrer, die Mutter mecklenburgische Heimatschriftstellerin. Borchert wird zum Buchhändler ausgebildet, versucht sich als **Schauspieler** am Theater Lüneburg. 1941 erfolgt die Einberufung zur Wehrmacht. Er kommt nach Russland, wird verwundet und noch im Lazarett verhaftet, weil ihn Denunzianten als Antifaschisten anschwärzen. Zur Begnadigung und Belehrung schickt man ihn zurück an die Front. Seine Gesundheit ist ruiniert, zumal er noch einen angeborenen Leberschaden mit sich herumträgt, der viel zu spät erkannt wird. Nach Kriegsende verordnet er sich trotzige Heiterkeit: Er tritt als **Kabarettist** auf, der das Grauen, das er erlebt hat, mit Bedacht zu überspielen sucht; vergeblich. 1946 erscheint sein **erster Gedichtband** *Laterne, Nacht und Sterne,* mit dem sein eigentliches, nicht sehr umfangreiches Werk einsetzt. Bekannt, ja berühmt wird Borchert mit dem **Hörspiel** (später Theaterstück) *Draußen vor der Tür,* das er 1946 in weniger als zehn Tagen aufs Papier bringt; es erzählt vom kurzsichtigen, Gasmaskenbrille tragenden Unteroffizier Beckmann, der seinen ehemaligen Oberst, einen üblen Wendehals, wie man ihn wohl zu allen

Zeiten findet, für den Tod seiner Kriegskameraden verantwortlich machen will. Am Ende bleibt eine Frage, die fast schon klassisch genannt werden darf, weil sie nicht nur von Kriegsheimkehrern zu stellen ist, sondern die ganze Ratlosigkeit des Menschen zu erkennen gibt, der vieles weiß, aber nicht, wo er herkommt und hingeht: »Wo ist denn der alte Mann, der sich Gott nennt? Warum redet er denn nicht! . . . Gibt denn keiner, keiner Antwort???«

In der Friedensbewegung der 70er-Jahre hat Borchert eine überraschende Wiederentdeckung erfahren; man las ihn als radikalen Verweigerer, als **Neinsager**, der nicht mehr mit sich handeln lässt: »Du. Mann an der Maschine und Mann in der Werkstatt. Wenn sie dir morgen befehlen, du sollst keine Wasserrohre und keine Kochtöpfe mehr machen – sondern Stahlhelme und Maschinengewehre, dann gibt es nur eins: / Sag NEIN! / Du. Dichter in deiner Stube. Wenn sie dir morgen befehlen, du sollst keine Liebeslieder, du sollst Hasslieder singen, dann gibt es nur eins: / Sag NEIN! . . .«

WW: Gedichte – Theaterstücke *(Käse – Yorick, der Narr! – Draußen vor der Tür). –* Erzählungen *(An diesem Dienstag – Die drei dunklen Könige – Die Hundeblume)*
A: Wolfgang Borchert, *Allein mit meinem Schatten und dem Mond. Rowohlt Taschenbuch Verlag, Reinbek 1996*
Wolfgang Borchert, Draußen vor der Tür. Reclam Verlag, Stuttgart 1996
L: *Peter Rühmkorf, Wolfgang Borchert. Rowohlt Taschenbuch Verlag, Reinbek 1961*

■ SIEGFRIED LENZ

Geb. am 17. März 1926 in Lyck (Masuren)

»EINE HISTORISCH IMMER WIEDERKEHRENDE HEIMSUCHUNG DES MENSCHEN«

Unter den drei bekanntesten deutschen Autoren der Gegenwart ist er vermutlich der diskreteste: Während seine Kollegen → *Grass* und → *Walser* mehr von sich hermachen, auch den öffentlichen Zorn und das Fettnäpfchen nicht scheuen, in das man, bei Bedarf, unbedarft treten kann, arbeitet Siegfried Lenz eher hintergründig; der Weg, den er bislang gegangen ist, gleicht einer Wanderung, bei der man beträchtliche Entfernungen zurücklegt und unterwegs gerne einkehrt, aber keine Experimente wagt – keine Abstecher auf unzugängliches Gelände, keine Übernachtungen an unbekanntem Ort. Siegfried Lenz ist ein **Meister des Soliden**, er geht mit Sprache um wie ein Handwerker, der sein Gewerbe beherrscht.

Lenz' Heimat ist Masuren, eine wehmütige Bilderbuchlandschaft mit dunklen Seen und Wäldern. Sie beschwört er herauf, ohne den Blick nostalgisch zu verfärben; er versucht es **mit bedächtigem Humor** und hat damit **großen Erfolg**: Sein Erzählungsband *So zärtlich war Suleyken* (1955) verkauft sich bis heute prächtig. – Ein anderes Schlüsselerlebnis sind die Kriegserfahrungen, die er als junger Mann macht: Er legt das sog. Notabitur ab, wird zur Marine einberufen, setzt sich nach Dänemark ab; wenn man ihn dort aufgespürt hätte, wäre er vermutlich erschossen worden. Von diesen Erfahrungen, die er im Alter noch einmal rekapituliert (»Alles, was du als dein Eigentum betrachtest, kann dir aus der Hand geschlagen werden – eine historisch immer wiederkehrende Heimsuchung des Menschen«), erzählt (u. a.) sein **erster Roman** *Es waren Habichte in der Luft* (1951). Im gleichen Jahr wagt Lenz, der zuvor sein Studium (Philosophie, Anglistik und Germanistik) abgebrochen hat und als **Feuilletonjournalist** bei der Tageszeitung *Die Welt* arbeitet, den Sprung in die freie Schriftstellerexistenz. Er sollte es nicht bereuen, denn er findet ein erstaunlich treues Lesepublikum, das ihn, soweit das biologisch möglich ist, bis zum heutigen Tag begleitet. Weitere **Romane und Erzählungen** erscheinen: u. a. *Der Mann im Strom* (1957), *Jäger des Spotts* (1958), *Brot und Spiele* (1959), *Stadtgespräch* (1965), *Deutschstunde* (1968), *Das Vorbild* (1973), *Heimatmuseum* (1978), *Exerzierplatz* (1985). Sein bisher letzter Roman *Fundbüro* (2003) thematisiert den alltäglichen Verlust und das Wiederauffinden, das nicht nur Gegenstände betrifft, sondern auch die Tiefen und Untiefen des eigenen Selbst, in dem man sich nicht abschotten sollte; manchmal nämlich, wenn Worte und Bedenken nicht mehr greifen, muss man wissen, was zu tun ist: »Wenn die Rede nicht hilft, bleibt am Ende nur die Aktion, davon bin ich inzwischen überzeugt: die Gegenwehr.«

Lenz ist ein Schriftsteller, der großen Wert auf »**Gedächtnisarbeit**« legt, sie ist die eigentliche Stärke des Dichters. Anders als der Historiker, der sich eher auf »Zahlen, Daten und Argumente von Verhandlungen« stützt, erzählt er Geschichte in Geschichten: »... Zeit wird gleichsam angehalten, und wir erkennen, was den Menschen bewegte und immer bewegt hat in vergleichbaren Augenblicken... Es wird der Erzähler sein, der uns den Strom vergangenen Lebens am anschaulichsten erfahrbar machen wird. Ihm jedenfalls werden wir bereitwillig zuhören, denn er kann vereinen, was in der (historischen) Analyse auseinander fällt, und was sich nicht zu erkennen geben will, das bringt er zum Vorschein, indem er die Wahrheit erfindet.«

WW: Romane und Erzählungen (*Es waren Habichte in der Luft – Deutschstunde – Das Vorbild – Heimatmuseum – Der Verlust – Exerzierplatz – Die Klangprobe – Die Auflehnung – Fundbüro – Das Feuerschiff – Der Geist der Mirabelle – So zärtlich war Suleyken – Lehmanns Erzählungen – Ein Kriegsende – Das serbische Mädchen – Ludmilla*). – Essays (*Beziehungen – Elfenbeinturm und Barrikade – Über das Gedächtnis*)

A: *Siegfried Lenz, Werkausgabe in Einzelbänden. Hoffmann und Campe, Hamburg 1970 ff.* (Viele Titel sind auch als Taschenbuchausgaben erhältlich)

L: *Heinz-Ludwig Arnold, Siegfried Lenz. Verlag Text & Kritik, München 1976*

■ INGEBORG BACHMANN

Geb. am 25. Juni 1926 in Klagenfurt
Gest. am 17. Oktober 1973 in Rom

»ANRUFUNG DES GROSSEN BÄREN«

Sie trat als das zunächst schüchterne, dann sehr selbstbewusste Wunderkind der deutschen Nachkriegsliteratur auf; der versammelten Schreib- und Männerwelt, die sich in exquisiten Zirkeln wie der Gruppe 47 traf, las sie mit wispernder Stimme Gedichte vor, die, über Bewährtes und Unerhörtes hinwegspielend, einen verführerischen Neuanfang probten. Ein **besonderer Ton** zeichnete diese Dichterin aus, ein Ton, der nicht schrill wurde und nicht abstürzte ins Unsägliche; wer Gedichte der Bachmann las, bekam den Klang einer Poesie eingespielt, die altehrwürdig ist, sich besinnt und erhebt, bis »unser Leben sich mit dem ihren verbindet in Stunden, wo wir mit ihr den Atem tauschen«.

Ingeborg Bachmann kommt aus einem Lehrerhaushalt; früh beginnt sie zu schreiben und früh erhält sie ihren ersten Schock, der ihr lebenslang Angst macht: »Der Einmarsch von Hitlers Truppen in Klagenfurt ... war so etwas Entsetzliches, daß mit diesem Tag meine Erinnerung anfängt: Durch einen zu frühen Schmerz, wie ich ihn in dieser Stärke vielleicht überhaupt nicht mehr hatte ... Diese ungeheuerliche Brutalität ..., dieses Brüllen, Singen und Marschieren.« Nach dem Abitur studiert sie Philosophie, sie promoviert mit einer Arbeit über den Philosophen Heidegger, der sich in einer unrühmlichen Etappe seines Daseins mit den Nazis einließ. Erste Veröffentlichungen kommen zu Stande, man wird auf eine junge Autorin aufmerksam, die so ganz anders schreibt, als es damals üblich ist. Ihr **erster Gedichtband** mit dem schönen Titel *Die gestundete Zeit* erscheint, für den sie, eine generöse Geste der vorwiegend männlichen Kollegen, den Preis der Gruppe 47 erhält. Was die Männer anzieht an der Bachmann, ist nicht nur die Literatur; eine attraktive Frau wirkt stärker als das stärkste Gedicht. Die Bachmann, mutmaßt man jedoch bald, setze ihre Reize, zu denen auch eine gewollte Unbeholfenheit gehört, mit Bedacht ein: »Wenn sie dastand und drei Herren um sie herum, der Ausdruck Herren ist hier richtig, dann ließ sie sofort etwas fallen, eine Puderdose, ein Taschentuch, und vier Herren, der vierte kam nämlich gleich von nebenbei, bückten sich sofort danach, und vier Herrenköpfe stießen unter ihr zusammen. Und so war es, glaube ich, angelegt, das sollte passieren« (Reinhard Baumgart).

Dennoch kann diese Dichterin den Herren Angst machen, denn sie beschwört die Liebe wie ein unbezwingbares, alles vereinnahmendes Mysterium: »Die Liebe währt am längsten / und sie erkennt uns nie.« Mit ihren eigenen Liebes-Geschichten ist Ingeborg Bachmann **kein dauerhaftes Glück** beschieden, vielleicht ging das auch nicht: Ihre Beziehungen zu dem Komponisten Hans-Werner Henze und dem Dichter-Kollegen → *Max Frisch*, die in Kulturklatschkreisen durchaus für Aufsehen sorgen, zerbrechen. Ein weiterer Gedichtband, wiederum mit schönem Titel, erscheint: *Anrufung des Großen Bären* (1956). Bachmann geht auf Reisen; im Süden, der mehr für sie meint als nur Wärme und Helle und lichtes Land, fühlt sie sich am wohlsten, dort ist sie »unverloren«, gibt es »nichts Schönres unter der Sonne / als unter der Sonne zu sein«. Schließlich lässt sie sich in Rom nieder, »eine reizvolle, amüsante, geistreiche und hübsche Frau in der Gesellschaft, sogar mit Vorliebe in der ›vornehmen‹ Gesellschaft, die es in Rom gab« (Toni Kienlechner). Längst ist sie eine anerkannte Schriftstellerin, wurde sie mit Preisen bedacht (u. a. **Georg-Büchner-Preis** 1964).

Als Selbstverständlichkeit nimmt sie das nicht: Allen wiederkehrenden Zweifeln zum Trotz, die zum Dichter-Handwerk gehören, mutet sie der Literatur Außerordentliches zu; jeder Schriftsteller, ob er nun ausgezeichnet wird oder nicht, sollte so ausgezeichnet mit Sprache umgehen können, dass er nicht in die üblichen Sprachfallen tappt: »Ein Schriftsteller hat keine ›Worte zu machen‹; das heißt, er hat keine Phrasen zu verwenden. Jedes Wort, ob es nun ›Demokratie‹ oder ›Wirtschaft‹ oder ›kapitalistisch‹ oder ›sozialistisch‹ heißt, muß er in seinem Werk vermeiden, um darstellen zu können ... Die Schriftsteller werden abdanken müssen, wenn sie nur noch die Phrasen im Mund haben, die die anderen auch haben.«

Ingeborg Bachmann, von der es heißt, dass sie zuletzt tablettenabhängig gewesen sei, **stirbt in Rom** unter tragischen, nie ganz geklärten Umständen: In ihrer Wohnung schläft sie mit einer brennenden Zigarette ein, erleidet schwere Verbrennungen. Die Ärzte meinen noch, sie retten zu können, scheitern jedoch an den unvorhersehbaren Reaktionen ihrer Patientin: »Der Körper reagiert gut, aber der Kopf macht nicht mit.«

Manchmal ist es auch umgekehrt im Leben: der Kopf reagiert gut, aber der Körper macht nicht mit. In ihrem einzigen abgeschlossenen Roman *Malina* (1971), der ursprünglich als Teil eines Roman-Zyklus (*Todesarten*) konzipiert war, den sie nicht zu beenden vermochte, wird (u. a.) von den Mühen erzählt, sein Ich zusammenzuhalten. Gelingt es, ganz bei sich selbst zu sein, scheint ein Wunsch auf, die **Vision geahnter und erhoffter Versöhnung:** kein Auseinanderfallen mehr, keine schmerzliche Trennung, Körper und Kopf werden eins, die Menschen sind wie neu geboren: »Ein Tag wird kommen, an dem die Menschen schwarzgoldene Augen haben, sie werden die Schönheit sehen, sie werden vom Schmutz befreit sein und von jeder Last, sie werden sich in die Lüfte heben, sie werden unter die Wasser gehen, sie werden ihre Schwielen und ihre Nöte vergessen. Ein Tag wird kommen, sie werden frei sein, es werden alle Menschen frei sein, auch von der Freiheit, die sie gemeint haben. Es wird eine größere Freiheit sein, sie wird über die Maßen sein, sie wird für ein ganzes Leben sein.«

WW: Gedichtbände (*Die gestundete Zeit – Anrufung des Großen Bären*). – Erzählungen (*Das drei-ßigste Jahr – Simultan – Ihr glücklichen Augen*). – Essays (*Ein Ort für Zufälle – Poetik-Vorlesungen*). – Libretti (*Der junge Lord – Der Prinz von Homburg*). – Hörspiele (*Der gute Gott von Manhattan*)
A: *Ingeborg Bachmann, Werke. Hg. v. Christine Koschel, Inge von Weidenbaum u. Clemens Münster. Piper Verlag, München 1978 u. 1993*
L: *Joachim Hoell, Ingeborg Bachmann. Deutscher Taschenbuch Verlag, München 2001*

■ MARTIN WALSER

Geb. am 24. März 1927 in Wasserburg (Bodensee)

»DIE SCHÖNSTE MIR VORSTELLBARE GEFANGENSCHAFT IST DIE IN DER SPRACHE«

Wenn man einen guten Autor (u. a.) daran erkennt, dass er Bücher schreibt, die nicht nur für Wohlgefallen, sondern auch für Ärger sorgen, dann ist Martin Walser ein guter Autor: Er **sorgte für Ärger**, seine Leser blieben ihm dennoch gewogen. Dabei will Walser gar nicht auffallen um jeden Preis: »Ich bin kein Provokateur, ich bin harmoniesüchtig.« Es geht ihm um Erkundungen jenseits des Akzeptierten, um Nachfragen bei den Meinungsführern, »nicht bekennerisch, nicht missionarisch, nicht besserwisserisch«; sein Interesse gilt »den momentan Verrufensten«. Er kratzt an der »gesitteten Fassade ..., die zu wahren wir gezwungen sind« und die »nach innen wächst«. Genau dort, im veröffentlichten Sprachinnenraum, hat es sich Walser **unbequem** gemacht; er meldet sich zu Wort, bei passender und unpassender Gelegenheit: »Ich weiß, daß ich meine Sprache nicht so adressiere, wie das ... der Brauch ist, wie es sich also gehört. Ich weiß auch, daß Politiker und Pfarrer ihre Reden streng adressieren. Sie kalkulieren die Wirkung. Sie wollen im Zuhörer etwas bewirken. Mir ist diese Haltung fremd.« Die Wahrheit spricht für sich selbst, wenn man sie sprechen lässt, sie braucht keine staatlich anerkannten Einflüsterer: »Das ist die Freiheit zwischen Menschen, die die Sprache nicht dazu benutzen, einander Rezepte zuzurufen ... Porenöffnung vor Porenverschluss. Schwächebeweise erwünscht. Wer fängt an, unsere gloriose Verabredetheit zu kündigen?«

Martin Walser stammt aus kleinbürgerlichen Verhältnissen: Der Vater ist Gastwirt, die Mutter Bauerntochter. Seine Herkunft macht sich in seinem Schreiben bemerkbar: Walsers Helden sind anders, kleine Leute, angepasste Einzelgänger, Mittelständler; Literatur ist »keine Veranstaltung«, die »nur ab Abitur aufwärts« funktioniert. Kurz vor Ende des Zweiten Weltkriegs wird er zu Wehrmacht und Arbeitsdienst einberufen. Er studiert Literatur,

Philosophie und Geschichte, promoviert (1951), ist **Redakteur beim Süddeutschen Rundfunk**, danach freier Schriftsteller. 1957 erscheint sein **erster Roman** *Ehen in Philippsburg*, der mit dem Hermann-Hesse-Preis ausgezeichnet wird. Es folgt die sog. Anselm-Kristlein-Trilogie, die aus den Romanen *Halbzeit* (1960), *Das Einhorn* (1966) und *Der Sturz* (1973) besteht. Walser versetzt sich, wie kaum ein anderer deutscher Gegenwartsautor, in seine Figuren hinein: Er verinnerlicht ihr Selbstverständnis, ihre Berufsperspektiven (Werbefachmann, Hausverwalter, Immobilienmakler, Lehrer u. a. m.), er horcht ihre Sprache aus, die seine eigene, die Schriftstellersprache, überdeckt, was nicht immer für den Autor zu Buche schlägt. Walser ist nämlich, eigentlich, ein Sprachkünstler, ein **Meister des Essays**; seine Romane indes sind manchmal mit heißer Nadel gestrickt.

1961 lässt er sich für die Politik einspannen: Er ist gegen den Vietnamkrieg, bekennt sich, wie die Kollegen → *Grass* und → *Böll*, zu der damals noch reformfreudigen SPD und tritt sogar den deutschen Kommunisten (DKP) näher, die leider nie mehr waren als eine Splitterpartei. Mit zunehmendem Alter rückt Walser von der Linken ab, ein Vorgang, der auch bei anderen Autoren auffällt. Die Unterscheidung zwischen Linken und Rechten greift ihm zu kurz: »Der Linke, das weiß man, hat vor allem recht. Er mißt sich ja andauernd an seinem Gegenteil, dem Rechten ... Aber was den Linken besonders auszeichnet: Er hat nicht nur recht, sondern ist auch der bessere Mensch. Das ist eine Erfahrung. Aber sicher bin ich nicht, daß der Rechte nicht genauso recht hat wie der Linke und sich auch für den besseren Menschen hält. Vielleicht ist das einfach der Vorteil jedes Dazugehörens. Du hast recht und bist auch noch der bessere Mensch.«

Mit der Novelle *Ein fliehendes Pferd* (1978), die sich prächtig verkauft, wird Walser zum **Erfolgsschriftsteller**. Weitere Romane erscheinen: (u. a.) *Seelenarbeit* (1979), *Das Schwanenhaus* (1980), *Brandung* (1985), *Jagd* (1988), *Die Verteidigung der Kindheit* (1991), *Ohne einander* (1993), *Finks Krieg* (1996), *Ein springender Brunnen* (1998), *Der Lebenslauf der Liebe* (2000). 1981 erhält Walser den **Büchner-Preis**, 1998 den **Friedenspreis des Deutschen Buchhandels**. Er bedankt sich mit einer Rede, die als nicht sehr friedensförderlich empfunden wird: Obwohl er erneut nur zum Nachdenken anhalten will, regt man sich mächtig auf, nennt ihn, unverständlicherweise, »einen geistigen Brandstifter« und unterstellt ihm latenten Antisemitismus. Walser reagiert betroffen, vermag nicht einzusehen, wie man ihn so missverstehen kann. Es kommt ihm so vor, als sollte er auf Entzug gesetzt werden in der Sprache, die ihm zuvor noch alles gegeben und ermöglicht hatte. »Die schönste mir vorstellbare Gefangenschaft ist die in der Sprache. Für diese Gefangenschaft werden wir entschädigt durch die Illusion, daß es für alles eine Entsprechung im Ausdruck gebe.« Die Wogen glätten sich nur vorübergehend: Als Walser 2002 den Roman *Tod eines Kritikers* veröffentlicht, gilt er als **unbelehrbarer Wiederholungstäter**: Nun soll er seinen angeblichen Antisemitismus konkret gemacht und auf eine einzelne Person gerichtet haben, den Starkritiker Marcel Reich-Ranicki, dessen Zeitung, die FAZ, prompt den Skandal ausruft: »Exekution« nennt sie Walsers Buch, »Dokument des Hasses«, »Mordphantasie«. Diesmal fühlt sich Walser nicht nur missverstanden, sondern tief verletzt; vehement verteidigt er einen Roman, der sicher nicht zu seinen stärksten zählt: Auf den Einwand eines Journalisten, dass eine Formulierung wie »Der ejakuliert doch durch die Goschen, wenn er sich im Dienst der deutschen Literatur aufgeilt« nicht gerade feinfühlig, geschweige denn meisterlich sei, erwidert er: »Ja und? Das ist ein Roman. Es ist geschmacklos. Aber Literatur ist keine bürgerliche Geschmacksparty. Ich bin doch kein Damenkränzchen. Was Sie zitieren, das sind zwei besoffene Schriftsteller, die wollen jetzt einmal das Maul aufmachen gegen den, der sie öffentlich heruntergemacht hat.«

Als Romancier, als Stimmengeber für seine Figuren muss man Walser nicht unbedingt mögen; als **Essayist, Stilist und Gedankenkünstler** ist er zu bewundern. Sein **schönstes Buch**, ein schmaler Band mit dem Titel *Meßmers Gedanken*, kam 1985 heraus; in ihm zündet er Erkenntnisblitze, die wie schlagende Argumente sind, eine nachhaltige Einladung, sich überraschen zu lassen und in der Resignation nicht zu resignieren: »Wenn alle so wären wie ich, wäre es furchtbar. Wenn nicht alle so wären wie ich, wäre es auch furchtbar. Ich bin auf eine gute Meinung von mir angewiesen. Ich wirke nicht günstig auf mich.«

WW: Romane und Erzählungen *(Ehen in Philippsburg – Ein Flugzeug über dem Haus – Lügenge-*
schichten – Halbzeit – Das Einhorn – Jenseits der Liebe – Das Schwanenhaus – Seelenarbeit – Ein flie-
hendes Pferd – Brandung – Dorle und Wolf – Die Verteidigung der Kindheit – Ohne einander – Finks
Krieg – Der Lebenslauf der Liebe – Tod eines Kritikers). – Theaterstücke *(Eiche und Angora – Der*
schwarze Schwan – Die Zimmerschlacht – Ein Kinderspiel – Das Sauspiel – In Goethes Hand). – Essays,
Aufsätze, Gedanken *(Heimatkunde – Wie und wovon handelt Literatur – Wer ist ein Schriftsteller? –*
Selbstbewusstsein und Ironie – Erfahrungen und Leseerfahrungen – Meßmers Gedanken – Leseerfah-
rungen. Liebeserklärungen – Ansichten. Einsichten – Meßmers Reisen)
A: *Martin Walser, Werke in zwölf Bänden. Hg. v. Helmuth Kiesel u. Frank Barsch. Suhrkamp Verlag,*
Frankfurt a. M. 1997
(Viele Titel sind auch im Taschenbuch erhältlich)
L: *Klaus Siblewski (Hg.), Martin Walser. Suhrkamp Taschenbuch Verlag, Frankfurt a. M. 1981*
Rainer Weiss (Hg.), Gespräche mit Martin Walser, Suhrkamp Taschenbuch Verlag, Frankfurt a. M.
1998

■ GÜNTER GRASS

Geb. am 16. Oktober 1927 in Danzig

»VORBEI AN VERSANDETEN REVOLUTIONEN«

Er ist der amtierende Nobelpreisträger unter den deutschen
Dichtern, und man merkt es ihm an: Günter Grass tritt auf
wie einer, der bekommen hat, was er verdient. Lange Zeit galt
er als Kandidat für die Krone der Literatur, musste sich Jahr
für Jahr gedulden, dann endlich (im Oktober 1999) erhielt er
die erlösende Nachricht: »Vor zehn Tagen kam der Nobelpreis über uns. Seitdem keine Minute am Stehpult. Berge
freundlicher, zustimmender Post. Das Telefon blockiert … Es ist gut, dass
ich erst jetzt, altersgewitzt, den Preis bekomme; als Vierzig- oder Fünfzig-
jähriger wäre er mir zur Last geworden. – Jetzt will ich mit gestärkter
Stimme meine Sache betreiben …« Der **Nobelpreis**, so scheint es, hat Grass
auf wundersame Weise erleichtert; er wirkt milder, versöhnlicher, weniger
rechthaberisch, lässt bei Gelegenheit sogar einen Humor aufblitzen, den

man ihm, als er noch seinen Stammplatz als **politischer Einmischungs-
künstler** (den er eine Zeitlang mit dem umgangsfreundlicheren → *Heinrich
Böll* teilte), gar nicht zugetraut hatte. Kurzum, der Geehrte ist pflegeleichter
geworden; der Politik mitsamt ihren Politikern sagt er jedoch noch immer
gern, was sie zu tun und zu lassen hat. Gut so.

Grass stammt aus kleinbürgerlichen Verhältnissen, die Eltern betreiben
einen kleinen Laden in Danzig. Mit der Schule bekommt er Probleme: Nach
der 9. Klasse verlässt er das Gymnasium; schon früh weiß er, dass er Künstler werden will. Das Nazi-Regime allerdings durchschaut er erst später: »Als
Neunzehnjähriger begann ich zu ahnen, welch eine **Schuld** unser Volk wis-
send und unwissend aufgehäuft hatte, welche Last und Verantwortung
meine und die folgende Generation zu tragen haben würde. Das ist eine
Schuld, die bleiben wird. Ich habe eher das Gefühl ..., daß die ungeheure
und nicht einschätzbare Dimension mit immer größerem zeitlichen Abstand immer größer wird, daß das Unfaßbare und Undefinierbare an
Auschwitz, um es mal auf diesen Begriff zu bringen, mit zeitlichem Abstand
wächst, auch als Hypothek und als Last – und nicht mit den herkömmlichen
Begriffen wie Schuld und Sühne zu decken ist. Das bleibt als offene Wunde.«
Grass entscheidet sich dafür, nicht einverstanden zu sein; in die Bekundun-
gen der Selbstgefälligkeit, die den bundesdeutschen Wirtschaftsaufschwung
begleiten, der von Vergangenheitsbewältigung nichts mehr wissen will, mag
er nicht einstimmen.

1948 geht Grass nach Düsseldorf, er will **Bildhauer** werden. 1953 zieht er
nach Berlin. Drei Jahre später erklärt er in Paris, »ein dickes Buch schreiben«
zu wollen. Das schreibt er tatsächlich: Der Roman *Die Blechtrommel,* der
1959 erscheint, macht ihn mit einem Schlag berühmt und ist bis heute sein
bekanntestes Buch geblieben. Grass wird zum **Erfolgsschriftsteller**, der seinem Ruf, ein versierter Widerständler zu sein, gerne entspricht. Als in der
Bundesrepublik die Studentenunruhen ausbrechen, der Marxismus zur
Pflichtphilosophie wird und prächtige Träume von der Revolution, vom
ganz Anderen, geträumt werden, setzt er, verhöhnt von der radikalen Linken, auf »Reformen«; er zieht für die SPD und ihren Bundeskanzler Willy
Brandt in den Wahlkampf. Grass glaubt nicht an fertige Ideologien, er be-

vorzugt eine Politik der kleinen Schritte: »Die Schnecke, das ist der Fortschritt ... Sie siegt nur knapp und selten. Sie kriecht, verkriecht sich, kriecht mit ihrem Muskelfuß weiter und zeichnet in geschichtliche Landschaft, über Urkunden und Grenzen, zwischen Baustellen und Ruinen, durch zugige Lehrgebäude, abseits schöngelegener Theorien, seitlich Rückzügen und vorbei an versandeten Revolutionen ihre rasch trocknende Gleitspur.« Weitere Bücher erscheinen: die Novelle *Katz und Maus* (1961), der Roman *Hundejahre* (1963), die zusammen mit der *Blechtrommel* die sog. **Danziger Trilogie** ergeben, in der Grass, so seine nüchterne Selbstauskunft, »bemüht war, die Wirklichkeit einer ganzen Epoche, mit ihren Widersprüchen und Absurditäten in ihrer kleinbürgerlichen Enge und mit ihren überdimensionalen Verbrechen, in literarischer Form darzustellen«.

1969 kommt der Roman *örtlich betäubt* heraus, 1971 *Gesammelte Gedichte*, 1977 der Roman *Der Butt*, 1979 die Erzählung *Das Treffen in Telgte*. Grass ist ein bekannter, ein **umstrittener Autor**, seine Bücher verkaufen sich gut, auch wenn die Literaturkritik unfreundlicher wird, was aber, wie man weiß, zu den Umgangsformen gehört, mit denen sich Schriftsteller und Kritiker begegnen: Fortwährendes Lob, das jeder Autor gern einstreicht, darf ein Kritiker nicht produzieren, es widerspricht den Gepflogenheiten, dem Kleingedruckten in der kritischen Arbeitsplatzbeschreibung. Nach dem Lob kommen die Prügel, auch Grass musste das erfahren: Seinem Roman *Ein weites Feld* (1995), im Verkauf erneut ein Bestseller, auf den der Autor große Stücke hielt, warf die Kritik »massierte Langweiligkeit« und »Handlungsarmut« vor; der bekannteste Kritiker hier zu Lande, Marcel Reich-Ranicki, nannte ihn »ganz und gar missraten«.

Günter Grass begann als Bildhauer, widmete sich dann ganz dem Schreiben und fand, als Erfolg und Ehrungen ihm vieles leichter machten, »konzeptuell und programmatisch zur bildenden Kunst, zum Zeichnen und Radieren, später zum Lithographieren zurück«. **Schreiben und Kunst** gehören für ihn zusammen: »Ich zeichne immer, auch wenn ich nicht zeichne, weil ich gerade schreibe oder konzentriert nichts tue. Und auch beim Zeichnen schreiben sich Sätze fort, die angefangen auf anderem Papier stehen.« – In seinem Gedicht *Anzeige* lässt Grass anklingen, was den Künstler, zeitlos be setzt, umtreibt: »Jetzt suche ich was, / ohne finden zu wollen. / – Etwas, bei dem ich alt werden / und verfallen darf. / – Etwas mit Gütezeichen / und ohne Nebengeschmack. / – Wüßte ich das benennende Wort, gäbe ich / eine Anzeige auf: / – Suche für mich, nur für mich, / auch an Regentagen für mich, / selbst wenn mich Schorf befällt, / noch für mich ... / – Vielleicht meldest du dich, gesucht.«

WW: Gedichtbände *(Gesammelte Gedichte – Mit Sophie in die Pilze gegangen)*. – Romane, Erzählungen, Prosa *(Die Blechtrommel – Katz und Maus – Hundejahre – örtlich betäubt – Aus dem Tagebuch einer Schnecke – Der Butt – Das Treffen in Telgte – Kopfgeburten oder Die Deutschen sterben aus – Die Rättin – Unkenrufe – Ein weites Feld – Mein Jahrhundert – Für- und Widerworte – Essays und Reden – Fünf Jahrzehnte. Ein Werkstattbericht – Im Krebsgang)*
A: *Günter Grass, Werkausgabe, 16 Bde. u. 22 CDs. Hg. v. Volker Neuhaus u. Daniela Hermes. Steidl Verlag, Göttingen 1997 ff.*
(Viele Titel sind auch im Taschenbuch erhältlich)
L: *Heinrich Vormweg, Günter Grass. Rowohlt Taschenbuch Verlag, Reinbek 1996*
Theodor Pelster, Günter Grass. Reclam Verlag, Stuttgart 1999

■ CHRISTA WOLF

Geb. am 18. März 1929 in Landsberg (Mark Brandenburg)

»DAS VERGANGENE IST NICHT TOT«

Als es noch die Deutsche Demokratische Republik (DDR) gab, einen Staat, der sehr deutsch, nicht sehr demokratisch und eigentlich auch kaum sozialistisch war, wurde sie zur **bekanntesten deutschen Schriftstellerin.** Nachdem die DDR dann, wie fast der gesamte Kommunismus, vergleichsweise schmählich zu Grunde gegangen war, begann man an ihrem Ruf zu mäkeln. Nun konnte fast alles gegen sie verwendet werden; man platzierte sie bei den Mitläufern, den privilegierten Gesinnungssozialisten, denen alles zuzutrauen war, sogar eine verdeckte Mitarbeit für die Gesinnungsschnüffler der Staatssicherheit. Das alles ging nicht spurlos an der Autorin vorüber; sie verstummte vorübergehend, raffte sich dann zu einer nicht ganz uneingeschränkten Verteidigung auf und ist heute so weit, dass sie, bei nahezu wiederhergestelltem Ansehen, ihre Altersprosa verfertigt, in der es mehr um persönliche Befindlichkeiten, um abgelebtes Leben, Krankheit und Tod geht als um Gesellschaftskritik.

Christa Wolf wächst in behüteten Verhältnissen auf. Ihr Vater hat in Landsberg einen kleinen Laden, den die Schrecken des Krieges zunächst nicht erreichen. Nach dem Zusammenbruch des Naziregimes zieht die Familie in einem der vielen Flüchtlingstrecks nach Westen. 1949 macht Christa Wolf ihr Abitur und tritt in die Sozialistische Deutsche Einheitspartei (SED) ein. Sie studiert Germanistik, arbeitet (u. a.) als **Lektorin.** 1963 erscheint ihr **erster Roman** *Der geteilte Himmel,* der von der Unmöglichkeit der Liebe in Zeiten verschärfter Konfrontation (Berliner Mauerbau 1961) erzählt. Christa Wolf gesteht dem Schriftsteller mehr zu, als es der offiziellen Ideologie recht sein kann: »Literatur und Wirklichkeit stehen sich nicht gegenüber wie Spiegel und das, was gespiegelt wird. Sie sind ineinander verschmolzen im Bewußtsein des Autors. Der Autor nämlich ist ein wichtiger Mensch.« Wichtiger aber als Mensch und Autor ist die Partei, sie hat in der DDR »immer Recht«. Christa Wolf ist, wie andere **DDR-Intellektuelle** auch, mit der Maßregelungswut der SED aneinander geraten; nicht spektakulär, eher: in Maßen.

Der Idee des Sozialismus bleibt sie so lange treu wie möglich; vor den Betonköpfen, die ihn verwalten und rhetorisch verunstalten, weicht sie zurück, wählt die »innere Distanz«. Und entdeckt die Vergangenheit für sich, die reichhaltiger, komplexer zu sein scheint als eine zwangsweise ruhig gestellte Gegenwart: In ihren Romanen *Nachdenken über Christa T.* (1968), *Kindheitsmuster* (1976), *Kein Ort. Nirgends* (1979), *Kassandra* (1980), *Medea* (1990) geht es, auf unterschiedliche Weise, um die Kraft des Erinnerns, das sich zwar eine vielstimmige Erinnerungswelt heraufbeschwören, nicht aber von der Gegenwart lossagen kann, weswegen »das Vergangene« auch gar »nicht tot ist, es ist nicht einmal vergangen«. Christa Wolf stellt dem Dichter eine anspruchsvolle Aufgabe: Er soll der **Erinnerung** »eine authentische Sprache« geben (→ *Siegfried Lenz*) und sich zugleich aktualitätssicher, d. h. widerstandsbereit zeigen: »Wo hätten wir sie zu suchen«, die »Kühnheit der Dichtung«, »bei eingestandenem Rückzug vor Übermächten, bei ... Ohnmacht gegenüber dem Fremderwerden ihrer Welt? In den Eingeständnissen selbst? Gewiß, da sie nicht aus Routine, nicht freiwillig gegeben werden. Mehr aber noch im Widerstand. Nicht kampflos weicht sie zurück, nicht widerspruchslos verstummt sie, nicht resignierend räumt sie das Feld. Wahrhaben, was ist – wahrmachen, was sein soll. Mehr hat Dichtung sich nie zum Ziel setzen können.«

WW: Romane und Erzählungen *(Der geteilte Himmel – Nachdenken über Christa T. – Kindheitsmuster – Kein Ort. Nirgends – Kassandra – Medea – Leibhaftig – Ein Tag im Jahr). –* Essays *(Die zumutbare Wahrheit – Der Schatten eines Traums – Voraussetzungen einer Erzählung: Kassandra – Hierzulande Andernorts)*
A: *Christa Wolf, Werke in 13 Bde. Luchterhand Literaturverlag, München 2001*
L: *Jörg Magenau, Christa Wolf. Rowohlt Taschenbuch Verlag, Reinbek 2003*

■ HANS MAGNUS ENZENSBERGER

Geb. am 11. November 1929 in Kaufbeuren

»NICHTS WEITER ALS EINE LEGENDE«

Die meisten Dichter, die in ein Dichter-Lexikon geraten, sind tot und können sich, zumindest von irdischen Kampfplätzen aus, nicht mehr wehren. Es gibt aber auch einige wenige Dichter, die zur Freude ihrer Freunde und zum Missvergnügen ihrer Verächter noch leben und trotzdem in ein Lexikon kommen, weil sie, da stimmen Freunde und Feinde ausnahmsweise überein, auf ihre Weise bedeutend sind. Enzensberger ist so ein Schriftsteller, man kann ihn sich eigentlich nur lebendig vorstellen, als einen Autor, der unentwegt **sucht und findet**. Seine schon erwähnten Verächter haben das als pure Umtriebigkeit, als literarisches Windmachen um jeden Preis denunziert, wofür es dann tatsächlich zwar nicht jeden, aber doch einige gewichtige Preise gab (u. a. den **Büchner-Preis** 1963 und den Heinrich-Böll-Preis 1985).

Enzensberger wächst in Nürnberg und Nördlingen auf, er studiert (u. a.) in Erlangen, Hamburg, Freiburg i. Br. Literaturwissenschaften und Philosophie und promoviert über den romantischen Dichter → *Brentano*, der unter den Literaten, von denen ihm nicht alle geheuer sind, einer der liebsten ist. Danach wird er als Autor immer rühriger; er macht sozusagen alle literarischen und weltanschaulichen Moden mit, besonders dann, wenn er sie vorher selbst geprägt hat. Zunächst steht er auf Seiten der Kritischen Theorie, die sich um Klassenverhältnisse und Ausbeutungsmechanismen im damaligen Spätkapitalismus kümmert (der heute ein noch viel späterer Kapitalismus ist, aber nicht mehr so wahrgenommen wird); sein Spezialgebiet ist die sog. Bewusstseinsindustrie, die, wenn man genauer hinschaut, eigentlich alle Bereiche modernen entfremdeten Lebens umfasst. **Brillante Essays** entstehen, die auch von Konservativen mit verhaltenem Vergnügen gelesen werden. Daneben wird Enzensberger als **Lyriker** auffällig, der, nach eher verrätselten Anfängen, konkrete, meist listige und hintergründige Gedichte schreibt. Er arbeitet als **Übersetzer**, kurzfristig auch mal als **Lektor**, was aber nicht so sein Ding ist; er geht auf Reisen (und schreibt später unter anderem Namen ein amüsantes Buch über öde Orte und Reisefrust). Seine Zeitgenossen bekommen den Eindruck, dass dieser Mann irgendwie nicht ruhig sitzen kann; er muss immer etwas zu tun haben. Dazu gehört auch eine ausgedehnte **Herausgebertätigkeit**, die mit mutiger Gründermentalität einhergeht: Enzensberger ruft programmatische Zeitschriften ins Leben, darunter das *Kursbuch* (1965), in dem 1968 der »Tod der Literatur« ausgerufen wird, eine gern wiederholte Fehldiagnose, für die man keine Schadensersatzansprüche fürchten muss. Außerdem veröffentlicht er eine **Sammlung mit Kinderreimen** (1961) und schreibt einige sehr erfolgreiche Bücher für junge Leser.

Als Anfang der Siebzigerjahre der kontinuierliche Abschwung der Linken einsetzt, zieht sich Enzensberger ins literarische Kerngeschäft zurück; er schreibt zwar weiterhin über die Absonderlichkeiten des obwaltenden Zeitgeistes, steigt aber genauso gern zu den historischen Literaturgrößen hinab, die er z. T. neu und gegen den Strich liest. Aus einer weiteren Liebhaberei des Schriftstellers Enzensberger ist eine ebenso ansehnliche wie langwierige Unternehmung hervorgegangen: *Die Andere Bibliothek,* eine **sorgfältig edierte Buchreihe**, in der der Chef nur in Ausnahmefällen selber kocht und sich stattdessen lieber die literarischen Speisen ins Haus bringen lässt, von denen er weiß, dass sie ihm munden werden.

Enzensberger ist ein Dichter wie → *Heine* (auch den Heine-Preis hat er demzufolge schon erhalten); er schützt sich mit kluger, unangestrengter Unterhaltsamkeit; als Dichterwaffe bevorzugt er nicht den Knüppel, sondern das Florett, am liebsten aber die Finte. In einem Gedicht hat er sich selbst als *Der Fliegende Robert* vorgeführt: »Eskapismus, ruft ihr mir zu, / vorwurfsvoll. / Was denn sonst, antworte ich, / bei diesem Sauwetter! –, / spanne den Regenschirm auf / und erhebe mich in die Lüfte. / Von euch aus gesehen, / werde ich immer kleiner und kleiner, / bis ich verschwunden bin. / Ich hinterlasse nichts weiter als eine Legende . . .«

WW: Gedichtbände *(verteidigung der wölfe – Gedichte 1955–1970 – Die Furie des Verschwindens – Gedichte 1950–1985). –Prosa (Deutschland, Deutschland unter anderm – Der kurze Sommer der An-*

archie – *Mausoleum* – *Politische Brosamen* – *Mittelmaß und Wahn*). – Kinderbücher *(Allerleirauh –*
Esterhazy – *Der Zahlenteufel* – *Wo warst du, Robert?).* – Theaterstücke *(Das Verhör von Habana –*
Der Untergang der Titanic)
A: (Die meisten Bücher Enzensbergers sind im Suhrkamp Verlag, Frankfurt a. M., erschienen und
zum größten Teil auch als Taschenbuch erhältlich)
Hans Magnus Enzensberger, Brentanos Poetik. Carl Hanser Verlag, München 1961
Hans Magnus Enzensberger, Requiem für eine romantische Frau. Friedenauer Presse, Berlin 1988
Hans Magnus Enzensberger, Der Zahlenteufel. Carl Hanser Verlag, München 1997
L: *Barbara und Frank Dietschreit, Hans Magnus Enzensberger. J. B. Metzlersche Verlagsbuchhand-*
lung, Stuttgart 1986

■ THOMAS BERNHARD

Geb. am 9. Februar 1931 in Heerlen (Holland)
Gest. am 12. Februar 1989 in Wien

»ICH MÜSSTE MICH IMMER MEHR VERGRAUSLICHEN«
Es gibt Autoren, die brauchen ein Leben lang, um ein einziges
Werk zu schreiben, das sie dann auf viele Bücher verteilen
und mit den unterschiedlichsten Titeln versehen. In Wahrheit
aber ist alles eine einzige Wiederholung, so wie auch das
Leben selbst, wählt man den passenden Blickwinkel, wie eine
einzige Wiederholung erscheinen kann. Die dazugehörige
Weltsicht macht nicht sehr glücklich, sie sieht eher das Absurde und Ab-
artige als das Versöhnliche und Vernünftige.

Der Schriftsteller Thomas Bernhard ist ein **Wiederholungstäter** gewesen; er erschrieb sich in unverwechselbarer, besessen in sich selbst kreiseln-
der Sprache ein Lebenswerk, das von der Natur des Menschen berichtet,
einer Natur, »die lebenslängliche unbegreifliche und unverständliche Natur« ist, die »die Menschen zusammenstößt mit Gewalt, mit allen Mitteln,
damit diese Menschen sich zerstören und vernichten, umbringen, zugrunde
richten, auslöschen«.

Bernhard kommt in einem niederländischen Kloster zur Welt, wo ihn seine ledige Mutter abgegeben hat. Seinen Vater, den österreichischen Schriftsteller Freumbichler, bekommt er nie zu Gesicht. Bernhard wächst bei seinen Großeltern auf; dort ist er einigermaßen glücklich, erlebt seine »schönsten Jahre«. Er geht in Salzburg aufs Internat, bricht die Schule aber ab und unterzieht sich einer Kaufmannslehre, bei der er sich, als man ihn in feuchten Kellerräumen arbeiten lässt, eine Lungenkrankheit zuzieht, die ihn ein Leben lang strapaziert. 1949 stirbt mit dem geliebten Großvater seine »erste Existenz«. Sein zweites Leben ergibt sich aus einem mühsamen Neuanfang; in einer Lungenheilanstalt, die den Patienten Bernhard nicht dauerhaft heilen kann, beginnt er zu schreiben. Dadurch wird er abgelenkt und denkt widerwillig ans Überleben.

Später macht er das Schreiben zu seinem Beruf, erst als **Journalist und Theaterkritiker**, dann als Schriftsteller. Seine **Prosawerke**, die in rascher Folge entstehen, lassen bisweilen schon im Titel (*Verstörung*; *Auslöschung*; *Der Untergeher*) eine gewisse Freudlosigkeit anklingen, die dem Menschen Bernhard jedoch gar nicht zu eigen ist; er kann sehr witzig, sentimental und warmherzig sein. Der österreichische Staat bleibt davon allerdings ausgenommen, er wird zu Bernhards Lieblingsfeind, den er mit einer Privatfehde überzieht, die groteske Züge annimmt und schließlich wie die umfangreichste und längste Tragikomödie erscheint, die sich der **Stückeschreiber** Bernhard (seit 1975 arbeitet er auch erfolgreich als Theaterautor) jemals ausgedacht hat. Österreich nennt er einen »Requisitenstaat, in dem alles austauschbar ist«, »das Bordell Europas«, seine Regierung ist »ein kostspieliger, lebensgefährlicher Wurstelprater«, eine »teure Dummköpfelotterie«, der als Bundeskanzler ein »Konsumvereinsvorsteher und Naschmarktzuhälter« vorsteht. Solche Freundlichkeiten ersinnt der Autor Bernhard ständig, seine Beschimpfungen will er ernst genommen wissen, kalkuliert aber gern mit ein, dass sie auch maßlos erheiternd wirken können und dem Absatz seiner literarischen Schriften keineswegs abträglich sind. Der freundliche Mensch Thomas Bernhard verkleidet sich gern als unfreundlicher Autor; dann ist er, sagt er selbst, »ein Scheusal und Fallensteller«, der, trotz oder gerade wegen seiner Krankheit, »möglichst alt und möglichst boshaft werden« will, »um möglichst gut zu schreiben«. Denn: »Ich bin ja ein Berserker, ich will ja gut schreiben, ich müßte mich immer mehr vergrauslichen und immer mehr verfürchten und verfinstern im Bösen, damit ich besser werde.«

Ab 1965 lebt er auf einem Bauernhof in Ohlsdorf (Oberösterreich); hier geht es ihm besser, von seinen Schmähungen mag er trotzdem nicht lassen. Bernhard betreibt **Literatur als »Übertreibungskunst«**, und diese Kunst weiß er, ein listiger Solosänger von eigenen Gnaden, virtuos einzusetzen. Seine Satzkaskaden, die er auch einmal als »**philosophisches Lachprogramm**« bezeichnet hat, umgarnen Krankheit, Elend, Verstummen und Tod so verführerisch, dass sich ihre Härte abschleift. Am Ende schimmert eine Art Hoffnung auf, Respekt auch vor dem, was der Mensch ist oder, besser, was er sein kann, nämlich »für sich gesehen, das größte Kunstwerk aller Zeiten«.

Als der **Dauerstreit** Bernhard **gegen die Republik Österreich** fast schon beigelegt scheint, holt der Dichter zwei Tage vor seinem Tod noch einmal zum Rundumschlag aus; in seinem Testament, datiert vom 10. Februar 1989, heißt es:»Weder aus dem von mir selbst bei Lebzeiten veröffentlichten, noch aus dem nach meinem Tod gleich wo immer noch vorhandenen Nachlaß darf auf die Dauer des gesetzlichen Urheberrechts innerhalb der Grenzen des österreichischen Staates, wie immer dieser Staat sich kennzeichnet, etwas in welcher Form immer von mir verfaßtes Geschriebenes aufgeführt, gedruckt oder auch nur vorgetragen werden. Ausdrücklich betone ich, daß ich mit dem österreichischen Staat nichts zu tun haben will, und ich verwahre mich nicht nur gegen jede Einmischung, sondern auch gegen jede Annäherung dieses österreichischen Staates meine Person und meine Arbeit betreffend in aller Zukunft ...«

WW: Prosa *(Frost – Das Kalkwerk – Der Stimmenimitator – Beton – Holzfällen – Wittgensteins Neffe – Auslöschung).* – Theaterstücke *(Die Jagdgesellschaft – Die Macht der Gewohnheit – Der Präsident – Immanuel Kant – Über allen Gipfeln ist Ruh – Minetti – Der Schein trügt – Der Theatermacher – Ritter, Dene, Voss)*
A: (Die meisten Bücher Bernhards sind im Suhrkamp Verlag, Frankfurt a. M., erschienen und auch als Taschenbücher erhältlich)
Thomas Bernhard, Die Stücke (4 Bde.). Suhrkamp Verlag, Frankfurt a. M. 1988
Thomas Bernhard, Ein Lesebuch. Hg.v. Raimund Fellinger. Suhrkamp Verlag, Frankfurt a. M. 1993
L: *Thomas Bernhard. Werkgeschichte. Hg. v. Jens Dittmar. Suhrkamp Verlag, Frankfurt a. M. 1990*
Hans Höller, Thomas Bernhard. Rowohlt Taschenbuch Verlag, Reinbek 1993

■ UWE JOHNSON

Geb. am 20. Juli 1934 in Kammin (Pommern)

Gest. am 23. Februar 1984 in Sheerness (England)

»WOHIN ICH IN WAHRHEIT GEHÖRE«

Dass die Herren wechseln, aber manche Knechte immer Knechte bleiben, ist eine Mutmaßung, an die zu glauben man nicht Marxist sein muss. Es geht nicht gerecht zu auf der Welt; der Mensch, von Haus aus befangen, duckt sich vor seinesgleichen, wenn die Machtverhältnisse nur einschüchternd genug sind. Der Schriftsteller Uwe Johnson musste schon als Kind erfahren, wie schnell politische Regimes hochgespült werden und wieder fallen: Als Schüler besucht er ein nationalsozialistisches Internat, aber ehe er sich's versieht, ist der Zweite Weltkrieg verloren, und auf deutschem Boden stehen sich zwei ideologisch zutiefst fremde Staaten gegenüber. Johnson wächst im Osten auf; er erlebt, wie die Hitler-Porträts abgehängt und dafür Bilder von »Väterchen« Stalin an die Wände kommen, eine bloße Umdekoration, wie es scheint, die den Leuten nicht weiter zu denken gibt. Später, als er bereits ein gefeierter Autor und von Deutschland-Ost nach Deutschland-West gezogen ist, hat er über diesen so merkwürdig unspektakulären Machtwechsel geschrieben (*Zwei Bilder*, 1979): Johnson ist zum **Skeptiker und** illusionslosen **Menschenschilderer** geworden. In der DDR, in der er nicht als Oppositioneller auffällt, wird er dennoch beargwöhnt; von höherer Stelle meint man zu erkennen, dass dieser junge Mann, dessen Schreibbegabung nicht zu übersehen ist, zur Unzuverlässigkeit neigen könnte. Man macht ihm Schwierigkeiten, die auszuhalten sind; dennoch »siedelt« Johnson in die Bundesrepublik »über«, auf diese Wortwahl legt er Wert, denn er sieht sich nicht als Flüchtling. Im Herbst 1959 erscheint sein **erster Roman** *Mutmaßungen über Jakob*, der kein Verkaufs-, wohl aber ein Kritikererfolg wird. Johnson gilt als Dichter beider Deutschland; er arbeite Gemeinsamkeiten im Gegensätzlichen heraus, heißt es, aber an Gemeinsamkeiten ist man damals, hüben wie drüben, nicht wirklich interessiert. Zwei Jahre später veröffentlicht er *Das dritte Buch über Achim,* vordergründig eine **romanhaft verdichtete Biografie** über ein verdientes Radsport-Idol der DDR, dem nur schwer beizukommen ist. Achim nämlich, ein Radrennfahrer, den die Staatspartei mit Ehren überhäuft, weil er sich mit dem gleichen Stehvermögen, das ihn einst auch im Wettkampf auszeichnete, zu den offiziellen sozialistischen Zielen bekennt, hat ein paar dunkle Punkte in seinem Lebenslauf: Er war Hitlerjunge und nahm am Aufstand des 17. Juni teil. Johnson kehrt mit diesem Buch in seine eigene, als prekär erlebte Vergangenheit zurück: Er weiß, dass sich jedes Regime am liebsten selber feiert und auf Machterhalt aus ist; dafür werden Wahrheiten auch gern mal verschwiegen oder umgebogen.

Johnsons weiterer Weg ist mit Lob und Ehren gepflastert. Er erhält diverse gewichtige Literaturpreise, darunter den **Büchner-Preis** (1971) und den Thomas-Mann-Preis. Sein Sprach- und Stilvermögen, von den Kritikern fast einhellig gepriesen, entfernt sich zusehends vom komplexen, in unterschiedliche Mitteilungstechniken eingebetteten Erzählen und wird einfacher. 1967 geht er nach New York, einer Metropole, die ihn auch deswegen fasziniert, weil sie sich vorzüglich mit den kargen ländlichen Herkunftsbildern kontrastieren lässt, die sich in ihm eingegraben haben. Diese Kontraste, zu auffälliger Ergiebigkeit gebracht, durchziehen auch sein **vierbändiges Hauptwerk** *Jahrestage,* das ab 1970 erscheint. Es ist der große Roman deutscher Nachkriegsgeschichte, im Persönlichen entfaltet und mit zahllosen Splittern des Zeitgeschehens durchsetzt, ein Bewusstseins-Abenteuer, das auf der inneren Selbsterfahrungsbühne spielt, in Wahrheit jedoch Abhängigkeiten widerspiegelt, die dem Einzelnen, bedrängend und hart, von außen her, aus Gesellschaft und Politik, zugemutet werden.

Johnsons letzte Jahre sind nicht sehr glücklich: 1974 geht er nach England und wohnt als bekannter **Einzelgänger** auf der Themse-Insel Sheerness-on-Sea. Seine Ehe geht in die Brüche, der Dichter fühlt sich verraten und verkauft. Er trinkt mehr, als man im Interesse seiner Gesundheit für richtig hält; dennoch und gerade deswegen sind seine Auftritte in Deutschland, zu denen er sich gelegentlich aufrafft, von geradezu beängstigender Präsenz: Ein groß gewachsener Mann, den es gebeugt und gebeutelt hat, liest und erklärt sich da vor zahlreich erschienenem Publikum; dass er sich zuvor warm getrunken hat und von erhöhtem Pegelstand aus spricht, ist unschwer zu hören, und doch bringt er eine **Souveränität** herüber, die wie schiere, d. h. unverrückbare Lebenserfahrung wirkt – andere, weniger begabte Autoren, die ebenfalls viel getrunken und geschrieben haben, waren, mit Blick auf Johnson, um Souveränitätsangleichung bemüht, vergebens: an ihn kamen sie nicht heran.

Als Uwe Johnson sich einmal selbst charakterisieren sollte, spielte er Stadt, Land, Fluss mit seinen Zuhörern; der Dichter lässt sich an seinen regionalen Stützpunkten erkennen, die ihm so lange Exil gewähren, bis er zu seinen Ursprüngen zurückgekehrt ist: »Am Ende könnte man mir nachsagen, ich sei jemand, der hat es mit Flüssen. Es ist wahr, aufgewachsen bin ich an der Peene von Anklam, durch Güstrow fließt die Nebel, auf der Warnow bin ich nach und in Rostock gereist, Leipzig bot mir Pleiße und Elster, Manhattan ist umschlossen von Hudson und East und North, ich gedenke auch eines Flusses Hackensack, und seit drei Jahren bedient mich vor dem Fenster die Themse, wo sie die Nordsee wird. Aber wohin ich in Wahrheit gehöre, das ist die dicht umwaldete Seenplatte Mecklenburgs von Plau bis Templin, entlang der Elde und der Havel.«

WW: *Mutmaßungen über Jakob – Das dritte Buch über Achim – Begleitumstände. Frankfurter Vorlesungen – Jahrestage. Aus dem Leben von Gesine Cresspahl (4 Bde.)*

A: *Uwe Johnson, Mutmaßungen über Jakob. Suhrkamp Verlag, Frankfurt a. M. 1966*

Uwe Johnson, Das dritte Buch über Achim. Suhrkamp Verlag, Frankfurt a. M. 1961

Uwe Johnson, Jahrestage. Aus dem Leben der Gesine Cresspahl. 4 Bde. Suhrkamp Verlag, Frankfurt a. M. 1970 ff.

Uwe Johnson, Begleitumstände. Frankfurter Vorlesungen. Suhrkamp Verlag, Frankfurt a. M. 1980

(Alle Titel auch als Taschenbücher erhältlich)

Uwe Johnson, Wohin ich in Wahrheit gehöre. Ein Lesebuch. Hg. v. Siegfried Unseld. Suhrkamp Verlag, Frankfurt a. M. 1992

L: *Über Uwe Johnson. Hg. v. Raimund Fellinger. Suhrkamp Verlag, Frankfurt a. M. 1992*

■ JUREK BECKER

Geb. am 30. September 1937 in Lodz
Gest. am 14. März 1997 in Berlin

»AM SCHREIBTISCH KANN ICH EIN KLEINES BISSCHEN FLIEGEN«

Wenn ein guter Schriftsteller witzig ist, macht er nicht viel Aufhebens davon; er schaut melancholisch drein und verweist, wenn sich das Lachen der anderen gelegt hat, auf seine Bücher, die an sich ja gar nicht witzig, sondern eher traurig seien. Auch das wird einem guten Schriftsteller, der witzig ist, dann wieder als Witz ausgelegt; wer einmal im Ruf steht, **Humorist** zu sein, hat es schwer, die anderen von seiner Ernsthaftigkeit zu überzeugen.

Der Schriftsteller Jurek Becker war der vielleicht witzigste Autor, den die deutsche Nachkriegsliteratur hervorgebracht hat, und zugleich war er einer ihrer ernsthaftesten. Das mochte an seiner Herkunft liegen: Die ersten acht Jahre verbringt er mit seinen Eltern im jüdischen Ghetto von Lodz; er überlebt auch die Konzentrationslager Ravensbrück und Sachsenhausen. Von seiner Familie trifft er nach dem Krieg nur den Vater in Ostberlin und eine Tante wieder. Allein dieses Schicksal hätte bei anderen schon ausgereicht, dauerhaft schwermütig zu werden, zu verstummen oder, bestenfalls, hermetisch verrätselte Verse zu schreiben. Becker jedoch ist einer, der sein Schicksal annimmt, das er unpathetisch lieber »Natur« nennt; an der Ausgangslage kann man nicht viel ändern, aber danach »geht es richtig los«. »Ich weiß«, heißt es in einer autobiografischen Notiz von 1978, »daß man wohl oder übel auch der zu sein hat, für den die anderen einen halten ... Und so gesehen, bin ich in drei Teufels Namen Jude.«

Gleich mit seinem **ersten Roman** *Jakob der Lügner* (1969) hat Becker **bemerkenswerten Erfolg**. Die Geschichte des jüdischen Eisverkäufers Jakob Heym, der zum Hoffnungsträger im Ghetto wird, weil er seinen Freunden und Leidensgenossen mit erfundenen Geschichten aus einem erfundenen Radio Mut macht, erfährt sogar, selten genug für einen deutschen Roman, in den USA Anerkennung; die *New York Times* nennt ihn »ein eigenartiges, kraftvolles, bewegendes Werk«. Alles, was Becker danach schrieb, hatte es schwer, es wurde am Erfolg seines Erstlings gemessen, von dem sein Autor im Nachhinein behauptete, es sei eigentlich »unlektoriert« und gespickt mit »sprachlichen Schludrigkeiten« veröffentlicht worden.

Bis 1977 lebt **der »überzeugte Sozialist«** Becker in der DDR, dann siedelt er nach Westberlin über. Der Sozialismus bleibt für ihn eine Herzensangelegenheit; mit den Parteien, die sich sozialistisch betätigen, kann er wenig anfangen. Den Zusammenbruch der DDR nimmt er gelassen zur Kenntnis; in die Begeisterung über die Wiedervereinigung stimmt er nicht ein: »Ich hätte mir gewünscht, daß die DDR mehr Erfolg gehabt hätte, daß das nicht so miserabel gemanagt worden wäre, daß nicht alles so ungedacht geblieben wäre und verlogen und korrupt. Daß die DDR untergegangen ist, darum ist es nicht schade, diese DDR hatte es nicht besser verdient. Aber daß das, was die DDR hätte sein können, nach meiner Vermutung, untergegangen ist, darum tut es mir sehr leid.«

Im wiedervereinigten Deutschland ist Jurek Becker vor allem als **Drehbuchautor** erfolgreich gewesen; seine **Fernsehserie** *Liebling Kreuzberg* nannte die FAZ, die sonst gern am unterhaltenden Genre herummäkelt, »die wohl gescheiteste der letzten Jahrzehnte«: »untrüglich das Gespür des Drehbuchautors für Dialoge, naturwüchsig sein Talent zur Gesellschaftskomödie«. Zur Komödie taugte Beckers letztes Jahr nicht mehr, er erkrankte an Krebs. Wer ihn kannte, wunderte sich nicht, dass er auch dem niederschmetterndsten aller Befunde noch einen letzten oder vorletzten Witz abgewinnen konnte; auf die Frage des Nachrichtenmagazins *Spiegel*, ob ihn »die Nachricht«, dass er »an Krebs erkrankt« sei, »aus der Bahn geworfen« habe, antwortete er: »Wissen Sie, ich bin nicht einer von denen, die in Gedanken in einer Sache herumstochern, an der sie nichts ändern können. Wenn Nachdenken oder Sich-Vertiefen in diese Materie irgendwelche Aussichten auf Erfolg hätte, die Heilungschancen verbesserte, oh, dann sollten Sie mich mal denken sehen!« Von Jurek Becker stammt eine wunderbare Arbeitsplatzbeschreibung, die sich andere Schriftsteller, auch diejenigen, die manchmal etwas zu hoch greifen, zu Eigen machen sollten: »Am Schreibtisch kann ich ein kleines bißchen fliegen. Ich lese manchmal Texte von mir und komme zu dem Schluß: Eigentlich sind diese Texte intelligenter, als ich es bin. Und ich frage mich, wie das möglich ist – ich habe sie doch geschrieben, da war kein Dritter in dem Geschäft dabei. Das bringt mich zu dem Ergebnis, daß ich nicht immer, aber vielleicht manchmal am Schreibtisch etwas kann, was ich sonst nirgends kann ..., was mir nur bei der Tat ›Schreiben‹ gelingt.«

WW: Romane *(Jakob der Lügner – Der Boxer – Irreführung der Behörden – Schlaflose Tage – Aller Welt Freund – Amanda herzlos).* – Essays *(Ende des Größenwahns – Warnung vor dem Schriftsteller).* – Drehbücher *(Liebling Kreuzberg – Wir sind auch nur ein Volk)*
A: (Fast alle Titel sind im Suhrkamp Verlag erschienen und als Einzelausgaben auch im Taschenbuch erhältlich)
L: *Irene Heidelberger-Leonard, Jurek Becker. Suhrkamp Taschenbuch Verlag, Frankfurt a. M. 1992*

■ PETER HANDKE
Geb. am 6. Dezember 1942 in Griffen (Kärnten)

»IHR VERDAMMTEN UNVERMEIDLICHEN«
Er ist ein Autor, der die Gegenwehr liebt, auch wenn er gar nicht angegriffen wird. Peter Handke gilt als schwierig; an diesem Ruf arbeitet er nicht mehr, er hat ihn verinnerlicht. Man könnte ihn als Platoniker ansehen, als **Altenpfleger ehrwürdiger Ideen**, die sich, weithin verkannt, über eine Realität erheben, deren Verständigungscode nur noch aus Geschwätz besteht. Handke beteiligt sich nicht (mehr) an dem Geschwätz; er hat auf einer eigens für ihn errichteten Aussichtsterrasse Platz genommen, die den Blick freigibt aufs Höhere. Dass es leer ist auf dieser Aussichtsterrasse und die meisten Gäste schon vor langer Zeit gegangen sind, muss ihn nicht stören, im Gegenteil; nun sieht er, was zu sehen ist.

Handke stammt aus bäuerlichen Verhältnissen, er wächst auf dem Land auf. Nach dem Abitur studiert er Jura in Graz. 1966 erscheint sein **erster**

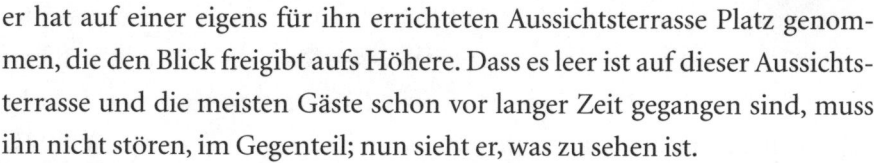

Roman *Die Hornissen*. Handke entschließt sich, nur noch Schriftsteller zu sein. Er spielt die Rolle des Provokateurs; den Titel eines seiner frühen **Theaterstücke** (*Publikumsbeschimpfung*) setzt er gelegentlich auch bei seinen eigenen Auftritten in die Tat um. Der literarischen Zunft wirft er vor, dass sie zu wenig aus ihrem Arbeitsmaterial macht (»Beschreibungsimpotenz«): Sprache hat für ihn einen Mehrwert, sie soll gewährleisten, eine ursprüngliche Gewissheit anklingen lassen, die nicht selbst gemacht ist, sondern von weit her kommt: »Büsche, Bäume, Wolken des Himmels, selbst der Asphalt der Straße zeigten einen Schimmer, der weder vom Licht jenes Tages noch von der Jahreszeit kam. Naturwelt und Menschenwerk, eins durch das andere, bereiteten mir einen Beseligungsmoment, den ich aus den Halbschlafbildern kenne (doch ohne deren das Äußerste oder das Letzte ankündigende Bedrohlichkeit), und der *Nunc stans* genannt worden ist: Augenblick der Ewigkeit.«

Handke schreibt viel; seine Bücher sind nicht dick und haben viel sagende Titel: *Ich bin ein Bewohner des Elfenbeinturms* (1967), *Die Innenwelt der Außenwelt der Innenwelt* (1969), *Die Angst des Tormanns beim Elfmeter* (1971), *Der kurze Brief zum langen Abschied* (1972), *Die Stunde der wahren Empfindung* (1973), *Langsame Heimkehr* (1979), *Die Lehre der Sainte-Victoire* (1980), *Kindergeschichte* und *Über die Dörfer* (1981). Der Literaturbetrieb versucht, ihn zu sich herabzuziehen; das gelingt am besten über Ehrungen: Handke erhält (u. a.) den **Büchner-Preis** (1973) und den **Kafka-Preis** (1979). Mit zunehmendem Alter lässt sein Schreibtempo nach; dafür werden seine Bücher dicker. Er bekennt sich zur **Langsamkeit**, setzt sie als **literarisches Stilmittel** ein: Je hektischer, flüchtiger, vager der Informationsausstoß ist, den die Medien produzieren, desto mehr kommt es auf Genauigkeit an, auf andächtiges Schauen und Hinhören. In seinem Roman *Mein Jahr in der Niemandsbucht* (1996) wird dieses Programm auf 1066 Seiten als Geschichte einer Verwandlung erzählt, die trügerisch ist; was zählt, ist der festgestellte, ganzheitlich ausgeschmückte Moment: »Deine Folgegier; dein Ganzheitswahn«, notiert Handke, »immer... deine Tendenz des: ›Es ist noch nicht da!‹ Immer erlebst du auch die vollkommene Gegenwart als eine bloße Adventszeit. Immer erwartest du danach noch mehr, noch Größeres, das Größte! Da! Es ist dagewesen und ist da.«

In einen privatkriegsähnlichen Zustand gerät Handke Anfang der Neunzigerjahre: Gegen die Einheitsfront der veröffentlichten Meinung bezieht er eine **Außenseiterposition** bei der Beurteilung des Balkankriegs; nicht Serbien, wie allgemein angenommen, ist für ihn der Schurkenstaat, sondern die Achse der westlichen »Aggressoren«, die den Zerfall Jugoslawiens in Kauf genommen haben, indem sie die Unabhängigkeit Sloweniens vorschnell anerkannten. Handkes Kampf gegen die politisch-literarischen Marktführer, die im Umgang mit dem Dichter nicht zimperlich sind, geht weiter. Gestörte Wahrnehmung wird ihm unterstellt, Verfolgungswahn, Querulantentum. Dabei übersieht man gern, dass Handke nicht nur Schmähungen, sondern auch Nachdenkenswertes von sich gegeben hat: »Ob nicht der Zwang zu kurzen und kürzeren Sätzen, allgemein geworden, es ist, welcher den Augen- und Wahrschein nicht bloß behindert, ihn vielmehr kurz und klein schlägt?« Mit seinem **(vorläufig) letzten Roman** *Der Bildverlust* (2002) wendet Handke seine hochfahrende Erkenntnistheorie ins Allgemeine: Die Welt verliert ihre wahrheitsstiftenden, »aus der Ferne der Zeiten und der Räume … anfliegenden« Bilder: »Bildverlust! Vorderhand? Nein, endgültig. Persönlicher Bildverlust? Ihr eigener? Nein, allgemein. Universell. Allgemeiner universeller Bildverlust.« Tatsächlich aber sind wohl nur dem Dichter Peter Handke die Bilder abhanden gekommen: Statt seiner früheren Beschreibungskünste bedient er einen seltsamen **Sonn- und Feiertagsjargon**, der an einen vom Mitteilungsdrang überwältigten Beamten erinnert. Einer Mehrheit unter den (oft schlecht gelaunten) Literaturkritikern gilt er deshalb als unbelehrbarer Wiederholungstäter, bei dem »grammatischer Murks, offensiver Kitsch und bürokratische Prosa in zunehmender Redseligkeit dahinplätschern« (*Der Spiegel*).

Handkes Poesie reicht jedoch tiefer als die Erwartungsmuster der zeitgenössischen Literatur; dass er zuletzt, aus welchen Gründen auch immer, unter seinen Möglichkeiten geblieben ist, muss man daher bedauern. Der Dichter hat inzwischen seinen **Rückzug aus der Öffentlichkeit** erklärt; die überregionalen Zeitungen vermeldeten am 20. Juni 2003: »Der österreichische Schriftsteller Peter Handke will nie mehr öffentlich auftreten. In seiner Dankesrede zur Verleihung der Ehrendoktorwürde der Universität Salzburg sagte Handke: ›Das ist das letzte Mal, dass ich mein Idiotentum öffentlich zeige.‹ In der Antike hätten die Idioten abseits der Stadt gelebt. Heute stünden dagegen viele Idioten in der Öffentlichkeit.« – Bleibt es bei diesem (löblichen?) Vorsatz, kann sich Handke aus dem Rückzugswinkel jene ziemlich große und lästige Gruppe vornehmen, die er am wenigsten mag, seine Mitmenschen: »Und schon wieder ihr«, heißt es in seinem (vorläufig?) letzten Theaterstück *Untertagblues* (2003). »Und schon wieder muß ich mit euch zusammen sein. Halleluja. Miserere. Ebbe ohne Flut. Ihr verdammten Unvermeidlichen. Wärt ihr wenigstens Übeltäter. Nichts da: ohne eine spezielle Übeltat seid ihr das Übel der Übel. Erlöse mich von eurem Übel. Mach mich die Leute da meiden.«

WW: Romane, Erzählungen, Prosa *(Die Hornissen – Ich bin ein Bewohner des Elfenbeinturms – Die Innenwelt der Außenwelt der Innenwelt – Die Angst des Tormanns beim Elfmeter – Der kurze Brief zum langen Abschied – Die Stunde der wahren Empfindung – Wunschloses Unglück – Das Gewicht der Welt – Langsame Heimkehr – Die Lehre der Sainte-Victoire – Kindergeschichte – Chronik der laufenden Ereignisse – Der Chinese des Schmerzes – Die Geschichte des Bleistifts – Versuche (Versuch über die Müdigkeit; Versuch über die Jukebox; Versuch über den geglückten Tag) – Abschied des Träumers vom neunten Land – Eine winterliche Reise zu den Flüssen Donau, Save, Morawa und Drina oder Gerechtigkeit für Serbien – Mein Jahr in der Niemandsbucht – Der Bildverlust). –* Theaterstücke *(Weissagung – Publikumsbeschimpfung – Kaspar – Der Ritt über den Bodensee – Über die Dörfer – Untertagblues)*
A: *Peter Handke, Werkausgabe in Einzelausgaben. Suhrkamp Verlag, Frankfurt a. M. 1975 ff.*
(Die meisten Titel sind auch im Taschenbuch erhältlich)
L: *Rolf G. Renner, Peter Handke. J. B. Metzlersche Verlagsbuchhandlung, Stuttgart 1985*
Georg Pichler, Die Beschreibung des Glückes. Peter Handke. Eine Biographie. Carl Ueberreuther Verlag, Wien 2002

■ NAMENREGISTER

Otto A. Böhmer, geboren 1949 in Rothenburg ob der Tauber, studierte u. a. Philosophie, Politologie und Literaturwissenschaften und promovierte über Johann Gottlieb Fichte. Heute lebt er als freier Schriftsteller in Wöllstadt bei Frankfurt. Er schreibt Gedichte, Romane, Essays und Theaterstücke und veröffentlichte mehrere erfolgreiche Sachbücher für Erwachsene. 2001 erhielt er den Erich-Fried-Preis der Republik Österreich, 2002 den Kulturpreis für Literatur.

Dass Otto A. Böhmer sehr unterhaltsam über Dichter und Denker schreiben kann, bewies er zuletzt mit seinen Büchern *Sternstunden der Literatur, Sternstunden der Philosophie* und *Als Schopenhauer ins Rutschen kam.* Bei Hanser erschien 1997 *Sofies Lexikon*, ein nützliches und amüsantes Lexikon zur Philosophie für Jugendliche.

Bildnachweis:
Bayerische Staatsbibliothek, München: 191, 200, 215, 241
Bilderberg, Hamburg: 249 (Foto: Andrej Reiser)
Erich-Kästner-Archiv (Nachlass Louiselotte Enderle), RA Peter Beisler, München: 209
Isolde Ohlbaum, München: 217, 220, 228, 233, 238, 245, 247, 257
Suhrkamp Verlag, Frankfurt/Main: 171, 204, 226 (Foto: W. Oschatz)

Trotz aller Bemühungen ist es dem Verlag nicht gelungen, sämtliche Rechteinhaber ausfindig zu machen. Wir bitten darum, sich mit dem Verlag in Verbindung zu setzen, damit wir eventuelle Korrekturen bzw. übliche Vergütungen vornehmen können.